이승훈 시 읽기

이승훈 시 읽기

유성호 권경아
권준형 김재홍
김혜진 신동옥
이은실 정애진
김도현 양진호

국학자료원

머리말

1942년 춘천에서 태어난 이승훈은 한양대학교 공과대학에 재학 중이던 1962년, 박목월 시인의 추천으로 『현대문학』을 통해 등단했다. 1960년대는 이른바 격변의 시기로 통했다 6·25전쟁의 혼란과 상처가 채 사그라들지 않은 상황에서, 4·19와 5·16이라는 시대적 사건은 곳곳에 '변화와 쇄신'의 필요성을 몰고 왔다. 그럼에도 한국 시단 내에서는 변화를 추구하는 움직임보다 전통적인 서정시의 계보를 이어가려는 경향이 압도적이었다. 이 같은 시단의 보수적인 분위기 속에서도 시인은 묵묵히 자신만의 고유한 시세계를 펼쳐나갔다. 이승훈은 등단 이후로 약 40여 년 동안 쉬지 않고 작품 창작에 몰두해왔다. 그가 남긴 24편의 시집과 다수의 평론집은 현대시사에 적지 않은 영향을 미쳤으며, 지금까지도 이승훈은 한국의 모더니즘 시사에서 단연 빼놓을 수 없는 인물로서 언급되어 오고 있다.

이승훈의 시는 대체로 '없음'의 시학으로 일컬어지곤 한다. '대상의 부재', '주체의 부재', '의미의 부재', '언어 질서의 부재'는 그의 시세계를 단적으로 설명한다. 그간의 연구에서 이 '비어 있음'의 시학은 분열된 주체와 내면세계, 자아의 강박, 불안의식 등으로 해명되어왔다. 더불어 그의 시에서 두드러지게 나타나는 언어의 실험성, 자아의 해체, 기표와 기의의 혼동 등의 특징은 '비대상'이라는 독자적인 시론과 더해지면서 다양한 연구를 파생시켜왔다. 다만 이 같은 연구들이 '새로운 감각', '혁신적인 실험

정신'이라는 주된 평가를 중심으로 다분히 일방향적으로 전개된 점은 분명 아쉬운 지점이라 할 수 있을 것이다.

사실 그에게 시란 '무엇으로도 규정될 수 없는' 그 자체에 가까웠다. 시인은 특정한 의도와 방향성을 토대로 시를 쓰고, 시의 본질에 대한 해답을 찾기 위해 오래도록 분투하는 데 관심을 두지 않았다. 그는 '본질을 알 수 없고, 절대적 가치도 없는 어떤 것'이라는 포괄적인 정의를 통해 '시'를 이해하고자 했다.

> 그동안 나는 시를 쓴 게 아니라 나를 찾아 헤맸고, 그것은 초기의 자아찾기, 중기의 자아소멸, 후기의 자아불이로 요약된다. 선과 만나면서 자아소멸은 자아불이로 극복되고, 이때 자아는 자성, 실체, 본질이 없는 연기, 공, 중도, 不二의 자아가 된다. 한편 자아-대상-언어가 소멸하고 쓰는 행위만 남은 시쓰기, 이른바 영도의 시쓰기는 쓰는 행위도 없다는 사유로 극복된다. 극복되는가? 극복이 아니라 사유의 전환이다. 이때 없다는 말은 있음/없음, 유/무의 대립을 초월하는 공성과 통한다.
>
> 그런 점에서 나는 시를 쓴 게 아니라 시와 싸우고, 시와의 싸움은 시에 대한 사유를 동반하고, 시가 사유라는 사유로 발전한다. 시가 있는 게 아니라 시에 대한 사유가 있고, 시에 대한 사유가 시다. 그렇지 않은가? 과연 어디 시가 있는가? 시는 이론과 역사에 지나지 않

> 고, 이론과 역사는 사유이고 철학이다. 자아찾기-자아소멸-자아불이의 단계는 양식의 측면에선 모더니즘-포스트모더니즘-선의 단계에 상응하고 이런 단계는 처음부터 의식한 건 아니지만 의식하지 않은 것도 아니다.

시인은 자신의 시작(詩作) 행위를 끊임없는 자기 사유와 변증의 과정으로 설명한다. '시가 있는 것이 아니라 시에 대한 사유가 시다'라는 고백은 그의 시 세계가 특정한 주제나 형식을 지향하기보다 자기 해체와 사유의 전환을 반복하는 행위에 닿아 있음을 보여준다. 이승훈 문학의 핵심은 '없음'을 인식하고, 그 상태에 머무는 데 있지 않다. 오히려 그 '없음'에 대해 끊임없이 사유하고 그 사유를 확장·갱신하는 과정을 통해 그의 시학은 더욱 명징하게 드러난다. 다시 말해 "시와의 싸움"이란 존재와 언어의 근원을 되묻는 적극적 실천이자, 세계와 자아의 관계를 새롭게 구성하려는 시도였다.

전술했듯, 전위적인 작품 활동을 통해 자신의 시세계를 증명하고, 현대시사에 뚜렷한 발자취를 남긴 이승훈은 여러 면에서 '오래도록 기억될 인물'이다. 1980년부터 한양대학교 국어국문학과 교수로 재직해온 그는 수많은 제자들을 길러냈다. 그가 작고한 후에도, 그의 제자들은 그의 가르침을 마음 깊이 본받아 한국 시단의 걸출한 문인으로서, 교수자와 연구자로서 각자의 자리에서 활발히 활동하고 있다. 그가 남긴 문학적 울림은 지금도 문단 내에서 뿐만 아니라 학문의 현장에서도 살아 숨 쉬고 있는 것이다.

작년 10월 중순부터 올해 초까지 우리는 꾸준히 세미나를 이어왔다. 이승훈 시를 다각도로 검토하고, 지금까지 시도되지 않았던 독창적인 연구들을 모색하자는 것이 우리의 공동 목표였다. 좌장 신동옥 선생님을 필두로 열 명 남짓의 학형들이 모여 서로의 발표문을 함께 읽고, 더 좋은 글과 논문으로 다듬어질 수 있도록 조언을 아끼지 않았다. 두터운 애정으로 동료들의 원고를 세심히 검토하고, 더 나은 방향을 함께 모색하며 보완하는 과정에서 세미나는 언제나 진지하면서도 따뜻한 배움의 자리가 되었다. 이 일련의 과정 속에서 우리 모두는 이승훈 문학이 지닌 진정성과 가치, 그리고 그것이 오늘의 시 읽기와 연구에 던지는 의미를 깊이 되새길 수 있었다.

이번 『이승훈 시 읽기』 출간에 앞서 감사한 분들의 얼굴을 하나둘씩 떠올려본다. 짧지 않은 시간 동안 세미나를 이끌어주신 신동옥 선생님과 함께 공부한 권준형, 김재홍, 김혜진, 문혜연, 양진호, 이은실, 장예영, 차성환 선생님들, 석사·박사 과정 후배인 김도현, 서은송, 최승욱, 이 모든 분들의 관심과 실천 덕분에 이승훈 세미나를 뜻깊게 마무리 지을 수 있었다. 마지막으로 언제나 한결같은 모습으로 제자들을 살뜰히 살펴주시는 유성호 교수님, 단행본 출간에 큰 힘을 보태주신 권경아 선생님, 어려운 상황에서도 우리의 긴 여정을 늘 응원해주시는 국학자료원 정구형 대표님께도 감사 인사를 전한다.

『이승훈 시 읽기』 출간은 현재 한양대학교에서 현대시를 공부하고, 꾸준히 연구를 이어나가고 있는 우리에게 뜻깊은 결실이 될 것이라고 믿는다. 우리가 한마음으로 맺은 이 결실이 한 줌의 불씨가 되어 다채로운 질문과 연구 성과를 촉발할 수 있기를 바란다. 아울러 이승훈이 전한 시적 울림과 가르침이 문학을 사랑하는 이들의 마음속에 오래도록 머물 수 있기를 진심으로 소망한다.

2025년 8월, 10인의 저자를 대표하여

정애진 씀.

차례

제1부 논문

이승훈 시에 나타난 모더니즘과 선의 미학

유성호

1. 첨예한 전위성과 형식 탐구의 시학

1950년대 시의 과제가 전후(戰後)의 혼란과 상처를 극복하고 새로운 한국 시의 미학을 구축하는 일과 관련되었다면, 4·19와 5·16이라는 커다란 역사적 격변과 맞물려 시작되는 1960년대는 시가 지향해야 하는 본원적 가치의 정립과 새로운 미학적 차원의 심화라는 과제를 떠안게 되었다고 할 수 있다. 그만큼 1960년대 시의 주요 과제는 1950년대로부터 이월된 상실감을 극복하고 새로운 미학을 구축해야 한다는 것으로 집약되었다. 또한 이후 우리 사회에 착근되는 자본주의적 삶의 원리에 대한 비판적 탐색과 개인적 내면의 심층적 탐색이라는 명제 역시 피할 수 없는 과제로 대두하였다. 그래서 우리 시는 1960년대에 이르러 현실에 대한 객관적 인식이 비로소 가능해졌고, 또 형식 미학에서도 이전 시기보다 한 걸음 더 나아간 뚜렷한 성취를 이루게 된다. 그런 만큼 이 시기는 우리 시의 현대화에 결정적인 역할을 했다고 평가받을 만하다. 왜냐하면 이때 우리 시단에서는 시의 사회적 연관성과 미학적 자율성에 대한 원론적 문제 제기가 광범위하게 이루어졌고, 시 본래의 속성과 가치에 대한 메타적 탐색을 수행할 수 있는 여러 담론적 계기가 형성되었기 때문이다.

이러한 시대적 분위기를 배경으로 우리 시단은 전대(前代)에 비해 매우 이채로운 외연적 활황을 보이게 된다. 그 가장 두드러진 지표가, 활발한 결실을 보인 문예지 혹은 동인지들의 창간 및 지속적 발간에서 찾아진다. 가령 『60년대사화집』, 『현대시』, 『시단』, 『신춘시』, 『돌과 사랑』, 『신연대』, 『여류시』, 『사계』, 『산문시대』, 『영도』, 『시와 시론』, 『시학』 등의 동인지가 잇따라 발간되었고, 『창작과 비평』, 『월간문학』, 『현대시학』, 『문학과 지성』 등의 문예지들이 우후죽순 격으로 창간되었다. 이처럼 다양해진 매체들을 통해 1960년대 시는 독자들과 폭넓은 소통을 하게 되었고, 200명이 넘는 시인들이 등단함으로써 시단의 세대교체와 시인의 현저한 양적 증가를 이루게 되었다.

이 같은 물적, 제도적 토대 위에서 전개된 1960년대 시는 시 본래의 상상력과 미학을 개척하는 활발한 흐름을 보인다. 이는 대개 세 가지의 흐름을 형성하였는데, 하나는 당대 현실에 대한 비판적 인식과 그에 대한 저항의 저류(底流)이고, 다른 하나는 인간 내면과 형식 탐구의 흐름이며, 마지막 하나는 서정의 원형을 탐색하는 전통적 흐름이었다. 물론 이 세 가지 흐름은 1970년대 이후로도 계속 이어져 한국 현대시의 가장 주도적인 경향들로 그 모습을 드러내게 된다. 이 가운데 인간 내면과 형식을 적극적으로 탐구했던 이들을 우리는 '광의의 모더니스트'라고 부를 수 있을 것이다. 김수영, 김춘수를 비롯하여 전봉건, 김종삼처럼 전대로부터 꾸준히 창작을 해온 시인들은 물론 이승훈, 김영태, 오세영, 박의상, 정현종, 오규원 등 새롭게 등장한 시인들이 이 같은 흐름의 실질적 주역들이다. 이들은 세련된 현대적 의장(意匠)에 선명한 감각과 현대인의 실존 관념을 실어 우리 시에 새로운 기율과 호흡을 불어넣은 이들이다.

이 가운데서도 우리는 가장 첨예한 전위성과 형식 탐구의 시학을 일관되고도 견고하게 갖춘 이로 이승훈(李昇薰, 1942~2018)을 떠올릴 수 있을 것이다. 그가 보여준 모더니즘 시학은, 우발적이거나 일시적인 것이 아니었고, 그 당시로서도 매우 드물게 의식적이고 실존적이고 지속적으로 펼쳐졌기 때문이다. 이러한 그의 지속적 실천 의지는, 우리 시사에서 '미적 근대성'이라는 낯설지만 시의 현대화를 위해서는 불요불급한 차원을 구축하는 데 결정적인 기여를 하게 한다. 하지만 초기에 모더니즘 지향을 보인 시인들이 그들 생애 내내 일관된 심화의 길을 걸어간 것은 아니다. 그만큼 우리는 이승훈의 시적 초상을 모더니즘의 한 정점이자 그 확장 과정으로 특별히 기억하게 되는 것이다.

2. 미적 근대성을 통해 구축한 모더니즘시의 한 원류

'미적 근대성'이란 반(反)부르주아적 태도를 띠면서 부르주아의 가치 척도를 혐오하고 무정부주의, 묵시록에서 자기 은폐에 이르는 극도로 다변화된 수단을 통해 부정 정신을 표현하는 일련의 미적 개념을 포괄한다. 그것은 진보의 원리, 과학과 기술의 활용 가능성에 대한 신뢰, 측정할 수 없는 시간, 돈으로 계산 가능한 시간에 대한 관심, 이성 숭배, 추상적인 인본주의 틀 안에서 정의된 자유의 이상 등 문명의 핵심 가치로 보존되어 온 부르주아 근대성에 대한 거부 및 부정의 열정을 함축한다. 따라서 미적 근대성은 19세기 전반 서구에서 사회적 개념으로서의 근대성과 미적 개념으로서의 근대성이 분화된 이후 이 두 가지 근대성 사이에 화해 불가능한 균열이 생기게 되었을 때 후자의 성격을 띠게 된 것이다. 전자가 부르주아에 의해 주도된 과학과 기술의 진보, 산업 혁명, 그리고 자본주의에 의해 야기된 광범위한 사회 경제적 변화의 산물임에 비해, 후자는 부르주아 근대성에 대한 철저한 거부 및 소멸 지향적 열정으로 특징지어지는 것이기 때문이다. 따라서 미적 근대성은 그것이 비록 문학의 자율적 존재 형식에 대한 승인 위에서 발원한 개념이기도 하지만, 자본주의의 구조적 심화를 통해 일상 속에 착근된 것이기도 한 것임에 틀림이 없다.

모더니즘은 미적 근대성과 비슷한 개념이기는 하지만, 그보다는 훨씬 제한된 의미를 지니고 있다. 그것은 19세기 말엽에서 20세기 전반에 걸쳐 서구 예술을 풍미한 전위적이고 실험적인 예술 운동에 한정되는 것이기 때문이다. 따라서 르네상스 때부터 시작되었다 해도 과언이 아닌 '근대성'과 비교해 볼 때 역사적 모더니즘은 기껏해야 반세기 정도의 역사를 지니고 있을 뿐이다.[1] 우리는 이승훈 초기시를 미적 근대성의 확연한 표지(標識) 속에서도 이러한 광의의 모더니즘 맥락으로 해석하고자 한다. 왜냐하면 그는 미적 자율성을 핵심으로 하면서 실험적이고 전위적인 시학적 일관성을 띠었을 뿐만 아니라, 그 근본적 의미에서의 부르주아 가치를 부정했다기보다는 우리를 둘러싸고 있는 미학적 각질들에 대한 메타적 부정에 더욱 골몰하였기 때문이다. 그래서 우리는 그의 상상력이 어떤 강력한 파괴 정신에서 발원한 것이 아니라, 우리를 둘러싸고 있는 불안 요소들에 대한 감각적 저항과 함께 우리 사회의 어떤 속물적, 폭력

1) M. 칼리니스쿠, 이영욱 옮김, 『모더니티의 다섯 얼굴』, 시각과 언어, 1993, 3~54쪽.

적 요소들에 대한 부정 정신에서 비롯된 것이라고 판단한다.

그 가운데서도 이승훈의 초기시는 '불안', '죽음', '내면', '존재', '자기동일성' 등으로 초점화되는 세계를 보여준다. 그는 시를 통해 원초적 자기 소외에서 치열한 자기 탐구를 거쳐 선명한 자기 발견에 이르는 과정을 아름답게 보여준다. '현실'보다는 '내면'으로 집중하고, '행동'보다는 '존재'를 배타적으로 택하고 있는 그의 시편들은 그 점에서 철저하게 시의 미적 자율성을 의식적으로 극대화하는 도정을 보여왔다고 할 수 있을 것이다. 초기 대표작이랄 수 있는 다음 시편을 보자.

> 사나이의 팔이 달아나고 한 마리 흰 닭이 구 구 구 잃어버린 목을 좇아 달린다. 오 나를 부르는 깊은 命令의 겨울 地下室에선 더욱 眞摯하기 위하여 등불을 켜놓고 우린 생각의 따스한 닭들을 키운다. 닭들을 키운다. 새벽마다 쓰라리게 精神의 땅을 판다. 頑剛한 時間의 사슬이 끊어진 새벽 문지방에서 소리들은 피를 흘린다. 그리고 그것은 하이얀 液體로 變하더니 이윽고 목이 없는 한 마리 흰 닭이 되어 저렇게 많은 아침 햇빛 속을 뒤뚱거리며 뛰기 시작한다.
>
> ―「事物 A」 전문(『事物 A』, 1969.)

시인이 주목하고 있는 세계는 '현실'과는 층위가 다른 절대화된 '내면'이다. 목 없이 흰 피를 쏟으며 뒤뚱거리는 '닭'의 기형적 이미지를 포착한 이 시편은 그것을 '事物'이라고 명명함으로써 인간적 판단의 개입을 차단하고 있다. 결국 언어가 실재하는 어떤 장면을 묘사하거나 반영하는 것이 아니라, 언어 자체가 자신의 성채를 오롯이 쌓아올리는 것이라는, 반영론(反映論)에 대한 그의 미적 비판이 여기에 개입되고 있다. 이처럼 이승훈 초기 시편은 절대화된 순수 내면을 탐색하면서 언어 자체에 대한 탐구를 지속하였다.

그런가 하면, 인과성은 없지만 중간중간 삽입된 낯선 비유들은 이러한 이미지들을 더욱 생경하게 각인시킨다. 돌변하는 인과성으로 이루어진 파편과 같은 환유적 요소들은 표면적으로는 시편의 주제를 희석시키려 애쓴 흔적으로 남아 있다. 그러나 그 파편의 물결이 이룬 파장은 여러 겹의 의미를 누적시킨다. 즉 '환유의 재은유화' 현상을 일으키는 것이다. 결국 관념에 의한 의도적 이미지의 포착은 언어의 의미 재생산에 의해 스스로 과(過)노출의 상태에 이르고 불안한 정서로 흔적을 남긴다. 그래서 그 스스로도 "거기서는 햇볕이 내리쬐는 마당을 뛰어가는 목이 달아난 한 마리의 흰 닭을 그렸고, 상당히 초현실적인 이미지를 가지고 내면의 황량함 등을 주로 노래했어요."[2]라고 고백하는 것이 아닌가. 이처럼 이 시편에 담긴 내면 탐구의 흔적은 쓸쓸함과 불안의 이미지를 포착하고 있다.

> 막차를 타고 어머니, 갈매기 나라에 갑니다. 갈매기 나라엔 갈매기만 삽니다. 바람 부는 밤에 갈매기 나라가 보입니다. 내 머리가 갈매기 나라에 닿습니다. 이제 내 머리, 인간을 떠나 갈매기와 함께 있으니, 갈매기는 끼룩거리며 바다의 상처를 알려줍니다. 눈물 한 방울이 썩어 마침내 바다가 됩니다. 바다, 밤마다 무서운 생(生)의 플랑크톤, 플랑크톤이 내 머리로 들어와 존재가 됩니다.
>
> —「갈매기 나라」 전문(『事物 A』)

이 시편은 고뇌에 찬 인간의 실존을 쓸쓸하게 보여준다. 이 시편 역시 '내면'이 강조된 작품인데, 이승훈은 사유와 존재, 정신과 물질, 이상과 현실의 동일화를 추구하는 형이상학적인 관념적 사유를 이 안에서 펼치고 있다. '어머니'와 '갈매기', '바람'과 '밤'이라는 대상과 배경이 별다른 인과

2) 이승훈·최동호 대담, 「나의 文學, 나의 詩作法」, 이승훈, 『상처』, 영언문화사, 1984, 224쪽.

관계를 형성하지 않으면서, "바다의 상처"와 "무서운 생의 플랑크톤"을 바라보는 시인의 시선은 어두한 충동과 무의식으로 채워져 있다. 그러한 '공포'를 바탕으로 하는 '결핍'이야말로 시인 스스로 명명하는 "존재"의 필요충분조건이 되고 있다. 이처럼 이승훈은 '시선'의 새로움을 통해 트라우마와 결핍을 치유하고 채우려고 하며, 그의 무의식을 새로운 '시선'으로 드러내고 해석하려고 한다. 이러한 시적 형상은, 시인 스스로 획득한 철저한 방법론적 자각 때문에 가능한 것이었다고 할 수 있다.

이처럼 이승훈 초기 시편의 실례들은, 모더니즘 시학이 취할 수 있는 내면 탐구와 형식 탐구의 실험 의지를 일관되게 보여준 것이었다. 이는 현대인의 불안하고 무서우며 우울한 '내면'을 들여다볼 수 있는 가장 맑은 '창(window)'의 역할을 했다고 할 수 있다. 이러한 경향이 1960년대 시의 낯선 지층을 형성한 것은 자명한 이치였고, 이후 이승훈 시학이 한국 모더니즘 시사의 한 원류로 작동했음은 췌언의 여지가 없을 것이다.

3. 아방가르드와 자율성의 시론

서양 미학사에서 '아방가르드'는, 제1차세계대전을 계기로 확산된 자본주의 문명에 의한 인간 소외에 대해 비판하고, 계몽 이성이나 진보적 세계관에 의한 근대 기획에 대해 반성하면서 제기된 이념적, 방법적 범주라고 할 수 있다. 그것은 근대 부르주아의 세계관과 가치 체계가 막다른 길에 도달해 있다는 위기의식의 역사적 산물이며, 이성·노동·주체 등의 계몽적 기획에 파산을 선고하고 욕망, 무의식, 비합리의 세계에서 새로운 진리를 구하고자 했던 낭만주의적 반동(reaction)이기도 하다. 또한 아방가르드는 재현을 유보하거나 포기한 자기 반영적 미학이고, 나아가 근대의 속물적 평균주의에 저항하는 미학적 정예주의(elitism)의 한 형식이라고 할 수 있다. 이러한 아방가르드의 속성에 부합하는 시사적 실례를 우리는 이상이 보여주었던 초현실주의적 지향에서 찾을 수 있다. 이때 우리 시는 '위반(違反)'의 미학적 가능성을 타진하였고, 그 가능성은 필연적으로 난해성 시비에 휘말릴 수밖에 없었다. 이러한 난해성을 동반한 아방가르드 시학의 한 양상으로 이승훈 시편의 기획은 존재한다.

> 사라지는 흰 빛은 거의 희다 사라지는 흰 빛은 거의 흰 빛으로 사라진다 거리의 창들이 흔들린다 흔들리는 창에 물드는 아아 사라지는 흰 빛 어떤 중얼거림이 무한히 와서 머문다
>
> —「공포」 전문(『환상의 다리』, 1977.)

이승훈 초기 미학의 발원지는, 아까도 말했듯이, '불안'과 '공포'이다. 위 시편에서도 "흰 빛"의 나타남과 사라짐, 그리고 그것을 통해 화자가 표출하고 있는 '공포'의 끝없는 연쇄는, 현대인의 실존을 그대로 암유한다. 이러한 간단없는 흔들림과 머무름 속에 현대인의 실존이 깃들인다는 것은, 진보적이고 이성적인 주체를 상상했던 기획과 멀어지면서 그 같은 합리적 인간 해석에 대해 미적 비판을 수행한다. 한 논자는 "이승훈의 초기 시편들은 주로 일상과 공포의 무의식, 가벼움과 무거움의 이중적 지점에 선 공황 상태를 보여주고 있다. 즉 일상성 언어 질서를 파괴하고 솟아나는 공포의 힘에 의한 파편적 이미지들과 공포의 장면을 형상화하는 환상들로 이루어져 있다."[3]고 했는데, 더 나아가 이승훈 시학은 공포와 환상을 교직하면서, 자신의 불안의 에너지를 극대화하고, 나아가서는 근대 시학의 견

---

3) 최라영, 『현대시 동인의 시세계』, 예옥, 2006, 327쪽.

고한 동일성 시학에 균열을 내는 미적 비판을 수행하였다. 그 '환상'을 키워드로 하는 다음 시편을 읽어보자.

> 환상이란 이름의 驛은 동해안에 있습니다. 눈 내리는 겨울 바다—거기 하나의 암호처럼 서 있습니다. 아무도 가본 사람은 없습니다. 당신이 거기 닿을 때, 그 驛은 총에 맞아 경련합니다. 경련 오오 존재. 커다란 하나의 돌이 파묻힐 때, 물들은 몸부림칩니다. 물들의 연소 속에서 당신도 당신의 몸부림을 봅니다. 존재는 끝끝내 몸부림 속에 있습니다. 아무도 가본 사람은 없습니다. 푸른 破片처럼, 바람 부는 밤에 환상이란 이름의 驛이 보입니다.
>
> —「암호」 전문(『환상의 다리』)

'암호(暗號)'가 가지는 익명성과 난해성 그리고 그것의 비실재성을 생각해보자. 당연히 '환상'이란, 전통 서정의 원리에 근원적 균열을 내면서, 프랑수아 레이몽의 말처럼 "현실의 삶 속으로의 신비의 갑작스런 침입"의 형식을 선명하게 보여준다. 화자는 "환상이란 이름의 驛"을 찾아 여행한다. 이러한 지속적 유목의 형식이야말로 최종적 대상 확인을 향한 전통 서정의 욕망과 확연히 구분된다. 눈 내리는 겨울 바다에서 "하나의 암호처럼 서" 있는 '환상'이라는 이름의 역은, 미답의 공간이면서 누군가 도착하면 경련을 하는 공간이기도 하다. 그 '경련(痙攣)'이야말로 '존재'와 등가가 되는데, 왜냐하면 그 '몸부림(경련)'이 존재의 형식이기 때문이다. 하여 "푸른 破片처럼, 바람 부는 밤"에 화자는 "환상이란 이름의 驛"을 볼 수밖에 없게 된다. 이렇듯 '현실'과 '환각'의 경계를 지우면서, 그리고 '존재'와 '비존재'를 감각 안에서 통합하고자 하는 시인의 상상력은 대상에 골몰하는 전통 시학을 비판하면서 "개인적 상징에서 보편적 상징의 세계로 내가 나가고 있었다는 점"[4)]을 선명하게 말해준다. 이러한 '비대상' 시론은 다음과 같은 논리적 근거를 취한다.

> 비대상의 세계를 노래한다는 말은 이른바 인식론적 회의라는 말과 관련된다. 대상의 세계를 노래하는 시인들은 대상에 대한 인식론적 회의를 보여주지 않는다. 말하자면 대상이 주체의 밖에 존재한다는 사실을 당연한 것으로 수용한다. 그러나 비대상의 세계를 노래한다는 것은 그런 대상의 세계가 과연 객관적으로 존재하는 것인지, 아니면 주관적 경험의 산물이 아닌지 하는 인식론적 회의를 토대로 한다. 극단적으로 말하면 나는 모든 대상의 세계 혹은 우리가 현실이라고 믿는 것이 하나의 幻影이거나 착각이라는 생각을 지니고 있다.[5]

시인은 "첫 시집 『事物 A』(1969)를 낼 때까지 나는 비대상이라는 말이 아니라 내면성이라는 말을 쓰고 있었다. (중략) 그것은 실존의 투사였고, 외부 세계의 無化였고, 언어 자체의 도취였으며, 폴록의 경우처럼 이지러짐의 세계, 무형의 형태를 지향했다."[6]고 말한다. 잭슨 폴록의 '액션 페인팅'에서 출발한 이승훈의 시론적 기획이 '비대상'으로 발전한 것이다. 그것은 '환영'으로의 존재 감각이기도 하고, 그로 하여금 '실재'나 '대상'을 묘사하고 재현하는 '서정시'와 결별하게끔 한 원동력이 된다.

> 선생님, 그때부터 저는
> 서울역 부근을
> 밤새도록 헤매었습니다

---

4) 이승훈, 『비대상』, 민족문화사, 1983, 40쪽.
5) 이승훈, 『한국현대시론사』 고려원 1993, 306~307쪽.
6) 이승훈, 『비대상』, 민족문화사, 1983, 35쪽.

이따금 들꽃이 핀
산길을 걷기도 했으며
산 위의 친구 집을
찾아가기도 했습니다

그때부터 산 위의 집은
조금씩 허물어지더니
이윽고 제가 그 집에 닿은 새벽
친구의 모친께서 나오시더니
친구는 벌써 떠났다고
당신도 곧 이사할 예정이라고
말씀 하셨습니다

—「서정시」 전문(『당신의 초상』, 1981.)

우리 서정시의 한 정점인 박목월 선생을 떠올리게 하는 '선생님'이라는 칭호 속에는, 자신의 미학적 표지를 탐색하고 명명하려는 시인의 안타까운 노력이 깃들여 있다. 언젠가부터 화자는 사람들이 들끓는 "서울역 부근"을 밤새도록 헤매고, 들꽃이 만발한 "산길"을 걷고, "산 위의 친구 집"을 찾아가기도 했다. 각각 '리얼리즘'과 '전통 서정'을 환기하는 배경인 이러한 공간들을 찾아 헤맨 시간을 통해 화자가 발견하는 것은 "산 위의 집"이 허물어지고 그 "친구는 벌써" 떠나버렸고 궁극에는 친구의 어머니도 이사를 할 것이라는 소식일 뿐이다. 그야말로 리얼리즘이나 서정과의 날카로운 단층(斷層)과 마주치는 것이다. 이 안에서 화자가 취할 수밖에 없는 것은 헤맴의 공간을 '내면'으로 치환하는 것이고, 실재하는 대상을 '환상'으로 바꾸어보는 것이다. 그렇게 이승훈 초기시는 '내면'과 '환상' 속으로 모여든 것이다.

이처럼 이승훈 시편들은 의미론적 명징함보다는 시어들끼리의 불연속적 병렬을 줄곧 보이면서, 상식이나 순리보다는 불편하고도 섬세한 지적 개입을 요청하는 세계로 우리에게 다가왔다. 그래서 우리가 그의 시를 읽을 때 우선적으로 염두에 두어야 할 것은, 그의 시가 거느리는 사물의 이미지가 선택되고 배열되고 배제되는 방식과 그것을 세계내적 존재가 치르는 고통과 불안과 운명의 함의로 전환시키는 시인의 상상력이 가지는 특유의 활력이다. 그 방식과 상상력의 이채로움이 결국 이승훈 시의 개성이라고 할 수 있다. 그의 시가 가지는 문맥과 문장 사이의 거리는 이처럼 미적 거리이고 반성적 거리이고 비판적 거리이기도 하다. 이는 '모더니즘' 미학이 추구하는 부정 정신과도 통하며, 근원적으로는 세계를 읽는 그의 독법(讀法)이 희망의 원리에 의해 추동된다기보다 불가항력의 모멸들을 견디고 그것을 무겁게 성찰하는 방향으로 이루어지고 있음을 보여주는 사례이다. 에드문트 후설이 말했듯이 "절대적인 것이 없는 이 세상에서 능동적인 힘으로 자신을 더 높은 수준으로 끌어올리기 위한 성숙한 변신을 이룩하지 못하면 죽은 자나 다름없다."고 하지 않았는가. 그 점에서 이승훈은 영원히 능동적 힘으로 자신을 변화시켜가는 미적 청년이 아닐 수 없다. 이러한 그의 초기시의 의미를 한 논자는 잘 정리하고 있다.

> 우선 그는 객관적인 삶의 세계보다는 감각과 환상, 의식과 무의식이 날카롭게 충돌하는 자신의 내면세계에 천착하여 그것을 작품화하는 경향을 보여준다. 첫 시집 『事物 A』에 나타나는 그의 내면세계에 대한 관심은 제2시집 『환상의 다리』에 이르러 한결 심화되는데, 그는 여기서 그가 '실존의 투사'라고 부른 자신의 존재 문제와 치열하게 직면하는 과정을 보여준다. 그가 존재·무·실존 등의 형이상학적 문제에 이끌리고 있다는 사실은 그가 관념적인 성격이 강한 시인임을 말해준다. 다음으로 그의 존재 탐구의 시는 현실적 실재적인 세계가 극도로 배제되는 초현실적 추상적 세계를 지향하고 있다. 그

는 제3시집 『당신의 초상』을 간행하면서 자신의 시를 '비대상시'라 고 명명하고 있다.[7)]

결국 이승훈 시편들에서, 합리적 의사소통의 가능성이 '시'라는 예술의 최소한의 존립 근거가 되는 것은 아니다. 우리가 알고 있듯이, 시가 난해성을 띨 경우, 그 난해성 자체에 역사성이 있을 수 있으며, 심지어는 난해한 형식 자체가 메시지가 되기도 하기 때문이다. 그래서 우리가 합리성과 난해성 사이의 모순 위에 존재하는 부정(否定)의 양식으로서의 '아방가르드'에 대해 미학적 함의를 부여할 경우, 우리는 매우 중요한 예술 정신의 한 측면에 다다를 수 있게 된다. 그 미학적 정점이 이승훈 시학에서 구축된 것이다. 이 점 시사적(詩史的) 의미 부여를 선명하게 받아야 할 부분이 아닐 수 없다. 그래서 이승훈은 "나는 자연을 노래하지 않았고, 자연을 재현하지도 않았고, 사회 비판을 하지도 않았어요. 그럼 무얼 했느냐? 억압된 나를 터뜨리는 것을 한 것 같아요. 그게 내 시의 제1기라고 할 수 있어요."[8)]라고 말한 바 있다. "시인은 시인으로서 성숙되기 위하여 혹은 시인의 본질에 충실하기 위해서는 귀족적 예외성과 종교적 예외성 사이에 서 있는 자임을 우리는 깨닫게 된다."[9)]고 말하기도 하였다.

브래드베리(Bradbury)의 말대로 리얼리즘은 삶을 인간화했고 자연주의는 그것을 과학화했으며 모더니즘은 그것을 다원화, 심미화하였다. 이러한 안목은 결국 '모더니즘'이 외면적 실재뿐만 아니라 내면적 실재를, 눈에 보이는 현실뿐만 아니라 보이지 않는 인간의 실재를 보여줌으로써 인간의

7) 서준섭, 「이승훈론」, 김용직 외, 『한국현대시사연구』, 민음사, 1983, 470~471쪽.
8) 이승훈·한명희 대담, 「외롭고 불안해서 쓴다. 쓰지 않기 위해서 쓴다.」, 『시와 시학』 2004년 겨울호, 186~187쪽.
9) 이승훈, 『반인간』, 조광출판사, 1975, 143쪽.

삶에 좀 더 균형을 꾀한다는 점에서 폭넓은 세계 인식의 성격을 띤다는 점을 주장하고 있는 것이다.[10] 이 점에서 이승훈 미학이 명백하게 '모더니즘'의 자장 안에서 혹은 그 주변과 외곽에서 형성되고 관철되어왔음은 분명하다. 대부분의 시인들이 젊은 날의 치열했던 정신에서 벗어나 원만하고 자족적인 풍경으로 칩거해 들어갈 때도, 이승훈은 그 전위적인 시정신을 결코 늦추거나 포기하지 않았다. 그 점에서 그는 우리 시사의 거의 유일한 우울하고 고독한 몽상가요 산책자였다. 그래서 "이승훈이야말로 우리 시단에서 개인의 발견을 통하여 그 개인의 소중함을 끝까지 밀고 나간 시인"[11]이라는 관점이 가능한 것이다. 이처럼 이승훈은 이상, 김춘수, 김수영, 전봉건 등으로 이어지는 계보 속에서 '나→너→그'의 중심 이동 과정을 지나 궁극적 주체 소멸의 과정을 밟아왔다. 그것은 어둡고도 무의식적인 충동의 세계였다. 그렇게 내적 독백의 문학을 추구하고, 반(反)리얼리즘의 기율을 평생 추구한 "거울을 연구하는 교수"(「오토바이」, 『나는 사랑한다』) 이승훈은, 현대 미학의 출발점이 '고독'이고 '분리'이고 '불안'이고 '공포'이고 '자율성'임을 온몸으로 입증하였다. 그래서 "우리 모국어로 시작을 하고 새로운 시의 모형을 우리에게 제시한 우리나라의 전위적인 실험시를 구사하는 모더니스트"[12]라는 평가를 불러들이고 있는 것이다.

---

10) Bradbury, 『Modernism』, Penguin Books, 1991, 99쪽. 이종대, 「근대적 자아의 세계인식」, 상허문학회, 『근대문학과 구인회』, 깊은샘, 1996, 52쪽에서 재인용.

11) 정효구, 「모더니스트의 여정」, 시와 세계 기획, 『이승훈의 문학 탐색』, 푸른사상, 2007, 166쪽.

12) 송준영, 「현대 선시의 새로운 기미」, 『현대시』 2002년 11월호, 120쪽.

4. 선(禪)으로의 귀일과 일상 시편

후기로 올수록 이승훈의 시는 불교 혹은 선(禪)과 만난다. 현저하게 포스트모더니즘적인 양상으로 기울어가던 그의 시편은, 이항대립 체계나 고정관념을 해체하려는 불교적 지향과 만남으로써 새로운 세계로 진입하게 된다. 이승훈의 후기작은 이처럼 서양 이론과 동양 사상의 회통을 지향한다는 점에서 그 의미가 매우 각별하다. 그는 열두 번째 시집 『인생』에서부터 홀연히 선적 취향을 각별하게 받아들였다. 데리다의 중요 개념인 '차연(差延)'을 연상시키는, 절대적인 것은 존재하지 않는다는 만물의 진공묘유(眞空妙有)를 형상화함으로써, 자신의 시적 도정을 완성한 것이다. 그래서 시인의 미학적 지도는 '모더니즘→포스트모더니즘→선 사상'이라는 궤적으로 그려지게 된다. 이러한 세계를 존재론적 기저(基底)로 하여 그의 말년 작품들은, 마치 친숙한 일지(日誌)처럼, 모든 언어적 굴곡과 장식 없이 경험의 담담한 소묘를 통해 천진한 시학을 구축하기에 이른다. 이 점, 앞으로 두고두고 후속 연구가 따라야 할 것이다. 특별히 다음 말년 작은, 병고로 인한 불편함이 그로 하여금 시를 드물게 산출하게끔 했지만, 여전히 가장 자유로운 시인으로 드물게 빛났던 그의 한순간을 만나보게 해준다.

> 1.
>
> 나는 설렁설렁 지나가네. "어디 가요?" 사람들은 묻지만 쓰윽 못 들은 척 하고 설렁설렁 지나가네. 내가 매달렸던 운동 기구엔 다른 남자가 매달리고, 어깨 아픈 사람은 오시오. 나는 부근 벤치에 앉아 쉰다. 뚝길로는 사람들과 개들이 오고 간다. 햇볕도 오고 간다. 구름도 오고 간다. 뚝길을 오고 가는 구름들, 나는 설렁설렁 지나가네.

2.

잠자리가 난다. 한 마리 두 마리 세 마리 사람 가는 길에 잠자리가 나네. 가던 길 멈추고 서서 잠자리 나는 것 보네. 어디서 갑자기 나타나 길을 막는 잠자리. 아니 길을 여는 거겠지. 잠자리 잠자리 길을 열고 길가엔 돌무덤이 있네. 여름 해여 내려라. 돌무덤은 말이 없고 잠자리는 날고 나는 하늘 보며 걷는다.

— 이승훈, 「나는 벤치에 앉아 쉰다」 전문
(『열린시학』 2016, 겨울)

이 시편은 그를 견인해 왔던 담론의 그늘이 가시고 자유로운 시선과 필치가 전면화되어 있다. 시의 핵심은 '설렁설렁'이라는 말에 들어 있다. 설렁설렁 지나가는 중에 만난 사람과 풍경과 언어가 커다란 연관성 없이 배열되고 있기 때문이다. 사람들이 묻는 "어디 가요?" 하는 말에는 딱히 의미론적 구체성이 없고, 시인도 못 들은 척하고 '설렁설렁' 지나간다. 같은 운동 기구에 매달려도 그들은 "다른 남자"일 뿐이고, 시인은 그저 부근 벤치에 앉아 쉴 뿐이다. 그곳을 '개/햇볕/구름'이 모두 무심하고 무연하게 오고 간다. 이때 '설렁설렁' 지나가는 시인의 눈에 들어오는 것은 '잠자리'와 '돌무덤'이다. '잠자리'는 사람 가는 길에 날아가면서 길을 열어주는 삶이자 상승이다. 그런가 하면 길가에 있는 '돌무덤'은 여름 햇볕이 내리쬐는 말 없는 죽음이자 하강이다. 하늘을 바라보며 걷는 시인의 '설렁설렁'은, 결국 돌무덤을 넘어 잠자리 날아가는 하늘을 향해 간다. 벤치에 앉아 쉬면서 존재 갱신의 희망을 스치듯이 '설렁설렁' 보여주는 이승훈 식(式)의 조요로운 달관이 아닐 수 없다. 다음은 유고시집 『무엇이 움직이는가』(시와세계, 2019)에 실린 작품들이다.

아무 나무나 보고 말한다. "선생 고맙소" 겨울 아침, 겨울 아침 보고도 "선생 고맙소" 말한다. 빈 휴게소 지나간다. 오늘은 모두가 고맙다. 전깃줄에 앉은 참새 두 마리, 작은 이발소에 서서 이발하는 아저씨, 고맙소. 다리는 절지만 거울 앞에 서서 이발하는 아저씨 보고도 인사해야지. 눈이 내리네. "선생 고맙소" 눈 보고 인사할 때 그래 고마워 고맙다. 산길 간다. 참새 한 마리, "고맙소."

—「선생 고맙소」 전문

시간이 흘러가는 대로, 시선에 사물이 들어오는 대로, 그 흐름을 받아 적은 듯한 이 작품은 그의 마지막 전언이 '비어 있음'과 '고마움'에 있음을 알게 해준다. 이 작품은 마치 예언처럼 시인 자신의 마지막 길을 묘사하고 있다. 시인의 영결식을 마치고 장지 춘천으로 향할 때 버스가 정말 '빈 휴게소'에 들렀다. 버스가 설 듯 설 듯 멈칫멈칫하더니 휴게소에 멈추지 않고 그냥 돌아 나왔다. 정말 '빈 휴게소'였다. 그 '겨울 아침'에 시인은 "오늘은 모두가 고맙다."라고 하염없이 되뇌었을 것이다. 그리고 "산길 간다"는 표현대로 고향에 묻혔다.

종이새 두 마리가 하늘에 떠 있네. 구름 하나 없는 맑은 가을 하늘, 나무도 없고, 집들도 안 보이고, 사람도 없는 하늘에 종이새 두 마리 마주 보네. 한 마리는 위를 보고 한 마리는 아래를 보는 종이새 두 마리. 시계도 없는 하늘에 날고 있는 종이새 두 마리. 인연 따라 만났으니 (저 새도 나도) 하얀 종이새 두 마리 그냥 날아간다. 그냥. (아무 업이 없고, 아무도 없고, 한낮이지만 아무것도 할 일이 없고,) (저 새들) 얽매이지도 않고, 머물지도 않고, 그러나 함께 있는 저 종이새.

—「종이새」 전문

구름 하나 없이 맑고 시계도 하나 없는 하늘에 "하얀 종이새 두 마리"가 떠서 "그냥" 날고 있다. 시인은 어느새 '종이새'의 목소리를 얻어, 인연 따라 만난 뭇 존재자들을 향해, 아무 업도 없고 할 일도 없고 그래서 결국 아무도 없는 세상에 더는 얽매이지도 머물지도 않을 것임을 노래한다. 그 순간 우리도 자유롭게 하늘을 날면서 '그냥' 우리와 함께 있을 '종이새' 한 마리가 그려진다.

이승훈 시인은 이러한 작품들을 남기고 2018년 1월 16일 별세하였다. 그 이듬해에 말년의 일상시편을 담은 유고시집이 나왔다. 이제 그가 남긴 시와 시론을 돌아볼 때, 우리는 그 방대함과 균질성 그리고 지속성에 다시 한 번 놀라게 된다. 그만큼 그는 평생 자신에게 성실했고 시에 치열했다. 이러한 치열하고도 일관된 진화론적 모형으로서의 시학적 여정을 남기고, 그는 문학사 저편으로 흘러갔다. 자신만의 시학적 집념과 성과를 남겨놓은 그의 족적은 앞으로 한국 모더니즘시의 구체적 진경(進境)으로 해석되는 한편, 한 사람의 시인이 보여준 가장 치열한 자기 진화 과정으로도 적극 재구(再構)되어야 할 것이다.

【추모 에세이】 나의 스승은...*

권경아

나의 스승은 시인이다. 그러나 내가 기억하는 스승은 언제나 책을 읽는, 아니 책 읽기를 즐기시는 분이셨다. 평생 그 즐기는 일을 멈추지 않으셨다. 누군가는 선생님이 세상일에 무심하셨다 하지만 세상일에 무심하고 얻은 시간은 오롯이 시를 쓰고 책을 읽으셨다. 어지러운 세상사에서 한 걸음 떨어져 고요하게 자신만의 세계를 걸어가셨던 나의 스승을 나는 존경한다.

— 선생님의 그 무심이 저희를 지켜주었습니다. 선생님만큼 자신만의 세계가 강한 저희를 아무런 억압과 강요 없이 그냥 지켜보셨지요. 그 무심한 듯한 거리가 좋았습니다.

나의 스승은 삶을 시로 담아내신다. 평범한 일상의 한 순간이 눈에 들어

* 권경아, 「나의 스승은」, 『현대문학』, 2018년 2월호.

오면 선생님의 언어로 시를 쓰신다. 2004년 가을 문학 행사 후 양양의 하조대에 잠시 들르게 되었다. 등대 입구 쪽에 절벽을 안고 카페가 하나 있었는데 선생님과 우리는 절벽을 바라보며 앉아 있었다. 아니 앉아 있었다고는 할 수 없다. 평소 선생님과 함께 할 때는 함께 자리하지만 각자 주변을 서성이며 함께 할 뿐이다. 그저 일정한 공간 안에 함께 할 뿐 각자 자신만의 방식대로 그 시간을 즐긴다. 누구는 차를 마시고 누구는 카페를 서성이고 나는 아마 난간 너머 절벽의 바다를 바라보고 있었던 것 같다. 절벽 너머에 다람쥐 한 마리가 오가고 있었는데 그 카페의 강아지가 난간 너머의 절벽에 서 있는 다람쥐를 뚫어져라 쳐다보고 있었다. 그런데 그 강아지는 멀리 절벽의 다람쥐를 보고 무서웠는지 다리를 심하게 떨면서도 오래도록 다람쥐를 보고 있었다. 우리는 그 모습이 우습기도 하고 신기하기도 해서 강아지와 다람쥐를 한참을 바라보았다. 그런데 그때 선생님이 그 모습을 진지하게 관찰하고 계셨다. 나는 그런 선생님을 관찰하며 시 한 편이 나오겠구나 생각했었던 것 같다. 아래의 시이다.

> 마당엔 개가 세 마리 두 마리는 묶여 있고 한 마리는 멋대로다 마당엔 통나무 의자와 탁자가 있고 우린 의자에 앉아 바다를 본다 난 지난 밤 과음으로 술엔 입도 못 대로 맥주 마시는 동우와 동옥이를 본다 경아는 난간에 서 있고 그때 마당에서 놀던 개가 달려와 동우 발치에 앉더니 동우 얼굴 쳐다본다 동우가 웃으며 감자튀김 주면 받아먹고 다시 동우 얼굴 쳐다본다 다시 감자튀김 주면 받아먹고 이번엔 나를 바라본다 지난 밤엔 술을 얼마나 마셨소? 개가 나를 보고 묻는다 말도 마 새벽 두시까지 엉망이었어 개는 내 말을 알아듣고 다시 동우 얼굴 쳐다본다 가을 오후 동해 바다 하조대 등대 카페
>
> —「하조대 등대 카페」(『작가세계』, 2005, 봄)

나의 스승은 자신만의 세계를 갖고 계셨다. 그리고 제자인 우리도 각자의 세계에서 살아온 것 같다. 그리고 선생님은 우리의 그 세계를 인정해주셨다. 선생님의 세계를 강요하지 않으셨다. 시간에 대한 강박이 있어 절대 약속 시간에 늦는 법이 없으셨다. 해서 제자모임에서도 늘 먼저 와서 기다리는 사람은 선생님이셨다. 누구는 1시간이 늦고, 누구는 2시간이 늦어도 "그래 왔니" 한마디. 그저 그 공간 그 시간을 함께하는 것이다. 꼭 그만큼이다.

나의 스승은 또한 사람들과의 대화를 즐기셨다. 회식자리에서 한 자리 한 자리 들르시며 모두와 이야기를 하셨다. 제자들과 함께 할 때와는 또 다른 모습이다. 선생님을 모시기 힘들겠다 하지만 모르시는 말씀이다. 선생님만큼 모시기 편한 분도 없다. 문단 모임에 가면 선생님과 우리는 각자 흩어져 시간을 보낸다. 그저 한 공간에 머물면 된다. 따로 모실 필요가 없다. 사실 제자가 옆에 따라다니면 귀찮아 하신다. 다만 선생님의 시선 안에만 있으면 되는 것이다. 누군가 선생님이 찾으신다하여 다가가 "부르셨어요?" 하면 "그래 술 마셔라" 한마디다. 보이지 않아 찾으셨던 것 뿐. 있으면 된 것이다.

— 선생님은 선생님의 방식대로 저희를 사랑하셨지요. 우리는 선생님의 제자. 저희는 저희 방식대로 선생님을 존경하고 사랑합니다.

그리고... 저희 방식대로 선생님을 지키고 싶습니다.

나의 스승은 누구와도 절대적인 거리를 유지하셨다. 그 거리로 인해 많은 사람이 떠나갔지만 그 거리로 인해 지금 우리는 여기에 있다. 선생님만큼이나 자신만의 세계가 강해 모난 구석이 많다. 모난 제자들을 적절한 거리를 유지하며 품어주셨기에 우리는 선생님의 그늘에 있을 수 있었다.

나의 스승은 학자이다. 문단의 모임에서 선생님을 알던 분이라면 학교에서의 선생님 모습은 낯설 것이다. 누구나 웃으며 이야기를 들어주고 담소를 나누며 이런저런 실수들도 다 넘기시던 분이지만 학교에서의 선생님은 철저한 분이셨다. 지난 학기 동안 공부하신 내용으로 학기마다 새로운 이론 강의를 하셨다. 시험 때에는 어떠한 힌트도 없이 한 학기 동안 수업한 이론을 문제로 내셨는데 학생들 사이에서는 선생님이 파란색 볼펜을 좋아하셔서 파란색으로 답안을 쓰면 좋은 점수를 주신다는 말도 떠돌았다. 그러나 그것은 소문일 뿐. 선생님은 철저하셨다. 그런데 그 철저함 속에 또 엉뚱함이 있었다. 수업 시작과 동시에 지난 시간에 수업한 내용에 대해 질문을 하셔서 학생들을 당황케 하셨는데 질문 즉시 답이 바로 나오지 않으면 다음 학생으로 넘어간다. 그렇게 수업 초반을 긴장으로 진땀을 빼게 된다. 후에 사석에서 선생님께 그때 선생님의 수업 방식에 많은 학생들이 긴장하고 어려워했다고 말씀드린 적이 있었다. 물론 "다 학생들 공부시키려고 한 거지"라는 말을 예상했었다. 그런데 선생님은 "재밌잖아" 한 마디. 답을 못하고 쩔쩔매는 학생들의 반응이 재밌으셨다는 것이다. 물론 농담이시겠거니 하겠지만 아니다. 선생님은 정말 재미있어하셨다.

나의 스승은 삶의 형식의 일부이고 놀이인 언어를 즐기셨다. 또한 언어 놀이인 시 쓰기를 즐기셨다. 시 쓰기를 즐기고 책 읽기를 즐기셨다. 즐겁지 않은, 재미있지 않은 공부는 하지 않으셨다. 재미있는 공부를 하는 것. 내가 선생님을 존경하는 이유는 선생님이 훌륭한 업적을 남기신 학자여

서가 아니다. 문학사에 기록되는 시인이어서도 아니다. 재미있는 그 무엇을 평생 지속하신 무모한 용기. 이것이 나의 스승이 지닌 강한 힘이라 믿는다. 그리고 그 힘을 나는 존경한다.

— 선생님을 뒤로하고 돌아오는 길은 따뜻했습니다. 늘 그곳에 계시겠지요. 너무 멀지 않게... 또 뵙겠습니다.

이승훈 시의 에세이즘(Essayism) 연구*

권준형

1. 들어가며

이승훈 시인(1942~2018)은 창작과 그 토대를 이루는 시론과의 긴밀한 역학관계를 통해 독자적인 시세계를 구축한 시인 중 한 명으로 꼽힌다. 그동안 이승훈 시에 대한 수많은 연구들은 크게 주체와 관련된 자아탐구[1], 시론을 바탕으로 한 미학[2], 후기에 이르러 전개된 불교 사상과의 연관성[3]

---

* 권준형, 「이승훈 시의 에세이즘(Essayism) 연구」, 『한국시학연구』제82호, 한국시학회, 2025. 8.

1) 정신분석 이론을 바탕으로 한 이승훈 시론의 구축과정은 자신의 연구를 포함하여(이승훈, 「라캉의 자아개념」『한국언어문화』20, 한국언어문화학회, 2001.), 이성혁 역시 정신분석을 바탕으로 일상을 다루는 이승훈의 작품과 시론 사이의 연관성을 실재계의 다양한 양상으로 풀어냈다.(이성혁, 「실재계의 시학－이승훈의 시와 시론」, 『국제어문』 68, 국제어문학회, 2016.)

2) 이승훈은 평생 몰두한 시론을 연구하면서 단순히 이론이나 관념적 측면에만 머무는 것이 아니라 그가 쓴 작품과 함께 실천적으로 다루었다는 점(심은섭, 「이승훈의 시론 연구」, 관동대학교 박사학위논문, 2012.)과 이승훈이 다양한 예술 매체와의 영향

등으로 광범위한 영역을 다루고 있다. 이러한 연구의 범주를 살펴보면, 이승훈의 시세계가 갖는 위상이란 문학 영역 외 철학과 미학 등의 다양한 분야를 통해 끊임없이 담론화되고, 규정되는 상징화에 저항하는 동력을 바탕으로 함을 살필 수 있다. 그러나 이승훈 자신이 구축한 시세계가 워낙 견고하여 연구자들이 작품에 접근할 때 시인이 다루었던 범주에서 크게 벗어나지 못하고 재생산되는 한계를 지니기도 한다. 그가 다룬 시론이 광범위하고 범주가 넓을수록 오히려 전혀 다른 분야 혹은 방법론을 더욱 좁혀 바라볼 필요가 있다. 이 글은 이승훈의 시적 특징을 산문성으로 꼽고 소설 및 산문의 미학을 경유하여 이를 '에세이즘'으로 명칭하고자 한다. 이러한 방법론을 바탕으로 기존 산문시의 범위를 더욱 좁힘으로써 이승훈 후기 시의 특징을 집중적으로 조명하고자 하는 것을 목적으로 한다.

당대 시의 관습과 체계를 향한 이승훈의 비판은 "근본적으로 주어졌다고 말하는 어떤 것도", "개념에 대해 내려지는 어떠한 정의(definition)도 거부"[4]하는 에세이의 부정성과 긴밀히 맞닿는 측면이 있다. 또한 에세이는 그 자유로운 형식의 기술 방식 아래 다양한 분야의 장르적 특징이 혼재

을 주고받았으며, 그림 시집을 출판했다는 점에서 회화 장르와 융합적 시각으로 분석한(이재훈, 「시와 회화의 융합방법론 연구－이승훈의 『시집 샤갈』, 『나는 사랑한다』를 중심으로」, 『한국문예비평연구』 64, 한국현대문예비평학회, 2019.) 연구를 참조할 수 있다.

3) 금강경을 읽고 불교적 사유에 눈을 뜬 이승훈은 선(禪)과 유식(唯識) 등의 불교철학을 자신의 시와 시론으로 재해석하면서 후기의 독특한 시세계를 개진했다. 이와 관련된 연구로는 정효구(정효구, 「佛敎唯識論으로 본 이승훈 시의 자아탐구 양상」, 『국어국문학』 166, 국어국문학회, 2014.)와 남궁선(남궁선, 「이승훈 시 연구－해체주의시에서 선시로의 변화 양상－」, 『우리어문연구』 58, 우리어문학회, 2017.), 그리고 무(無)에 대한 인식을 선적 논리로 분석한 이재복(이재복, 「有에서 無로 無에서 無로 : 이승훈의 禪詩를 중심으로」, 『시와세계』 24, 2008. 12.) 등을 꼽을 수 있다.

4) T. W. Adorno, "The Essay as Form", *New German Critique*, Bob Hullot－Kentor and Frederic Will, Duke University Press, 1984, 159쪽.

되면서 기존 양식으로부터 해방되어 새로움을 창출하는 현대 미학의 정신을 반영한다. 장르에 요구되는 형식적 개념의 정합성은 에세이의 경우 서로의 관계를 통해서만 그 정확함을 얻기 때문이다.[5] 이처럼 에세이의 미학은 시에 대한 규범 및 시적 담론에 의해 형성되는 영역으로부터 끊임없이 탈주하고자 하는 이승훈의 시적 태도[6]와도 긴밀히 연결된다.

에세이는 프랑스 사상가 몽테뉴의 저서 『Essais』에서 유래되었다. '시도', '실험' 등을 의미하는 어원에서 알 수 있듯이, 에세이는 시가 가진 제도적 담론에서 벗어나고자 했던 이승훈의 시적 '시도'와 '실험' 여정에 맞닿는 측면이 있다. 시의 이미지나 리듬 또는 소설의 인물과 플롯 등 각 문학 장르가 갖는 고유한 형식으로 범주화되지 않는 에세이는 형식의 구속없이 자유로운 글쓰기를 추구하는 개방성을 가진 장르라고 할 수 있다. 동시에 에세이는 결국 언어에 의해 의미화나 맥락이 수반될 수밖에 없으므로 또 다른 형식을 발생시키는 순환을 통해 일종의 '무형식의 형식'을 파생시킨다. 까닭에 에세이에서 다뤄지는 형식은 방종의 형식으로서 산문시나 서술시 등 기존 시의 양식이 갖는 언어적 특징과 이를 표현하는 사유가 어떻게 상호작용하는지 고유한 지점을 포착하는 과정이 필요하다.

---

5) ibid, 160쪽.

6) 이러한 이승훈의 시적 태도는 부정성을 대표적 특징으로 갖는다. 이승훈이 초기에서 다룬 비대상 시론에서 서술한 부분이 대표적이다. 비대상 시론은 대상이 없는 상태를 지향하여 대상을 부정한다는 점에서, '주객단절'과 '소외'에 따른 자아 부정의 단계는 모더니즘 및 포스트모더니즘으로 이어지고, 부정한다는 것조차 부정하며 대상과 대상에 대한 개념화의 경계를 무화시키는 불교의 불이(不二)적 세계관으로 심화되면서 이승훈 시세계의 변모는 그의 시론에 고스란히 투영됨을 논구한 논문과(심은섭, 「이승훈의 시론 연구」, 『동서비교문학저널』 25, 한국동서비교문학학회, 2011.) 이승훈의 이러한 부정성 태도는 단계적으로 나타나는 것이 아니라 이미 초기의 '비대상 시론'에서 태동되어 후기의 '영도의 시쓰기'까지 일관되게 작동하고 있다는 점에 주목한 논문을 꼽을 수 있다.(신동옥, 「이승훈의 '비대상' 시론 연구」, 『한국시학연구』 65, 한국시학연구, 2021.)

일반적으로 산문시는 운문과 대립된 개념으로 나타나 일정한 리듬이나 각운, 행과 연의 구별을 필요로 하는 운문과 달리 자유로운 형태의 줄글로 쓰인 정서를 전달하는 효과를 지닌다.7) 또한 산문시는 근대 자유시의 발전과정에서 파생되었다는 점에서 근·현대시사 지평의 축소와 확장을 추적할 수 있는 형식이라고 할 수 있다. 그러나 운문 형식이 사용되지 않은 줄글로 된 형태를 산문시라고 규정할 경우 운문시와 산문시 사이의 배제를 통해 잉여적인 개념의 영역이 발생한다는 한계가 있으며 또한 산문시에서 나타나는 리듬이나 반복적 요소의 효과를 명확하게 정의하기 어렵다는 측면이 있다.8) 반면 서술시는 언어의 표현방식에 초점을 두는 산문시와 달리 시에서 다루는 내용을 중심으로 정의된다. 김준오는 서술시가 서사(narrative)를 갖추어 이야기(story)를 전달하는 것을 목적으로 하며, 산문시가 운문과 대비된다면 서술시는 서사시와 대비된다는 특징으로 꼽는다. 이때 서술이란 운문과 산문, 픽션과 논픽션, 구비 문학과 기록 문학 등의 이분법을 초월하는 일종의 인식 양식으로써 시(poetry)의 조건이라기보다는 오히려 텍스트(text)의 조건이라고 설명한다.9) 김준오의 분석은 시에 대한 정의를 내재적 요소에서 탈피하여 언어 및 장르론이라는 메타적 범위로 확장하여 시비평의 외연을 확장했다는 의의를 갖는다.10)

---

7) 시가 정서를 전달한다는 규정 역시 시의 특징을 협소하게 다룰 여지가 있다. 일찍이 김춘수는 『한국현대시형태론』에서 산문시의 '토의적' 요소에 의해 전통 시나 소설이 해체될 수 있다는 현상을 읽어냈다. (김준오, 「메타성과 탈장르」, 『문학사와 장르』, 문학과지성사, 2000, 49쪽.) 가령 서정시가 시적 주체와 대상 사이의 동일시로 단순하게 환원될 수 없는 것처럼 운문을 벗어난 산문시 역시 서술시, 에세이 등 세부적인 세목들로 접근하여 광의의 범주를 축소하여 특징을 규명할 필요가 있다.

8) 장만호, 「산문시의 형성과 근대 문학 담당층의 산문시 인식」, 『한국시학회』 제15호, 한국시학연구, 2006, 242~244쪽 참고.

9) 김준오, 「서술시의 서사학」, 앞의 책, 57~59쪽 참고.

10) 이러한 텍스트로의 확장은 바흐친이 논한 패러디의 장르론과 호응하는 부분이 있다. "장르는 개별 텍스트에 대해 외적 형식이 아니라, 오히려 텍스트에 의해 끊임없

그러나 한 편의 시에서 나타나는 이러한 형식적 구분은 현대시에 이르러 장르가 다양하게 되고 혼종화되어 나타남으로써 뚜렷하게 구별하기 어려워진다. 현대미학의 대표적 성격으로 꼽을 수 있는 무규정성, 혼재성 등은 작품이 가진 형식의 극복 및 전치 과정과 그것의 혼용에 따른 새로운 미학의 융합과정과 탈중심화에 따른 언어의 다양성을 지향한다. 시문학 역시 산문시 및 서술시의 기존 범주에서 탈중심화된 에세이는 시를 규정하는 모든 양식들을 탈중심화하는 스타일을 갖는다. 산문시와 구별되는 에세이가 갖는 세부 특징은 '제4의 문학'이라는 이름 하에 여러 논자들에 의해 논의된 바가 있었다.[11] 여기서 다루어진 다양한 젊은 시인들과 마찬가지로 이승훈 역시 기존 문학의 범주에서 일탈한 탈경계적 시쓰기를 수행함으로써 시의 외연을 확장한 시인이다. 이승훈 시에서 나타나는 에세이적 특징은 산문시나 서술시가 가진 언어적, 서술적 요소가 아니라 자아탐구를 거친 주체의 변화 이후 시적 공간에서 나타나는 수많은 타자화된 인물들 그리고 일상에서 다루어지는 수많은 에세이적 요소로 나타나는 특징을 보인다.

이 재구성되는 또 다른 물적 형식이다."(클라이브 톰슨, 「바흐친의 장르 이론」, 윤효녕 옮김, 여홍상 엮음, 『바흐친의 문학이론』, 문학과지성사, 1997, 222쪽.)는 주장은 에세이가 갖는 다양한 형식의 분화소(이데올로기소)가 작동하는 방식을 보여준다. 에세이의 무규정적 형식 또는 무형식의 형식은 여러 혼합적인 글쓰기의 결합과 다양한 발화 양태의 충돌에 의해 발생하는데, 이때 하나의 장르로 고착화되기 전에, "에세이는 자신의 문장과 판단에 개념들을 기용하는 순간 개념적 사유의 의무에 가입되지만, 원초적인 것이라 정당화된 무지한 교활함과 함께, 그것에 존중바치기를 거부한다."(T. W. Adorno, op. cit., 155쪽.)

11) 『문예중앙』(2007년 겨울호)에서는 이른바 '제4의 문학'이라는 이름 하에 기존 시의 형식과 규정으로부터 일탈하는 새로운 장르로 대두되는 에세이적 글쓰기에 대한 논의가 다뤄진 바가 있었다. 이 특집에 참여한 권혁웅, 박진, 정끝별은 각각 당대 활동하고 있는 젊은 시인들의 작품에서 나타나는 탈장르적 성격을 에세이적 글쓰기로 규정하며 새로운 문학의 양식으로 발전할 수 있는 가능성을 모색했다.

2. 부정성과 파편적 언어로서 에세이

이승훈의 시세계를 거칠게 요약하자면 '나-너-그'로 일변되는 주체 탐구 과정에 잇따른 모더니즘과 포스트모더니즘에서 이어지는 불교철학 등 여러 미학과의 융합이라고 볼 수 있을 것이다. 이러한 이승훈의 주체 탐구의 과정이 시를 통해 발현되면서 전달하는 메시지는 모종의 특수한 시적 의미가 아니라 그것을 파악할 수 없는 세계와 자아의 불투명성 내지 불확실성의 파국적 현시라고 할 수 있다. 이승훈이 말하는 '실존의 현기증'은 언어를 초과하는 주체의 실재계적 계기와 동시에 언어에 의해 한계 그어진 상징계적 질서 사이의 충돌 사이에서 발생하는 현상인 것이다. 바로 이 지점에서 이승훈의 산문적 특징이 드러난다. 이승훈의 초기 작품을 살펴보면 당대에 널리 다루어진 시의 표현 양식과는 거리가 있기 때문이다. 정교한 이미지를 다루는 것도 아니고, 특수한 상징이나 미문을 구사하는 것도 아니다. 초현실주의 기법을 바탕으로 내면의 불안과 고독을 환상적 이미지로 그려냈지만, 그가 집중적으로 탐구한 것은 시를 통한 미의 실현이 아니라 자가 자신조차 파악할 수 없는 자아에 의해 발생하는 시적 파토스의 문제였다.[12] 따라서 초기부터 후기에 이르기까지 이승훈이 천착한 것은 기법이 아니라 시 자체에 대한 물음과 탐구라고 볼 수 있으며 이러한 사유의 개진은 절차탁마의 글쓰기보다 형식이 자유로운 에세이에서 극대화되는 가능성을 마련한다.[13]

12) 김준오는 이승훈의 파토스를 세계와 대결하면서 좌초되고, 절망하여 결국 '고립주의'를 선택할 수밖에 없는 자아의 문제로 바라보았다. 자기를 내세우지 않고 철폐시키는 이러한 주체 양상에서 시적 긴장이 나타나는데 이는 "시인 자신 이외의 어떤 테마도 갖지 않는다든가 시인이 어떤 제재에 대한 자기감정을 타인과 공유할 필요성을 느끼지 않는 태도"(김준오, 「날개 없는 인간의 싸움—이승훈의 시」, 『현대시의 해부』, 새미, 2009, 43쪽.)로 나타난다.

나는 지금 시론을 쓰는 심정으로 이 시를 쓴다 언어도 버리자 언어는 존재의 집이 아니라 존재의 짐이므로 집도 버리고 짐도 버리고 산도 버리고 거리도 버리고 저 거울도 버리고 나는 그동안 대상을 버린 시를 썼다 비대상은 억압, 충동, 욕망의 구토였다 (중략) 그러므로 나도 버리자 나도 버리고 나도 버리고 남은 건 언어 이 황량한 언어 언어가 나이므로 언어도 버리자 언어도 버리고 언어도 버리고 시를 써야 한다 언어를 버리는 심정으로! 이런 심정도 없는 심정으로!

—「언어도 버리자」[14)]

이것은 에세이인가? 시인가? 이미 시의 도입에서부터 "시론을 쓰는 심정으로"라고 말함으로써 시에 대한 규정을 타파하고 있다. 시와 시론은 서로 구분할 수 있는 것이 아니라 언어의 또 다른 양상에 불과하고, 시를 버리면 시론이 되고 시론을 버리면 시가 되는 과정을 "짐", "거리", "거울" 등 시적 화자의 존재를 구성하는 모든 것을 부정하는 것과 서로 연관이 있음을 역설한다. 작품 중간에 언급한 "비대상" 시론이 "억압, 충동, 욕망의 구토"였다는 진술은 시뿐만 아니라 시론 역시 부정함으로써 시와 시론 사이의 경계를 모호하게 하여 경계를 넘나드는 에세이적 진리를 드러낸다. 즉 이 시에서 다뤄지는 진술의 성격은 어떠한 미학적 표현을 겨냥하고 있지 않다. 즉 이승훈에게 있어 시적 화자의 사유를 드러내는 데는 시적 진술보다 산문에서 다뤄지는 추론적 진술이 더욱 효과적이라는 사실을 보여주

13) 그러나 이미 언어가 한계를 가지고 있는 이상 에세이가 의도하는 자유의 실천은 그 자체로 불가능성을 가지고 있다. 그러므로 에세이의 진리는 "반성적 사고가 현존하는 범주의 불충분성을 교정하려고 노력하며 사유 자체의 경계를 넘어서도록 추동하는 지점"에서 포착될 수 있다. 그것은 유토피아의 생성이 아닌 유토피아와의 거리두기를 통해 반성성을 가짐으로써 구체화되는 특징을 갖는다.(성미영, 「아도르노 철학에서 언어, 형세Konstellation, 에세이」, 『동서철학연구』 제60호, 2011, 282~283쪽.)

14) 이승훈, 『이것은 시가 아니다』, 세계사, 2007, 47쪽.

는 것이다. 또한 "구토"라는 표현에 내포된 유희적 성격은 그 자체로 시적 주체와 시라는 양식에 대한 의심을 부정적으로 표현하고 있다. 그 이후로 이어지는 "버리고"라는 진술의 반복 뒤에 남는 것은 "심정도 없는 심정"이라는 자기 상태에 대한 인식에 이른다. 이 또한 언어를 통해 자아를 포착하는 에세이의 반성적 진리의 순간이다. 여기서 "심정"은 단순히 감정적인 상태가 아니라 무규정적이고 탈미학적인 글쓰기를 수행하는 화자의 실존과 결부된다. 이렇게 반성적 글쓰기의 양상, 즉 에세이는 기존 시의 예술적 요소를 거느리지 않는 부정의 양식으로 구조화되며15), 이는 결국 에세이를 써나가는 주체에 대한 문제로 이어지게 되는 것이다.

그리고 이 시는 언어가 대상이나 의미를 지시하는 것이 아니라 언어 자체의 부정 자체가 언어의 리듬이자 운동이 되는 가능성을 드러낸다. 이승훈의 부정성은 시의 바깥에서 이뤄지는 메타적 사유를 매개로 한다. 이승훈은 관습적이고 규범적인 시의 형식과 이데올로기를 비판했으며 시를 통해 개진되는 모종의 초월성이나 형이상학적 진리의 순간을 철저히 부정한다. 모종의 계시 또는 영감에 의해 이뤄지지 않는 이승훈의 작품은 시의 그물망에서 빠져나와 새로운 영역을 개척하고 다시 시로 회귀하는 작업을 수행하며 외연을 확장한다. 이 영역은 시가 무엇인지 질문하고 그 해답의 불가능성에 직면하면서 형성되는 글쓰기의 영역이라고 할 수 있다. 그러므로 이승훈의 시에서 나타나는 메타성은 이러한 끊임없는 반성적 절차를 통해 단일한 의미 및 시적 주체를 시 작품 내에서 소멸시키며 시적

---

15) 이승훈이 비판하면서 드러내려는 시의 양상에는 이미 보편적 시의 구조가 치밀하게 전제되어 있다. 그가 제시하는 시는 해석에 있어 또 하나의 담론으로 귀결될 위험은 있지만 하나의 수단일 뿐, 그것을 목적으로 하지 않는 에세이의 형식에 부합한다. "에세이는 확실성을 무시하는 것이 아니라, 확실성을 이념으로 삼는 일을 폐지할 뿐이다. 에세이는 그 자신을 넘어서는 글쓰기 절차에서 진실이 되지, 근본에 대한 집착을 비축하며 진실이 되지 않는다."(T. W. Adorno, op. cit., 161쪽.)

주체에 의해서 이뤄지는 진리의 형상을 철폐한다. 에세이는 바로 이러한 총체성에 반대하여 진리를 비진리의 진리로 전환하는 역할을 한다.

물론 여전히 주체의 문제를 다룬다는 점에서 이승훈의 시에 '고립주의'에 대한 비판이 잇따를 수 있지만, 위와 같이 이승훈은 끊임없이 자아를 의심하면서 그 경계를 구분짓지 않고자 노력한 시인이다. 에세이의 모토는 그 자신이 가진 부정성으로 인해 그것이 다루는 제재를 전부 취한다는 듯한 태도를 경계하여 맹목적인 언어에 기대기를 거부한다. 이것은 역설적으로 에세이가 가진 동일성으로 포섭되지 않는 사유를 추구한다는 것을 의미한다. 그러므로 에세이는, 비동일성의 의식을 허용하면서 전체보다 파편성을 강조한다. 아도르노는 에세이의 주요한 특징 중 하나로 파편적인 것의 '배열(configuration)'을 꼽으며, "에세이에서 다른 것과 대립하는 개별적인 요소들이 어우러져 판독 가능한 맥락을 형성한다. 에세이는 발판과 구조 없이 세워진다. 그 요소들은 자신들의 움직임을 거치면서 하나의 배열로써 결정화된다. 그 성좌는 에세이의 응시 아래에서 모든 지적인 구조가 필연적으로 힘의 장(force field)으로 변환하는 것과 같다."[16]고 논했다. 그의 주장은 파편을 몽타주식으로 조합함으로써 벤야민이 언급한 성좌와 같은 새로운 관계가 형성됨에 주목하는 것이다. 그것은 새로운 서사와 발화가 이뤄질 수 있는 시적 지평(field)으로 작동한다. 파편적인 발화들을 재조합하여 시적 화자의 발화로 전이시키는 패러디, 패스티시는 발화자의 위상을 부정하고 이를 재조정하여 주체를 탈맥락화시키는 기능을 한다.[17]

---

16) Ibid., 161쪽.

17) 이승훈의 작품에서 나타나는 여러 방식의 패러디 및 은유는 그의 '고립주의'가 미적 형식을 통하여 극복되고 있다는 점을 시사함과 동시에 주체와 타자 사이의 불이(不二)적 관계가 형성됨을 시사한다. 언어에 단일한 주인이 없다는 것은 결국 에

그는 근본적으로 단순한 사람이다. 그는 끔찍하리만치 속물이고 줄 것이 없어 주는 법이 없고 정중하고 겸손하다. 그는 성적인 매력이 있고 사랑을 두려워하고 언제나 수줍다. 그는 냉정하고 계산적이다. 그는 소심하고 외롭게 버림받은 자이다. 그는 마음 내키는 대로 한 적이 없다. 그는 일과 예술에 초연한 사람이다. 그는 연약하고 양성적인 존재이고 유령 같은 사람이다. 그는 투명하다. 그는 감수성이 예민하다. 그는 극단주의자다. 그는 이것 아니면 저것이고 우주의 블랙홀이고 얼음같이 차갑다. 그는 제로다. 그는 감정이 없고 야위고 창백하고 어린이처럼 순진하다. —세실 길베르, 앤디 워홀 정신, 권지현 역, 낭만북스, 2011, 참고.

—「오 세상에!」 부분[18)]

이 시는 다른 저자의 책을 각주까지 붙여 그대로 인용했음을 밝히고 있다. 위 시는 패러디 기법을 취하고 있는데, 저자가 텍스트를 인용하면서 2차 가공을 했기 때문이다.[19)] 패러디는 원래 텍스트를 사용한 인용자의 의도나 비판이 강조되는 반면에 페스티시는 닮음 그 자체를 추구하여 어떠한 의도가 투영되지 않는 유희성 자체를 강조한다는 차이가 있다. 이 시는

세이가 가진 혼용성, 혼종성을 나타낸다. 이는 타자의 문장 또는 발화가 자신의 그것과 서로 상호작용하는 것은 상호텍스트성과 긴밀히 연결될 수 있는데 이는 후속 연구에서 다루기로 한다.

18) 이승훈, 『당신이 보는 것이 당신이 보는 것이다』, 시와세계, 2014, 60~61쪽.

19) 인용한 시의 문장은 세실 길베르의 책에서 그대로 가져온 것이 아니다. 해당 저서에는 앤디 워홀의 주변 인물들이 그가 어떤 사람인지를 짤막하게 인터뷰한 문장들이 실려 있는데 이승훈은 이 문장들을 본인의 의도에 맞게 조합하여 시에 끌어들인 것이다. 이러한 시도는 콜라주에 가까운 것으로서 이 또한 창작의 유희를 강조하고 가공된 텍스트를 통해 새로운 미적 효과를 창출하는 에세이의 정신에 부합한다고 볼 수 있다. 이때 작가가 선택한 문장들은 새로운 의미 층위를 거느리는데, 이것이 크리스테바가 상호텍스트성을 통해 강조한 '기호 실천'의 사례라 볼 수 있을 것이다. 이승훈이 여러 문장을 편집한 부분은 다음을 참고.(세실 길베르, 권지현 옮김, 『앤디 워홀 정신』, 낭만북스, 2011, 177~179쪽.)

기존 텍스트를 재조합하면서 새로운 발화 맥락을 구성하기 때문에 새로운 의미를 형성하는 패러디로 볼 수 있다. 이러한 패러디의 양상은 언어에 대한 불신을 통해 원텍스트가 가진 저자성 내지 저자의 의도에서 벗어나 텍스트의 주인이 누구인지 모호하게 하는 유희를 강조하는 특징이 있다.[20]

텍스트를 인용하고 가공함으로써 발생하는 효과는 자유간접화법과 같은 방식으로 드러난다. 위 시에서 말하는 "그"는 원텍스트에서는 앤디 워홀을 가리키지만 이 재조합한 시에 자리할 때 "그"는 시적 화자로 변모하게 된다. 즉 앤디 워홀에 대한 문장을 화자 자신의 발화 맥락에 둠으로써 새로운 발화자 내지 주체를 생성하는 것이다. "그"라는 지시대명사를 통해 이뤄지는 전치 과정은 주체의 해체와 맞닿아 있다고 볼 수 있다. 자아의 내면 심리와 외부 현실, 그리고 이를 표현하기 위한 언어 간의 삼투현상의 교착관계를 시라고 부른다면, 이때 화자는 단일한 주체의 형상이 아니라 텍스트에 의한 수많은 다른 존재들로 전이될 수 있는 용기(容器)가 되는 것이다.

또한 인용하지 않은 시의 부부에서 화자는 병원에 가고, 아내에게 쓴 글을 보여주는 등 평범한 일상을 다루고 있다. 이렇게 발화자가 뚜렷한 가운데 여러 다른 발화로 재구성한 패러디를 삽입됨으로써 평범한 일상을 서술하는 시적 주체에 균열을 일으킨다. 일상적 발화자와 텍스트에 의해 재맥락화된 발화자 사이에서 발생한 이러한 간극은 단일한 시적 주체의 분열 양상을 그리게 되고, 이러한 주체의 분열은 결국 에세이적 언어 유희가

20) 자유는 곧 유희이며 이는 에세이의 가장 핵심적인 사상으로 정의할 수 있다. 아도르노는 에세이의 상호텍스트적 유희를 어린아이의 놀이에 비유했다. "학적인 성취나 예술적 창조 대신 에세이가 노력하는 것은 다른 사람들이 이미 해놓은 것들에 양심의 가책 없이 불을 붙이는 어린아이 같은 자유를 반영하는 것이다."(T. W. Adorno, ocit., 152쪽.)

주체의 유희로 개진되는 양상을 드러낸다. 나아가 일상적 주체와 타자의 발화에 의해 재구성된 주체 사이의 새로운 관계는 앤디 워홀에서 이승훈으로, 혹은 그 반대로 발화 주체를 변환하는 효과를 발생시킨다. 작품 속에서 "그"는 앤디 워홀을 가리키지만 그것이 이승훈의 작품 속으로 기입될 때, "그"는 앤디 워홀뿐 아니라 시인 이승훈, 또한 다양한 시적 주체를 가리킬 수 있는 공백의 기표로 전환된다. 또한 그렇기에 시적 주체가 "이승훈 씨"를 타자화하는 유희가 발생할 수 있는 것이다. 물론 이러한 유희성은 앞서 언급한 '실존의 현기'에 의해 단일한 주체의 등장이 불가능하다는 인식에 따른 것이다. 이는 이승훈 시인이 그 자신을 부정하고 그를 지칭하는 기표 "이승훈 씨"를 괄호친 다음, 그 안에 들어서게 되는 다양한 타자와의 기표적 접촉 이후 변모하게 되는 존재론적 변이에 주목할 필요가 있다.

3. 대화주의(dialogism)에서 나타나는 타자의 양상

> 그렇다면 시가 사라지는 시대에 시인이 할 일은 무엇인가? 산문의 도구로 시를 쓴다는 것은 창조 주체, 사유 주체로서의 시인의 역할 포기를 의미한다. 따라서 무슨 시인 의식이니 시인 정신이니 하는 낭만주의적 태도가 아니라 그저 쓰는 행위만이 남을 뿐이다.[21]

여기서 이승훈은 시의 형식 또는 미학적 요소를 살피기 전에 먼저 시인의 역할을 강조한다. 그가 주장하는 것은 예술을 통한 고유한 주체의 목소

---

21) 이승훈, 「메타시의 매혹과 전망」, 『시적인 것도 없고 시도 없다』, 집문당, 2003, 224쪽.

리를 포기하고 하나의 의미로 귀속되지 않는, 끊임없이 유동하며 행위하는 존재로 변모하여 이데올로기에 의해 규정된 작가의 위상을 철폐하는 것이다. 마치 롤랑 바르트의 '저자의 죽음'을 떠올리게 하는 이 대목은 시에 대한 관습적인 제도의 틀에서 벗어날 수 있는 가장 적합한 실천 도구는 바로 "산문의 도구로 시를 쓰는" 것을 강조한다. 이승훈이 강조하는 수행이란 결국 어떠한 미학적 판단이나 장인정신 같은 것 없이 아무것이나, 무엇이든 쓰겠다는 선언이다. 이러한 산문적 글쓰기의 수행은 후기 이승훈의 작품에서 나타나는 특징 중 하나이다. 이 시기 작품들은 다양한 형식에 의한 미학적 실험보다는 산문적 언어로 현실을 그대로 베낌으로써 발생하는 언어의 긴장 상태를 강조한다.

이러한 산문성에 주목한 학자로 미하엘 바흐친을 꼽을 수 있다. 그는 구조주의와 같은 이론이나 형식주의를 비판하고 사건성을 강조하면서 그 속에서 이뤄지는 종결불가능한 행위에 주목하며 다양한 인물들 사이의 대화(dialogue)가 이뤄지는 소설에 주목했다.[22] 관련하여 후기 이승훈의 작품 역시 다양한 인물들의 목소리가 중첩적으로 나타난다는 특징이 있다. 초기의 작품이 불안이나 고독을 노래한 소외된 시적 주체의 절망적 독백이었다면, 후기의 발화는 일상에 존재하는 수많은 존재들의 목소리를 언어로 실어 나르는 대화주의(dialogism)로 나타남으로써 산문시가 갖는

---

22) 여기서 바흐친이 강조하는 것은 문학 장르 간 구분의 기준이다. 그는 시와 소설의 발화 양상의 차이에 대해 설명하면서 시를 이론주의로, 소설을 대화주의로 도식화하는데 이러한 도식적 구분은 소설을 지나치게 위시한 한계가 있다. 그러나 그가 시가 가진 장르의 권위와 힘에 대립하기 위한 상대적 언어 의식의 실천으로 소설을 바라보았다는 관점에서는 시라는 제도와 싸운 이승훈의 목적과 밀접한 관계가 있다. 후기 이승훈의 산문성은 주체 없음, 내용 없음, 진리 없음을 필두로 하는 탈장르적 양상으로 이어진다.(캔 허쉬코프, 「문학 비평에의 도전으로서의 대화주의」, 서성복 옮김, 김욱동 편, 『바흐친과 대화주의』, 나남, 1990, 236쪽 참고.)

언어적 형식을 넘어서 대화적 사건을 통한 에세이의 양식으로 접근할 필요가 있다. 먼저 독백에 가까운 발화가 어떻게 타자와 접목하게 되는지 살펴보자.

> 이승훈 씨가 대답한다 내가 쓰는 시는 나를 찾아가는,
> 어디에 있는지 나도 모르는 나를 찾아가는, 그러니까
> 타자를 찾아가는, 말하자면 일종의 여행이라고 할까요?
> 아무튼 시작만 알고 끝은 모르는, 따라서 미지의
> 빙하같은 개와 개같은 빙하의, 해질 무렵의 광기가……
> 알아요 알아! 낯선 남자는 소리를 지르며 이승훈 씨가
> 쓰다만 원고를 책상에서 집어 주머니에 넣고는
> 문을 열고 사라진다 겨울 저녁 일곱 시 이승훈 씨의
> 방에는 얼음같은 노을이 가득 찬다
>
> —「겨울 저녁 일곱 시의 풍경」 부분[23)]

먼저 앞장에서 살펴본 바와 같이 작품에서 등장하는 "이승훈 씨"는 유희적 기표로써 타자화된 인물로 바라봐야 한다. 이 시는 화자의 내면에서 이뤄지는 공상을 배경으로 기표화된 작가를 타자화함으로써 시적 주체와 대화를 이룬다. "이승훈 씨"라는 인물과의 대화는 소통을 목적으로 하는 대화가 아니라 "광기"로 치닫는 불안한 심리 상태와 절망적인 시쓰기의 상황이라는 시적 주체의 파토스에 집중한 독백에 가까운 것이다. 그것은 이승훈이 줄곧 추구해온 자아 탐구의 여정인 "여행"으로 비유되며, 결국 "미지의" "광기"와 같은 있지도 않은 자아를 찾는 여정이 "이승훈 씨"라는 인물과 발화 주체 사이의 대화를 통해 실제 이승훈의 내면이 분열 과정으로 투영된다. 즉 작가의 의도와 현실이 텍스트 내부로 침투하는 것이 아니

---

23) 이승훈, 『밝은 방』, 고려원, 1995, 15쪽.

라 거꾸로 이 대화에 영향을 받는 작가를 추상화시켜 가성적 인물과 현실 사이의 경계를 모호하게 만든다. 자아 찾기의 한계는 동시에 언어의 한계인 것이다. 이러한 양상은 이승훈의 '고립주의'적 태도와 관련이 있는데, "이승훈"이라는 실제 인물이 등장하지만 이는 상상력의 과정에서 발생한 동일한 모체에서 떨어진 분열된 존재이지 외부로부터 화자에게 영향을 미치는 진정한 "타자"의 모습이 아니다. 이것은 주체의 분열에 따라 굴절된 타자화의 양상이며 시가 가진 형식이나 구조 등의 담론주의로 귀결되는 것으로부터 탈피하는 과정을 에세이의 대화적 양상으로 나타내 보인다. 개인의 사유나 감정을 미적으로 전달하는 데 강력한 효과를 지닌 시가 아닌 다원성과 상대주의를 바탕으로 한 독백화의 극복은 바로 바흐친이 강조했던 서정시를 비판하고 소설의 대화주의적 성격을 통해 새로운 문학의 영역을 모색한 바흐친의 시도와 호응하는 면이 있다고 할 수 있다.[24)]

이승훈의 작품에서 시적 주체의 의도가 부각되지 않고 타자와 접촉하는 양상이 심화되는 것은 불교를 접한 이후이다. 이승훈의 시세계는 불교적 사유를 거쳐 절대적 자아, 그러니까 단일한 주체 양식이 존재하지 않는다는 인식에 이르게 되고 이를 포기하는 결단으로 나아간다. 이에 따라 시적 주체와 시의 인물로 등장하는 타자 사이의 상호작용은 대화를 통한 존재들 간의 무수한 겹침을 통해 하나의 사건성을 형성한다. 이는 어떤 특수한 진리적 계기가 아니라 단순히 만남이라는 현상 그 자체가 곧 인연이며, 나와 타자는 서로 다르지 않다는 불이(不二) 사상을 바탕으로 한다. 이 시

24) 전병준은 이승훈의 고독과 불안이 타자와의 소통과 만남을 향하는 변화에 있어 가장 중요한 부분으로 언어를 꼽았다. 고독과 소통은 동일한 현상의 두 계기이며, 이 계기를 가르는 것은 바로 언어가 지시하는 관계를 깨치고 그것의 절망적 유희의 자유와 타자에 의한 위협 사이에서 언어를 운용하는 기호 체계의 사회적 변화로 이승훈의 시세계 변화를 추적했다.(전병준, 「이승훈 초기시에 나타난 불안과 언어의 의미」, 『한국언어문화』 No. 80, 한국언어문화학회, 2023, 116쪽 참고.)

기 발화 주체는 "내부에 있는 특정한 목소리가 아니라 그 안에 있는 수많은 목소리들을 조합하는 방식"으로 "대화적인 자아의 기록"이자 "에세이라고도 불릴 수 있는"25) 양상으로 변모한다. 후기 시에서 나타나는 인물은 대부분 실제 존재하는 인물이지만 이들이 텍스트로 기입되었을 때 가상성을 획득한다. 그러므로 대화는 시적 주체가 주목하거나 지향하는 대상화된 것이 아니라 타자가 발화하는 목소리를 주체가 들음으로써 이들의 목소리를 언어로 옮기는 수동적 위상에 놓이는 것이다. 이때 발화자의 진술은 타자와 겹목소리를 형성하며 기존 이승훈의 시세계를 포괄해온 고립주의에 따른 독백성으로부터 탈피하는 결과를 낳게 된다.26)

> 더운 여름 아파트 앞 구두 수선소 작은 의자에 앉아 구두 고치는 걸 구경할 때 수선소 아저씨가 말하네 글쎄 언젠가 교수님 지나가는 걸 보고 어떤 손님에게 저 분이 알아주는 대학 교수라고 했더니 그 분 말씀이 교수 같지 않다고 해요 그래서 제가 말했죠 아닙니다 알아주는 대학 교수입니다 제가 잘 아는 분인데 아주 소박하신 분입니다 그래요? 난 웃으며 말했지 내가 생각해도 그래요 교수가 도무지 왜소하고 품위가 없잖아요? 여기 앉아 저쪽으로 걸어가는 나를 본다면 나도 그럴 겁니다 난 나를 본 적이 없으니까요
>
> ―「난 나를 본 적이 없다」 전문27)

---

25) 박진, 「독백이 스러지는 시간」, 『문예중앙』 겨울호, 2007, 49쪽.

26) 바흐친은 대화주의에서 중요한 요소로 목소리가 들려오는 파토스에 주목했다. 그는 「소설 속의 담론」에서 '시적 파토스'와 '산문적 파토스'를 구분하는데, 시적 파토스는 발화자와 담론 사이의 거리가 없이 직접적으로 표현되는 반면, 산문적 파토스는 언제나 '인용부호'를 달고 등장하여 겹목소리를 형성한다고 논했다. 이렇게 겹목소리가 들려오는 산문적 파토스가 발생하는 영역은 "일상생활의 세부적 측면들에 관한 묘사를 전면화하는" 후기 이승훈 시의 일상성의 특징을 살펴볼 때 후술한다.(게리 솔 모슨·캐릴 에머슨, 『바흐친의 산문학』, 오문석·차승기·이진형 옮김, 앨피, 2020, 607~609쪽 참고.)

27) 이승훈, 『이것은 시가 아니다』, 세계사, 2007, 81쪽.

대화는 크게 두 가지로 파악할 수 있다. 하나는 주체 내면에서 작동하는 독백, 다른 하나는 실제 타자와 상호작용하는 외계에서 이뤄지는 대화이다. 초기와 중기에서는 대부분 첫 번째 대화, 그러니까 독백적인 양식이 주로 나타남을 살폈다. 후기로 접어들면서 이승훈의 시는 주체의 내면이나 자의적 사유를 드러내는 진술이 사라지고 타자와 조우하면서 관계하는 대화체가 많이 등장한다. 이 시에서 나타난 대화는 독백보다는 구체적 인물과 나눈 대화에 해당한다. 이 시는 화자와 수선소 아저씨 사이의 대화로 이루어져 있다. 그리고 이 대화에는 하나의 층위가 추가로 형성되는데 "어떤 손님"이 말했던 "교수 같지 않다고 해요"라는 발화이다. 화자와 수선소 아저씨 사이의 대화는 시적 정황 속에서 명시되지 않은 미지의 인물인 "어떤 손님"의 발화를 매개로 하여 이뤄진다. 이 인물의 등장에 의해 이뤄지는 대화의 전개는 일상에서는 평범한 사례라고 볼 수 있지만 그 맥락을 들여다보면 결국 대화에서 중요한 것은 누구와 대화를 나누는가가 아니라 어떻게 대화를 나누는가에 방점이 찍히게 된다. 그러니까 미지의 인물인 "어떤 손님"에 의해 화자와 "아저씨" 사이의 상호작용이 발생할 수 있는 것이다. 결국 대화의 문제는 타자에 대한 담론의 문제로 이어진다. 구조적 완결성에서 비롯된 타자가 아닌 미결정된 우연과 다수성 내지 혼잡성의 수사학에 의해 형성되는 타자는 인용한 작품처럼 "어떤 손님"의 겹목소리에 의해 추동되는 것이다.

이러한 타자의 목소리 양상은 후기 이승훈 시세계 변화와 긴밀한 연관을 갖는다. 자아의 부정 단계의 '나는 없다'는 인식에서 불교와 만남 이후 '나'는 타자에 의해 상대적으로 존재할 뿐이며 결국 주체와 타자는 서로 다른 게 아니라는 불이(不二)의 단계로 변모하기 때문이다. 텅 빈 나, 공백으로서의 나는 타자의 언어로 구성되는 것이며 주체는 언제나 나를 규정하는 언어와 사유의 바깥에서 다가오는 메타적 시선을 의식할 수밖에 없다. 나의 바깥에 거주하며 나를 초과하는 메타적 시선은 나의 의도에 따라 구성되는 시선이 아니라 타자의 시선에 영향받은 주체의 발화로 드러난다. 이때 타자의 시선은 주체에게 있어 실제적 감각으로 인식되는 것이 아니다. 한 번도 마주하지 않은 "어떤 손님"의 목소리는 이 인물이 가진 '보이지 않는 현존'에 의해 '나'와 "아저씨" 사이의 새로운 대화를 형성하게끔 만드는 "숨겨진 대화성"으로 드러난다. 이처럼 내게 들려오는 타자의 목소리는 "발화 속의 발화이자 동시에 발언에 관한 발언, 발화에 관한 발화"[28]들인 메타언어다. 그러므로 주체 발화의 잠재적 가능성은 언어를 사용하고 받아들이는 양상에 있기보다 위 시와 같이 타자와 관계하는 사회적 맥락에 의해 구성된다.

화자와 수선소 아저씨, 어떤 손님 사이의 대화에 의해 굴절된 주체가 등장한다. 말미의 "여기 앉아 저쪽으로 걸어가는 나를 본다면"이라는 진술은 메타적 시선으로 나를 바라보는 주체의 모습을 그려낸 것이고, 이어지는 문장은 나는 주체가 아니라는 것, 결국 나라는 것은 타자의 시선을 대리 체험할 때 발견될 수 있으며 이러한 접촉의 계기가 없다면 "나는 나를 본 적이 없"게 되는 분열된 주체의 탄생을 가리킨다. 이때 타자의 시선을 통해 발견된 나는 실제 나와는 무관한 반성적 주체, 즉 타자에 의해 메타화된 주체이다. 결국 언어를 통해 나를 잃어버리고 타자의 언어를 통해 잃어버린 나를 복권한다. 화자는 대화라는 사회적인 언어에 진입할 때 주체를 발견할 수 있다.[29]

---

28) M. 바흐찐, 「타자의 말에 대한 문제」, 『마르크스주의와 언어철학』, 송기한 옮김, 한겨레, 1988, 158쪽.

29) 언어가 시에 부과하는 한계는 동시에 시쓰기의 가능성이다. 이것은 고정불변하는 확실성이 붕괴된 언어를 마음껏 유희하고 파괴하고 깨진 파편의 언어를 재구성하

> 젊은 택시 기사가 웃으며 말한다. "몸이 마르셔서 여름엔 땀도 안 나고 좋겠어요. 어디로 가십니까?" "네 강남 고속버스 터미널 영동선 방향입니다." "강원도로 떠나시나 보죠?" "아닙니다. 충청도에 일이 있어서 갑니다." "강원도든 충청도든 떠나는 게 얼마나 좋습니까?"
>
> —「여름 오후 한 시」 전문[30]

이 시도 마찬가지로 화자와 택시 기사 사이에서 나눈 대화를 보여준다. 앞서 분석한 시와 차이가 있다면 이들이 나누는 대화를 따옴표 안에 집어넣음으로써 실제적인 말들로 구성하고 있다는 점이다.[31] 이것은 각 인물의 발화 양상이 간접화법에서 직접화법으로의 변화했음을 보여주며 시적 화자가 메시지를 전달하는 발신자의 역할이 아니라 소설의 서술자(narrator)와 같은 역할을 맡게 되는 것이라 할 수 있다. 이러한 표기법의 변화는 인물의 발화가 현실성을 얻지 못했던 독백적 표기에서 실제 현실에서 다뤄지는 완전한 대화로 육화되는 과정을 보여준다. 까닭에 시적 화자의 진술은 작품을 재구성하거나 가장하여 환상적 차원으로 위상을 조정하는 것이 어렵게 된다. 타자의 말은 온전히 시적 화자에게 직접적으로 침투하며 주

는 패러디, 패스티쉬, 상호텍스트성 등으로 접근할 수도 있을 것이다. 이처럼 환상이 아닌 텍스트로서의 현실이라 부를 수 있는 '리얼리즘'으로 이승훈의 시세계가 변모하면서 그는 언어로 구성된 사회에 참여하며 언어를 통해 관계를 맺는다. "언어는 사회를 구성하고 언어는 관계에 지나지 않고 나는, 이승훈이라는 사람은 이 관계 속에 존재한다. 내가 꿈꾸는 것은 이런 관계, 곧 사회라는 언어 그물에서 벗어나는 일이다. 왜냐하면 언어 속에 들 때 나는 나를 상실하기 때문이다."(이승훈, 「시적인 것은 없고 시도 없다」, 앞의 책, 154쪽.)

30) 이승훈, 앞의 책, 54쪽.

31) 인용한 시가 실린 『화두』 이전에 출간된 시집 『이것은 시가 아니다』에서는 앞서 인용한 「난 나를 본 적이 없다」와 같이 인물의 대화를 쓸 때 따옴표를 전혀 처리하지 않았다. 『화두』에서 시작된 따옴표 처리는 사소한 표기의 변화에 불과하지만 간접화법이 아닌 직접화법의 사용을 보여줌으로써 이승훈의 시세계의 커다란 변화임을 시사한다.

체는 이러한 타자의 말을 자신의 의도에 따라 맥락화하지 못하고 완전히 수용하여 전달할 수밖에 없는 수동성적 위치에 놓이기 때문이다.

그러나 이렇게 현실에 맞닿은 직접적인 시를 읽으면서 느껴지는 묘한 기시감은 이러한 진술을 수행하는 발화자가 흐릿하기 때문이다. 이것은 시적 주체가 생각하고 전달하고자 하는 목적에 따라 시를 쓰는 것이 아니라 타자의 언어에 의해 시가 쓰이는 방식에 의한 것이다. 화자는 시적 상황 속에서 발생하는 사태를 그대로 옮겨적는 필경사의 기능을 할 뿐이다. 이렇게 세계를 무모하게 옮겨적는 것, 그것이 이승훈이 말한 (주체의) 언어도 사라진 상태에서 오직 행위만 남은 상태를 의미하는 것일 테다. 화자, 즉 서술자의 말은 그의 말이 아니라 타자의 말이기에, "서술자의 말은 등장인물의 말만큼이나 개성화되어 있고, 채색되어 있으며 (이데올로기적인) 권위도 지니고 있지 않다. 서술자의 위치는 유동적인 것이고, 대부분의 경우 서술자는 작품에 묘사된 인물들의 언어로 말한다."[32]고 바흐친은 도스토예프스키를 포함한 러시아 산문 작가들의 서술 방식의 의의를 작가적 관점의 철폐로 읽어낸다. 이러한 독해는 시의 말미에 이르러 어디로든 "떠나는 게 얼마나 좋습니까?"라는 "택시 기사"의 말에 적용된다. 이때 타자와 주체 사이의 대화는 겹목소리를 형성하고 화자가 미처 인식하지 못한 잠재된 사유를 타자의 발화로 공명하게 되는 것이다. 바흐친에 따르면 이러한 겹목소리의 양상은 '숨겨진 대화성'으로서 주고받는 대화의 양상을 뛰어넘는 밀도 있는 대화 담론을 형성하는 계기가 된다. "온몸으로 응답하고 대응하면서, 자기 바깥의 무언가를, 자신의 한계를 넘어서는 곳을, 다른 사람이 하지 않은 말들을 가리켜 보이"[33]는 이러한 대화주의 과

32) M. 바흐찐, 송기한 옮김, 『마르크스주의와 언어철학』, 한겨레, 1988, 168쪽.
33) 게리 솔 모슨·캐릴 에머슨, 앞의 책, 285쪽.

정은 일상을 다루는 통상적 에세이의 소재인 일상에서 벌어진다.

4. 에세이적인 평범한 일상의 크로노토프(Chronotope)

이승훈의 후기시에서 나타나는 수많은 일상의 사건은 사소하며 특별한 의미를 띠지 않는 현상적인 순간에 불과하다. 내면에 침잠하는 시세계를 뒤로 하고, 이승훈은 실제 삶을 실제 일상에서 벌어지는 다양한 사건들 속의 타자와 마주한다. 후기 시에서 나타난 산문적 경향은 특정한 시의 미학을 통해 삶을 드러내는 것이 아니라 이미 삶 자체가 시이자 시가 곧 삶이라는 불이(不二)의 사유가 반영된 것이다. 앞서 살핀 바와 같이 대화를 통해 형성된 주체와 타자 사이의 관계를 살폈다면 이제 이러한 타자와 주체의 현실적 바탕이 되는 구체적 시공간을 살핌으로써 작품에서 다루어진 일상의 특징과 이를 기술하는 에세이적 글쓰기의 방법론을 살필 수 있을 것이다.

이승훈의 시에서 나타나는 일상성은 일반적으로 시적 계기에 의해 촉발되는 진리적 순간을 의미하지 않는다. 어떤 미적 기교나 빼어난 형식 및 구조 없이 평범한 일기처럼 진술되는 글쓰기는 그 자체가 곧 심미적 행위로 전도되는 전복적 사유를 바탕으로 한다. 예술로 승화되고자 하는 시는 화자가 겪는 일상의 모든 시시콜콜함 속에서 융해된다. 작품에서 그려지는 일상의 순간은 흔히 벌어질 수 있는 일이며 잊고 있었던 흔하고 보편적인 흔적의 순간들이다. 이러한 사건이 시라는 틀을 입고 발화될 때 일상의 특수성을 인식하는 사유는 이승훈이 주장한 '영도(zero-degree)'에서 체계화된다. 이승훈이 후기에서 강조한 '불이(不二)'는 시와 비시, 대상과 비대상을 구분하는 양상에서 벗어나는 에포케(Epoche), 판단중지를 강조하는 "사유하지 않는 사유이고 사유에 대한 자의식이 소멸한 사유"[34]를 추구한다. 시가 가진 이데올로기를 비판하고 재규정하기 위한 여러 방법론을 후기의 이승훈이 주목하지 않는 것도 바로 이러한 미적 언어에 대한 자의식이 사라졌기 때문이다. 나의 자의식이 사라졌기 때문에 내가 쓰는 시 역시 자의식이 없고 시는 그저 일상을 옮기는 언어적 도구로 전락한다. 마치 화가가 붓을 들고 그림을 그리듯이 언어를 쥐고 백지에 시를 쓰는 행위만 남은 상태, 즉 '영도'로 진입한다. 시는 "이성, 언어, 존재를 모르는 시이고 사유의 영도에서 쓰는 시이고 영도의 사유가 쓰는 시"[35]인 것이다. 동시에 이러한 후기 이승훈의 사유가 어떻게 에세이와 연결되는지 그 범주를 특정하기 위해서는 영도의 사유와 만나며 '나오는 대로' 쓴다고 언급한 그의 말에서 힌트를 얻을 수 있다. 즉 시가 나오는 그곳, 바로 일상에 잠재된 크로노토프의 양상을 통해 구체화되는 것이다.

바흐친은 문학 작품에서 시간과 공간을 사이의 내적 연관성을 살피기 위해 '크로노토프(Chronotope)'를 창안했다. 물론 이는 바흐친만의 독창적 이론이라기보다 세계를 인식하는 철학적 토대 위에 초석을 두고 있다. 크로노토프는 시공간의 융합된 감각을 포착하는 것을 목적으로 한다. 아인슈타인의 물리학 이론에 영향을 받아 바흐친은 시공간이 절대적인 것이

---

34) 이승훈, 「영도의 시쓰기」, 『시와세계』, 2008. 3., 71쪽.

35) 소급적으로 무형식이 무형식에 머물지 않고 다시 형식으로 귀결되는 것은 결국 시가 문학의 언어 담론을 벗어나지 못하는 한계이기도 하며, 발화 자체는 어떠한 지향점을 갖게 되기 때문이다. 이승훈이 말하는 무형식은 기존 시의 기법에 안티테제로서의 기법이며 기법을 의식하지 않는 기법을 의미한다. "영도의 시쓰기를 생각 없이 하는 말에 비유하면 이런 시쓰기는 시의 문법, 시의 기법을 망각하는 시쓰기이고 생각 없이 쓰는 시이다. 생각 없다는 것은 원하는 게 없다는 것이고 이런 무원의 세계는 제약 없는 시쓰기이다. 말하자면 쓰는 주체, 대상, 언어가 소멸한 상태의 시쓰기이다."(이승훈, 위의 책, 73쪽.)

아니라 상대적이며 이는 이질적인 세계를 포착하고 살아갈 수 있는 은폐된 잠재력이 내재해 있다고 보았다. 따라서 선형적인 시간과 공통경험의 공간이 아니라 특수한 역사성과 사건성을 포함하는 무한한 변수가 작용하는 삶을 그리기 위해서 바흐친은 소설 장르가 적합하다고 보았지만, 동시에 소설은 문학적 형식의 한계를 지니고 있기에 시공간의 이질적인 성격을 자유롭게 기술할 수 있는 에세이로 더욱 세분화할 필요가 있다. 바흐친은 크로노토프에 대한 논의를 전개하며 그 특징을 크게 두 가지로 요약했다. 하나는 크로노토프가 특정한 '인물들의 이미지'로 구성된다는 것과 또 하나는 그들의 '사적인 삶'들로 이뤄진 순간들이라는 것이다.[36] 크로노토프는 특별한 그 무엇이 아닌 주변 일상에서 흔히 찾아볼 수 있는 계기들을 '힐끗 보'는 행위에 의해 나타난다. 이 비가시적 우연성에 의해 포착되는 평범한 세계가 곧 크로노토프가 가치를 발휘하는 지점이다. 먼저 일상의 무능력함을 보여주는 인물을 살펴보자.

> 디워 죽겠는데 거실 전화기가 시끄러워 "전화 그만해요" 아내에게 화도 못 내고 참는 건 부처님이 참으라고 해서 참는 거야. 문을 닫고 고물 선풍기 틀고 반바지 입고 앉아 시를 쓰네. 모두 버리면 돼! 버리면 돼! 버리면 안 돼! 버리면 안 돼? 오전에 약국 가려고 길을 건너다 갑자기 어지러워 걸을 수 없었지. 왼발 바른발이 따로 노는 거야. 코를 손에 박고 계단을 올라갔지. 사는 건 뒤죽박죽 시도 뒤죽박죽 밥도 뒤죽박죽이다. (중략) 오늘은 책도 뒤죽박죽 재떨이도 뒤죽박죽이다. "책 한권 찾아와!" "책 이름이 뭡니까?" "책이름이 어딨어? 이 미련한 놈아! 그게 그거야." 스님은 말씀하시고 난 서가에서 아무 책이나 한 권 뽑아드렸지. 신문도 뒤죽박죽이야. 사설 읽고 정치면 사회면 읽어도 되지만 사회면 읽고 사설 읽어도 된다. 난 일기

36) 개리 솔 모슨·캐릴 애머슨, 앞의 책, 628~635쪽 참고.

예보 오늘의 운세 먼저 읽는다. 빌어먹을 무슨 시? 뒤죽박죽이 진리
다. 그래서 좋다.

—「빌어먹을 무슨 시?」 부분[37)]

작품 속에서 그려진 시적 화자의 모습은 다소 우스꽝스럽다. 각각의 상황들은 모두 모종의 유머를 표현하고 있는데, 화자 자신의 자격을 낮춤으로써 형성되는 희극적 요소[38)]를 갖추고 있다. "부처님이 참으라고 해서 참는 거야", "코를 손에 박고 계단을 올라갔지.", "난 일기예보 오늘의 운세 먼저 읽는다." 등 작품에서 나타나는 이러한 화자의 행동은 모두 광대나 바보와 같은 모습으로 형상화된다. 이는 시적 화자를 통해 은폐된 삶의 치부를 직접 폭로하는 역할을 함으로써 저자의 권위를 철폐시키고 일상의 내적 계기들을 다시금 발견하고 의미화하는 시도들로 작용한다. 따라서 "바보가 된다는 것은 저자에게 '이해하지 않을' 권리, 즉 '몰이해'의 권리를 부여"하여 특수한 형이상학적 진리나 역사적 의미를 갖는 것을 벗어나 "뒤죽박죽이 진리"라는 사유를 발견할 수 있는 계기를 형성한다. "바보의 이미지는 작품 속의 한 인물로 제시될 경우 사람의 내적 삶의 본성을 탐구할 수 있는 방식"을 제공하는 것이다. 이런 반성적 계기에 의해 살아가는 인물의 모습은 사회의 흔한 규범에서 벗어난 것이며 바로 이 점에서 에세이적이라고 할 수 있다. 이승훈은 이러한 광기, 어린아이, 예술가로부

37) 이승훈, 『당신이 보는 것이 당신이 보는 것이다』, 시와세계, 2016, 14쪽.

38) 이러한 인물의 희극적 요소는 인간 존재의 이질적인 잠재력, 즉 '인간성의 잉여'를 나타내는 부분이라 할 수 있다. 인간의 잉여적 부분은 인간의 완성이 아닌 모자람을 통해 간접적으로 제시될 수밖에 없다. "개인의 모든 인간적 잠재력과 요구를 단번에 영구적으로 구현해낼 수 있는 형식이란 없으며, 그의 마지막 말까지 다 소진해 버릴 수 있는 형식도 없고 … 넘쳐흐를 만큼 가득 차 있지만 바깥으로 넘쳐흐르지 않는 꼭 맞는 형식도 없다. 기존의 모든 옷은 항상 인간에게 너무 꽉 끼며, 그래서 희극적이다."(개리 솔 모슨·캐릴 애머슨, 앞의 책, 719쪽.)

터 시의 가능성을 발견한다. 바보 같은 주체의 가면 쓰기(가장성)는 결국 미와 지식으로서의 글쓰기가 아닌 백치의 글쓰기, 영도와 무위(無爲)의 글쓰기인 에세이의 알레고리로 나타난다.[39]

백치의 글쓰기는 전후관계가 없고, 의미가 없으며 파편적인 배열과 무작위적인 인용을 특징으로 한다. 위 시에서 전개된 글쓰기의 특징은 아내와의 평범한 일상으로부터 시작하여 스님과의 일화까지 한 편의 시에 여러 사건이 들어가 있다. 작품 내에서 파악할 수 있는 뚜렷한 서사적 흐름은 존재하지 않으며 이러한 일상적 사건의 뒤섞임 자체가 "뒤죽박죽"이라는 작품의 주제를 내포하게 된다. 시가 뒤죽박죽이듯이 일상 또한 뒤죽박죽이고, 또 그것을 살아내고 글을 쓰는 화자의 사유 또한 뒤죽박죽이며 산만함이 결국 삶의 진리다.

> 이문동 2층 카페 창가에 앉으면 유리창에 저녁 해가 비친다. 눈이 부셔 맞은 편 의자로 자리를 옮긴다. 손님 없는 카페 갑자기 잠바 입은 사내가 들어와 창문을 보며 "망할 년들! 못된 년들!" 계속 큰 소리로 욕을 하다 나긴다. "왜 그래요?" 주인 여자에게 물었지. "조금 미친 사람이야요. 가끔 들려 저러다 나가요." 대답하네. 창문을 보며 "망한 년! 미친 년! 죽여 버릴 거야!" 헝클어진 머리에 낡은 잠바 입고 서서 욕을 하던 30대 남자.
>
> —「봄날」 전문[40]

---

39) 한편 인물의 '어리석음'을 통해 그려지는 일상의 이면에는 자유와 해방이 아닌 반유토피아적 세계라는 깨달음으로 다시 한번 굴절된다. 끊임없이 지속되는 일상의 흐름은 세계의 종결불가능성과 그 끝없는 가망 없는 일상의 반복을 은유로 하는 아이러니를 형성한다. 바흐친은 이러한 산문적 알레고리를 형성하는 대표적 인물로 트리스트럼 섄디와 그리스도를 꼽으며 이들을 통해 일상의 새로운 관계를 맺는 은유를 형성할 수 있다고 보았다.(개리 솔 모슨·캐릴 애머슨, 앞의 책, 685쪽 참고.)

40) 이승훈, 앞의 책, 99쪽.

인용한 시에서도 바보 혹은 광기에 사로잡힌 인물이 등장한다. 그는 흔히 주변에서 볼 수 있는 일상의 인물이기도 하다. "조금 미친 사람"을 회상하며 화자는 시를 통해 그를 다시 불러온다. 이러한 과거의 현재화는 선형적인 역사적 시간관과 단절을 이루는 비역사적인 것이라고 할 수 있다. 기억 속의 인물을 통해 화자는 과거의 자신과 시를 쓰는 현재의 자신과의 특수한 대화의 장을 열어젖힌다. "미친 사람"을 회상하면서 화자는 그와 시간을 뛰어넘는 관계를 형성하고 이때 이뤄지는 모종의 동일시의 순간은 화자 자신도 미친 사람일지도 모른다는, 미치기 일보 직전의 두려움 속에서 일상을 살아가는, 혹은 미치지 않은 척하는 인물로 주체를 타자화하는 겹구조를 형성한다. 결국 "미친 사람"에 대한 묘사는 화자 자신의 욕망을 투사하기 위한 환유적 알레고리이다. 이렇게 타자와 시공간을 뛰어넘어 서로 뒤섞이며 과거-현재의 시간과 카페라는 공간 안에서 "미친 사람"과 '미칠 것 같은' 화자의 기묘한 동거를 보여준다. 광인은 과거와 현재 사이, 주체와 타자 사이의 동시적이고 모순적인 크로노토프의 시간성을 보여주는 사례라고 할 수 있다.

바로 이러한 역사성의 계기를 포착하기 위해서는 이질적인 시간과 공간의 도입과 함께 형성된 또 다른 시간을 읽어내는 독법이 요구된다. 바흐친은 이러한 크로노토프의 가시화의 조건으로 시간의 창조적이고 능동적인 본성과 시간이 침투하여 공간을 연결하고 지역화된 시간에 만연한 필연성을 토대로 역사성을 읽어낼 것을 강조했다.[41] 작품은 미래의 미완결성에서 비롯된 요구, 그리고 이를 실현하기 위한 공간과의 상호작용을 드러내야 하는 것이다. 물론 이승훈의 시에서 다루어지는 일상을 포착하는 눈에는 소위 말하는 이데올로기나 현실을 변화시키는 혁명적, 정치적 계

41) 개리 솔 모슨·캐릴 애머슨, 앞의 책, 706쪽.

기들이 소거되어 있다. 그의 시선은 일상에는 어떤 고귀한 사상이나 담론이 없다는 것이고, 대상을 괄호 친 분별없는 눈을 통해 일상을 선입견이나 의도 없이 일상을 언어로 그대로 기술함으로써 시를 실천하는 것, 즉 쓰는 것이 삶이 되고 삶이 시가 되는 양상을 드러낸다.

> 신혼 초 창문도 없는 작은 사글셋방 해 질 무렵이면 아내는 밥하고 난 포대기도 없이 어린 상규 등에 업고 방바닥에 무슨 책을 펼쳐 놓고 엎드려 책을 읽었지. 그때는 부엌도 없었다. 그럼 아내는 어디서 밥을 했을까? 그 방은 원래 대학원 석사 과정 때 내가 잠만 자던 방. 외대 앞 골목길 돌아가면 공터가 나오고 공터엔 오래된 나무 한 그루 길가엔 세탁소 다시 좁은 골목길 지나 있던 집. 오늘도 해 질 무렵 이문동 지나면 작은 사글셋방에 어린 상규 등에 업고 방바닥에 고개 숙이고 내가 책을 읽겠지.
>
> —「이문동」 전문[42]

> 그럼 됐다. 그럼 됐어. 무엇이 더 필요한가. 무릎을 펼 수 있는 작은 정자면 된다. 나처럼 할 일 없는 노인, 그것도 병이 든 노인이 걷다가 잠시 무릎이나 펴고 앉으면 된다. 사람은 하나도 없고, 빈 정자, 그것도 작은 정자다. 오늘은 눈이 오려나. 하늘을 쳐다본다. 그리운 친구도 없고 그리운 산만 있다. 시래기 시래기 나는 담장에 걸린 시래기야.
>
> —「무엇이 움직이는가」 전문[43]

첫 번째 시는 앞에서 인용한 「봄날」과 같은 "이문동"이라는 배경이다. 위에서 인용한 시의 "이문동"은 과거 화자의 체험에 대한 술회가 나타난다. 구체적인 길에 대한 묘사를 통해 과거의 공간에 대한 실감을 살리고

---

42) 이승훈, 『화두』, 책만드는집, 2010, 71쪽.
43) 이승훈, 『무엇이 움직이는가』, 시와세계, 2019, 54쪽.

일상은 특별한 수식 없이 그려져 있다. 이 시의 화자는 "이문동"에서 살았던 과거를 떠올리는 현재의 화자로, 같은 회상이라도 앞서 인용한 시와 다른 점은 회상의 대상이 타자가 아닌 과거의 자신인 "나"라는 차이가 있다. 그러나 과거의 나는 결국 또 다른 타자와 다름이 없다. 시의 마지막에 "오늘도 해 질 무렵"이라는 발화의 현재 시점으로 돌아와 "이문동"이라는 시공간을 떠올릴 때, "상규 등에 엎고 방바닥에 고개 숙"인 나는 현재 "이문동"에 살고 있는 화자를 대체한 것이 되기 때문이다. 즉 현재의 내가 "이문동"이라는 공간을 떠올릴 때 현재 "이문동"에는 "작은 사글셋방에 어린 상규 등에 엎고 방바닥에 고개 숙이고 책을" 읽던 화자의 과거가 거주하고 있는 것이다. "이문동"이라는 공간을 떠올림으로써 아이를 보고, 책을 읽으며 신혼생활을 하던 과거의 나는 화자의 회상에 따라 현재화됨과 동시에 타자화된다. 따라서 과거 "이문동"과 현재 "이문동"의 공간은 혼재되어 나타난다. 이러한 전이 과정은 시공간을 뛰어넘는 '흔적의 크로노토프'라고 말할 수 있다. 과거와 현재의 교환은 "이문동"이라는 공간을 매개로 이뤄지며 과거를 회상하는 현재의 나는 과거를 응고시킴으로써 전미래 시제로 되돌려 현재, 과거, 미래 사이의 필연성을 분절시키는 효과를 이룬다. 까닭에 "이문동"이라는 공간은 실제 존재하는 공간이지만 시간을 교통시키는 어떤 사적인 삶이 투영된 역사성의 장소로 상정되는 것이다.

다음 시 역시 "정자"를 매개로 하는 장소성이 강조되고 있다. 이 시는 위와 달리 시간성의 특수한 계기 없이 시선의 흐름으로 서술되고 있다. 화자는 산책을 하다가 "사람은 하나도 없"는 "작은 정자"를 만난다. 그에게는 이 작고 사소한 "정자"가 화자의 삶을 이루는 사적인 계기의 조건인 역사성의 계기로 작용하는 크로노토프라고 볼 수 있을 것이다. 그러나 "이문동"과 달리 "정자"는 이 시에서 특수한 시공간적 크로노토프를 형성하지 않는다. 시의 진술은 어떠한 크로노토프적 계기의 순간들조차 없고 이들 사이의 특수성이나 인과적 요소를 면밀히 다루지도 않음으로써 무규정적인 에세이의 요소를 보여준다. 그저 화자는 할 일 없이 "정자"에 앉아 잠시 쉬면서 상념에 잠긴다. 이젠 더 이상 추억할 과거도 없다. 있는 것은 "정자"와 쉬고 있는 화자뿐이다. 오히려 "무엇이 움직이는가"라는 제목이 시적 시공간 바깥에서 들려오는 또다른 크로노토프적 질문에 해당한다고 볼 수 있다. 바흐친은 크로노토프가 독자에게 제시되는 방법 중 하나로 목소리를 꼽으며, "우리는 마지막 분석에서는 언제나 인간의 목소리에 이른다. 말하자면 우리는 인간 존재에 직면하게"[44] 만드는 순간을 강조한다고 말한다. 처연한 일상의 정황 속에서 화자는 "무엇이 움직이는가"라는 질문을 통해 자신의 이질적 존재, "담장에 걸린 시래기"와 마주한다. "정자"에 앉아 있는 나는 정지해 있는 반면, "담장에 걸린 시래기"는 끊임없이 움직인다. 더 이상 갈 곳도 없고, 움직일 수도 없지만 화자는 자신을 잠재적 존재로 전치함으로써 사적인 삶과 사유를 지속한다. "담장에 걸린 시래기"는 사소한 운동들로 그려지는 일상의 새로운 행보이자 크로노토프적 흔적인 것이다.

5. 나가며

이승훈이 에세이적인 글쓰기를 통해 보여준 시세계는 기존 시가 가진 관습과 규범을 비판하고 탈피하기 위한 시도의 과정이라 할 수 있다. 그는 끊임없이 시의 새로운 영역을 개척하기 위해 '시도'하였으며 시와 시론 사

44) 개리 솔 모슨·캐릴 애머슨, 앞의 책, 723쪽.

이를 오가며 독자적 영역을 구축했다. 이승훈이 자아를 탐구하면서 만난 모더니즘, 포스트모더니즘 그리고 불교에 이르기까지 다양한 분야를 섭렵하면서도 놓치지 않은 동력은 바로 글쓰기, 시쓰기 자체에 대한 고민이었다. 이렇게 이승훈의 글쓰기가 다채로울 수 있었던 것은 에세이가 가진 자유 양식에 부합되었기 때문으로 보인다. 이런 의미에서 에세이는 하나의 장르 또는 양식이라기보다는 사유를 글쓰기로 실천하는 행위에 가깝다. 그러나 에세이는 형식에서 자유로운만큼 자유라는 구속을 재정위할 임무를 맡는다. 이승훈은 이러한 에세이가 갖는 자유와 방임이 갖는 무형식의 형식을 치밀한 미학적 토대 위에서 재구축했다. 시에 대한 끊임없는 의심과 기존 시의 규칙에 대한 비판을 통해 역설적으로 이승훈은 시의 형식을 누구보다 치밀하게 에세이로 실천한 시인이기도 한 것이다.

산문시와 비교할 때, 에세이가 가진 형식의 차이는 시의 자장에 포함되지 않는 부정성과 자유를 추구하는 그 정신에 있다고 볼 수 있다. 이러한 사유는 이승훈의 시세계를 일관되게 관통하는 지점이며 아도르노에 따르면 에세이가 가진 대표적 특징 중 하나이다. 특히 이승훈의 시세계에서 이러한 양상이 두드러지게 나타나는 때는 독백주의에서 벗어나 대화주의로 넘어가는 『이것은 시가 아니다』 이후라고 할 수 있다.[45] 이 시집의 서문

45) 대개 이승훈의 시세계의 구분은 여러 논자들의 관점에 따라 상이하게 나타난다. 이승훈 본인의 구분은 자아를 중심으로 자아 찾기(초기)-자아 소멸(중기)-자아 불이(후기)로 구분되며, 김향라와 김지선은 주체와 형식의 관점에 따라 비대상을 바탕으로 한 대상 소멸(초기)-언어실험 및 해체시론 과정에서 비롯된 자아 소멸(중기)-불교적 세계관(후기) 등으로 구분하고 있다.(이기주, 「이승훈 시에 나타난 몽타주의 변화 양상」, 『한국문예비평연구』 제50호, 한국현대문예비평학회, 2016, 71~72쪽 참고.) 본고는 이승훈의 시기 구분에 있어 타자에 대한 사유 변화 또한 중요한 변별점이라고 본다. 『이것은 시가 아니다』 이후 작품에서 나타난 다양한 대화주의와 일상성은 이러한 타자와의 상호성이 투영됨에 따라 나타난 형식이며, 이전의 이론 중심의 실험적 글쓰기에서 벗어나 행위 중심의 에세이적 글쓰기를 통해 시의 경

에서 일상을 그대로 베끼겠다는 선언에는 여전히 시란 무엇인가에 대한 질문이 내포되어 있으며 불가해한 시의 세계를 그 나름의 언어로 그려보려는 무모한 시도가 깃들어 있는 것이다.

이러한 공허를 메우는 실천이 바로 타자와의 대화와 작품 속에서 나타나는 다양한 일상의 시공간이다. 불안과 절망 속에서 고립된 자아에서 벗어나 타자의 발화를 통해 주체의 새로운 자리를 발견하고 이는 일상의 크로노토프를 통해 드러난다. 산문시와 서술시와 달리 에세이가 갖는 특징은 바로 이러한 사유 양상에 개진될 수 있다. 수많은 대화는 그에게 끊임없이 목소리로 육화되어 침투하는 타자의 언어이며 이는 잠재적 자아를 창조하는 시적 계기 진리로 작동한다. 그리고 이러한 타자들이 거주하는 수많은 일상의 현상들은 주체와 타자 간 뚜렷한 구분이 없는 크로노토프적 시공간에서 이뤄진다. 에세이는 이러한 두 가지 특징에 의해 관습적 세계를 생소하게 만드는 역할을 한다.

계를 무화시키는 지점으로 나아가는 차이가 있기 때문이다.

이승훈 초기 시의 시어(詩語) 연구*
―『事物 A』를 중심으로

김재홍

1. 서론

이승훈은 1942년 춘천에서 태어나 2018년 작고했다. 1962년 4월부터 이듬해 4월까지 박목월의 추천으로 『현대문학』을 통해 등단[1)]해 첫 시집 『事物 A』를 시작으로 20여 권[2)]의 시집과 『이 시대의 시 쓰기』 등 시선집,

* 김재홍, 「이승훈 초기 시의 시어(詩語) 연구 ―『事物 A』를 중심으로」, 『한국언어문화』 87집 , 한국언어문화학회, 2025. 8.

1) 이승훈의 등단작은 초회 추천 「낮」(1962. 4.), 2회 추천 「바다」(1962. 8.), 3회 추천 「두 개의 추상」(1963. 4.) 등 세 편이다. 이승훈·최서진, 「내가 환상인 것처럼 너도 환상이다」, 『시와 세계』 제42호, 2013, 98쪽.

2) 이승훈이 상자한 시집은 『事物 A』(1969), 『환상의 다리』(1976), 『상처』(1980), 『당신의 초상』(1981), 『사물들』(1983), 『당신의 방』(1986), 『너라는 환상』(1989), 『길은 없어도 행복하다』(1991), 『환상이라는 이름의 역』(1991), 『밤이면 삐노가 그립다』(1993), 『밝은 방』(1995), 『나는 사랑한다』(1997), 『너라는 햇빛』(2000), 『인생』(2002), 『아름다운 A』(2002), 『비누』(2004), 『이것은 시가 아니다』(2007), 『화두』(2010), 『당신이 보는 것이 당신이 보는 것이다』(2014), 『무엇이 움직이는가 : 이승훈 유고시집』(2019) 등이다.

『반인간』·『비대상』·『포스트모더니즘 시론』 등 시론서, 『선과 아방가르드』 등 비평집을 발간하며 창작과 이론 분야에서 많은 성과를 낳았다. 그는 현대불교문학상(2013년), 김준오시학상(2011년) 등을 수상하며 시인과 이론가로서 활발하게 활동한 시인이다.

시인으로서 이승훈에게 정신적 대부는 이상과 김춘수, 김수영이었다. 대학 때 은사이자 문단 데뷔와 첫 시집을 내준 박목월은 현실의 대부였고, 만년의 그를 『금강경』의 탈아상(脫我想)으로 이끈 무산 조오현은 종교적 대부였다.[3] 주지하다시피 이상은 한국 모더니즘 1세대인 '식민지 모더니즘'에 속한 시인이고, 김춘수와 김수영은 2세대인 '전후 모더니즘'에 속한다. 이승훈이 이들을 정신적 대부로 삼았던 것은 그가 매우 의욕적으로 모더니즘 시를 추구했다[4]는 것을 말해준다. 또한 무산 조오현을 통해 『금강경』을 사숙한 것도 자아(我想) 탐구라는 오랜 시적 과제를 넘어 탈아상에 이르는 인식론적 전환에 도달하게 해 주었다는 점에서 그의 모더니즘 시 편력에 커다란 자극이 되었다.

이처럼 한국 모더니즘 3세대를 대표하는 시인이자 시론가로 활동한 이승훈에 대한 그간의 연구는 주제론적인 접근이 대종을 이룬다. 시론에 있어 이승훈이 주도적인 역할을 한 1960년대 '현대시' 동인의 시론에 집중[5]한다거나, '반인간', '비대상' 시론[6]과 '매체미학'에 주목[7]하는 등등이었

3) 이승훈·최서진, 앞의 글, 102쪽.

4) 문혜원은 한국 모더니즘의 세대 구분을 하면서 이승훈을 한국 모더니즘 3세대인 '근대화 혹은 산업화 초기 모더니즘' 계열에 속한다고 보았다. 문혜원, 「<현대시> 동인의 시론 연구」, 『비교한국학』 제18-1, 한국문학연구학회, 2010, 151쪽 '각주 3' 참조.

5) 이에 대한 논의로 문혜원의 앞의 글 외에도 박슬기의 논문을 참고할 수 있다. 박슬기, 「1960년대 동인지의 성격과 <현대시> 동인의 이념」, 『한국시학연구』 제18집, 한국시학회, 2007 등.

6) 이승훈의 시론에 대한 연구는 이찬, 박성필, 심은섭, 이덕주, 이성혁, 신동옥, 오문

다. 이승훈의 시에 나타난 '앎'의 주체 문제에 접근한 김혜진의 논의[8]는 "시적 주체의 무의식에 관심을 둔 정신분석학적 관점"으로 새로운 시도라고 할 수 있으나, 작품 분석의 결과가 심리학적 차원으로 수렴된다는 점에서 주제론적 연구에 해당한다고 할 수 있다.

그런데 과소하긴 하지만 김준오와 이승훈의 시론에 나타난 몽타주 원리에 주목한다거나 시와 회화의 융합방법론에 천착하는 등 창작 방법론과 관련된 연구 성과도 없지 않다. 이기주는 "'몽타주'의 이론화를 모색했던 연구자가 김준오(1937~1999)와 이승훈(1942~2018)"[9]이라며 "소외와 해체의 글쓰기와 몽타주"[10]라는 기법의 관점에서 이승훈의 시론을 분석하는가 하면, 뱅상 아미엘(Vincent Amiel)의 몽타주 미학 이론을 토대로 이승훈의 시 세계를 작품론적으로 분석[11]하기도 했다.

서, 남승원 등 상당히 많은 성과들이 발표되어 있다. 이찬, 「이승훈 시론 연구—그 이론의 변모 과정을 중심으로」, 『Journal of Korean Culture』 제6집, 한국어문학회, 2004, 박성필, 「이승훈 시론의 의미 지향성 연구」, 『국어국문학』 제150호, 국어국문학회, 2008, 심은섭, 「이승훈의 시의식의 변천 양상 연구」, 『한국문예비평연구』 제34집, 한국현대문예비평학회, 2011, 이덕주, 「이승훈의 선禪과 아방가르드」, 『시와세계』 제50호, 시와세계, 2015, 이성혁, 「실재계의 시학—이승훈의 시와 시론」, 『국제어문』 제68집, 국제어문학회, 2016, 신동옥, 「이승훈 '비대상' 시론 연구」, 『한국시학연구』 제65집, 한국시학회, 2021, 오문석, 「이승훈의 부정시학」, 『한국언어문화』 제76집, 한국언어문화학회, 2021, 남승원, 「내면세계의 인식과 기법의 발견—이승훈 시집 『사물 A』와 시론집 『反人間』을 중심으로」, 『한국언어문화』 제80권, 한국언어문화학회, 2021.

7) 신동옥, 「이승훈 시의 매체 미학」, 『한국언어문화』 제80권, 한국언어문화학회, 2021.

8) 김혜진, 「이승훈 시에 나타난 '앎'의 주체」, 『한국언어문화』 제80권, 한국언어문화학회, 2023.

9) 이기주, 「김준오·이승훈 시론에 나타난 몽타주의 원리」, 『한국문예비평연구』 제59집, 한국현대문예비평학회, 2018, 178쪽.

10) 이기주, 앞의 글, 189쪽.

11) 이기주에 따르면, 이승훈의 초기 시는 '담론 몽타주'에, 중후기 시는 '대응 몽타주'의 양상으로 나타난다. 이기주, 「이승훈 시에 나타난 몽타주의 변화 양상」, 『한국

특히 첫 시집 『事物 A』에 수록된 「어휘」에 나타나는 "'헛간', '당나귀', '호밀밭', '달빛', '배암' 등은 유기적인 맥락에 놓인 것이 아니라 서로 이질적인 관계로 재구성되어" 있다는 점에서 "자연적이고 순환적인 시간과 유기체적인 서정을 근간으로 하는" 전통 서정시의 문법과 구별된다면서 이를 '담론 몽타주'로 정의한 것은 주목되는 분석이라고 할 수 있다. 불연속적 이미지들이 존재론적 불안을 표현하는 가운데 이승훈 초기 시의 주된 특징인 내면 탐구와 현실의 추상화가 이루어졌다고 보았기 때문이다.

이재훈은 "시와 회화와의 친연성과 장르적 융합 양상은 오래된 연원을 가지고 있다"면서 『시집 샤갈』, 『나는 사랑한다』를 중심으로 시와 회화의 융합방법론을 살폈다. 그에 따르면 『시집 샤갈』의 경우 (1)시집 전체가 한 화가의 작품을 텍스트로 하였다는 점, (2)시인이 샤갈의 작품을 어떻게 해석하고 변용하여 시 언어로 창작되었는지에 대한 관점이 분명하다는 점이 주목된다며, "이승훈은 현실과 대결하거나 화해하는 '환상'을 통해서 샤갈의 작품을 언어로 형상화하는 방법론을 택했다"[12)]고 보았다. 이밖에도 『시집 샤갈』을 통해 샤갈의 그림이 한국 시에 수용되는 양상에 대한 검토는 김효중과 여지선[13)] 등에 의해 수행되기도 했다. 이들의 연구는 단지 시와 회화의 친연성을 검토하는 데서 나아가 이승훈의 작품에 대한 기법론적 분석으로 의미가 있다.

또 『事物 A』와 1970년대 이승훈의 시를 중심으로 그 상상력과 심상을

문예비평연구』 제50집, 한국현대문예비평학회, 2016, 68쪽.

12) 이재훈, 「시와 회화의 융합방법론 연구—이승훈의 『시집 샤갈』, 『나는 사랑한다』를 중심으로」, 『한국문예비평연구』 제64집 , 한국현대문예비평학회, 2019, 8쪽.

13) 김효중, 「한국 현대시에 수용된 샤갈의 그림—이승훈의 『시집 샤갈』을 중심으로」, 『어문학』 제66호, 한국어문학회, 1999, 여지선, 「한국 현대시에 나타난 마르크 샤갈 수용 양상—김영태와 이승훈을 중심으로」, 『비교문학』 제65집, 한국비교문학회, 2015.

세밀하게 분석한 박민수의 연구는 기법과 기교의 측면에 집중한 점에서 주목되는 성과이다. 박민수는 (1)내면적 환상과 객관적 거리, (2)객관적 거리의 해체와 언어의 방임, (3)언어의 방임과 운율적 구속이라는 차원에서 『사물 A』의 상상력을 분석했는가 하면, 심상에 대해서도 공간적 심상과 장면 심상으로 나누어 살펴보았다[14]. 그는 또 1970년대 이승훈의 기법적 측면을 (1)환상적 장면의 해체와 자동기술, (2)관념적 의미 만들기와 의미의 기대 지평 해체, (3)시적 자기 존재와 운율(①병치·반복의 어법과 긴장·이완의 운율, ②점층·전환의 어법과 상승·단절의 운율)의 맥락에서 살펴보기도 했다[15].

그런데 이승훈의 초기 시를 분석하면서 그의 시어에 주목한 송기한의 연구는 상당히 방대한 이승훈론 가운데 매우 희소한 성과에 해당한다. “시인이 제공한 시학의 구도와 시 해석 및 시론을 분리해서 재추적할 필요가 있다”[16]는 지적처럼 중량감 있는 이론적 구도로 인해 자율적 작품 이해에 영향을 받을 수밖에 없는 풍토 속에서 선입견을 배제할 수 있는 작품론적 접근이기 때문이다. 송기한은 “방법론으로서의 ‘비대상시’는 자아탐구의 특수한 유형을 보여주는 것이라 할 수 있다”면서 “우리가 질문해야 할 것은 이승훈의 방법론이 ‘어떠한’ 유형의 자아탐색을 시도한 것인가”[17]라고 분명히 밝히고 시작한다. 그에 따르면, 이승훈의 시어는 ‘타자적 언어’이

---

14) 박민수, 「강원 시인 연구·2—이승훈론(1)」, 『관동향토문화연구』 제9호, 춘천교육대학교, 1991.

15) 박민수는 이를 (1)상상 공간의 현실적 전이와 자동기술, (2)자동 기술의 의미 부정과 내면 반영의 변증법으로 정리했다. 박민수, 「강원 시인 연구·3—이승훈론(2)」, 『관동향토문화연구』 제10호, 춘천교육대학교, 1992, 31~43쪽.

16) 신동옥, 「이승훈 ‘비대상’ 시론 연구」, 『한국시학연구』 제65집, 한국시학회, 2021, 10쪽.

17) 송기한, 「이승훈 초기 시의 타자적 언어 연구」, 『한민족어문학』 제48집, 한민족어문학회, 2006, 235쪽.

다. 그것은 "자아와 언어의 대립구도" 속에서 "타자로서의 욕망의 언어"를 거쳐 "언어를 통한 자아탐구"라는 궤적을 그린다고 보았다.

송기한은 이승훈의 시에서 자아와 언어는 서로 대립하는 것으로 보았다. "자아는 대상을 소거한 까닭에 자아 획득을 일정 정도 포기해야" 하며, "언어는 자율적으로 무의식의 타자적 영역을 확대해감으로써 자아의 입지를 상당히 불안정하고 위태롭게" 하는 것으로 본 것이다. 이러한 대립구도 때문에 이승훈의 「語彙」, 「事物 A」, 「비명」, 「악몽」 등 많은 초기 시들이 "난해한 의미의 무늬를 만들어 가는 언어로 가득 차"[18]게 된 것이라 분석했다.

그런데 '타자적 언어'가 암시하듯 결과적으로 송기한은 이승훈의 시어에 대해 라캉의 정신분석학 체계로 접근함으로써 "타자, 에고, 대상으로 이루어진 삼각 구조"[19] 안에 위치시켰다. 이는 한 시인의 예측할 수 없는 시적 순간을 구조적 경직성 안에 가두는 위험을 내포하는 것이기도 하다. 시상(詩想)은 시인에게 우연한 순간 우발적으로 제시되기 마련이다.[20] 때문에 시인은 시에 대하여 수동적인 존재이다. 시상을 구체화하고 양식적으로 조직하는 일은 시인의 이지적 노력에 영향을 받지만, 착상의 순간은 어디까지나 특정할 수 없는 우연성을 띠는 것이다.

이에 본고는 시어에 주목한 송기한의 논의를 이어 이승훈의 초기 시에 사용된 시어가 시상의 차원에서 어떤 양상을 보여주고 있으며, 그것이 어떤 시적 기법으로 수렴되는 지에 대하여 작품론적으로 살펴보고자 한다.

---

18) 송기한, 앞의 글, 253~254쪽.

19) 송기한, 앞의 글, 244~245쪽.

20) "시는 '쓰는 것'이 아니라 '받아 적는 것'이라는 생각은 우발적인 시작(詩作)의 과정을 고통과 인내의 시간으로 느끼는 모든 시인들의 공통 인식이기도 하다." 김재홍, 『분열자의 산책』, 문학수첩, 2025, 163쪽.

우선 이승훈이 추구한 현실의 해체로서 시어의 양상을 고찰하고, 이어 내면 탐구를 이루는 시어의 특징을 살펴본다. 마지막으로 비대상 시론의 차원에서 시어들이 가진 작품론적 적실성을 분석해 보고자 한다. 이를 통해 이론가나 시론가가 아닌 시인 이승훈의 창작 실제를 이해하는 데 기여할 수 있기를 기대한다.

2. 현실의 해체와 시어의 양상

이승훈의 첫 시집 『事物 A』는 1969년 8월 15일 삼애사(三愛社)에서 발간되었다. 박목월은 "참으로 참된 제자는 때로는 자식 같은 애정을 느낄 수 있으며, 때로는 착한 벗일 수 있으며, 때로는 자신을 비쳐볼 수 있는 거울도 되고 때로는 또 하나의 그 자신일 수도 있다"면서 "겸손한 마음으로 자기의 세계를 보듬고, 성실하게 발전하여 대성하기 바란다"는 서문을 썼다. 이를 이승훈이 책머리에 게재한 것은 그가 '현실의 대부'라고 밝힌 대로 박목월에 대한 존경의 뜻을 표한 것이기도 하며, 등단 7년 만에 첫 시집을 내는 신예 시인으로서 자신의 시적 포부를 스승 앞에 드러낸 것으로도 읽힌다.

『事物 A』에는 이승훈의 『현대문학』 등단작 가운데 초회 추천작 「낮」과 2회 추천작 「바다」를 포함해 모두 33편의 작품이 실려 있다[21]. 그런데 제1호부터 제9호까지 모두 아홉 편의 작품들로 이루어진 「危篤」을 고려하면 분량 면에서는 41편을 수록한 시집으로 볼 수도 있다. 그리고 각 작품을 4개 부로 나누어 제1부 10편, 제2부 8편, 제3부 8편 제4부 7편을 실

21) 이승훈은 3회 추천작 「두 개의 추상」은 게재하지 않았다.

었다. 편재 상 각 부에 수록된 작품들의 개괄적인 성격은 다음과 같다.

「폭발하는 물」을 비롯해 제1부에 수록된 10편은 「봄날」, 「비명」, 「고함」, 「세레피아」, 「屋上」, 「광대」, 「도둑」, 「달밤의 가수」, 「만남」 등 상대적으로 시적 화자의 내면을 직접적으로 표상하는 제목으로 이루어진 작품들이다. 제2부는 「理由」, 「저 푸른 螺旋의」, 「方法」, 「내 몸속을 바다가」, 「풀잎」, 「대낮」, 「풍경」, 「사진」 등 8편으로 어떤 인과론적 원리나 방법, 외부 세계의 이미지를 함축하는 시편들이 포함되어 있다. 제3부는 표제작인 「事物 A」를 비롯해 「加擔」, 「그때다」, 「危篤」, 「才能」, 「語彙 I」, 「語彙 II」, 「흔들리는 커튼을」 등 8편으로 행과 연을 나누는 시형을 벗어나 산문시 형태의 시 4편을 앞쪽에 배치해 형식 측면에서도 변화를 시도했고, 모두 아홉 편으로 이루어진 「危篤」과 같은 작품이 있어 『事物 A』에서 가장 역점을 둔 부로 보인다. 제4부는 「바다」, 「눈보라」, 「復歸」, 「流域의 달빛」, 「겨울 日沒」, 「눈」, 「낮」 등 7편으로 자신의 등단작 두 편을 포함한 것으로 보아 창작 시기가 앞선 시편들을 배치했으며, 대체로 서정적 시재(詩材)를 취해 그것을 강렬하게 비틀어 의미론적 역전을 이룩한 시편들로 묶었다.

이와 같은 편재 속에 각 작품에 구사된 특징적인 시어들은 다음과 같은 양상을 보여준다. 먼저 제1부에 속한 작품의 시어들이다.

「폭발하는 물」			
명사 계열		동사·형용사 계열	
· 폭발	· 몸부림	· 쓰러지는	· 컴컴한
· 칼	· 마적들	· 메마른	-
· 황폐	· 침략	· 음산한	-

「봄날」		
명사 계열		동사·형용사 계열
· 절규	· 벌판	· 깨어진다
· 피투성이	-	· 타고(타다)
· 피	-	· 토한다

「비명」			
명사 계열		동사·형용사 계열	
· 암흑	· 은폐	· 캄캄한	· 몰려간다
· 어둠	· 비명	· 쓰러지는	-
· 파열	-	· 박는다	-

「고함」			
명사 계열		동사·형용사 계열	
· 고함	· 몸부림	· 붉은	· 토하고
· 피	· 울음	· 지르며	· 번쩍이는
· 절망	· 칼	· 시퍼런	-

「세레피아」		
명사 계열		동사·형용사 계열
· 굶주림	· 허위	· 기막힌
· 침략	· 슬픔	· 부끄러운
· 알몸	-	· 거칠게

「屋上」			
명사 계열		동사·형용사 계열	
· 아픔	· 아우성	· 토해낸다	· 뜯어
· 최면	· 통증	· 맹렬한	· 날리는
· 외로움	-	· 해괴한	-

「광대」		
명사 계열		동사·형용사 계열
· 아우성	· 피	· 쓰러트린다
· 등골뼈	· 질풍	· 운다
· 어둠	-	· 컴컴한

「도둑」			
명사 계열		동사·형용사 계열	
· 싸움	· 몸부림	· 불길한	· 아슬아슬한
· 도둑	-	· 서럽게	-
· 참변	-	· 잔인한	-

「달밤의 가수」	
명사 계열	동사·형용사 계열
· 피	· 비열하게
· 화약	· 젖은
· 칼	· 무시운

「만남」		
명사 계열		동사·형용사 계열
· 참변	· 칼	· 부르튼
· 죽음	-	· 구부리고
· 도주	-	-

이어서 제2부에 속한 작품들에서 보이는 시어의 양상이다.

「理由」	
명사 계열	동사·형용사 계열
· 토	· 뒤집히는
· 울음	· 휘인
· 뼈	· 기우는

「저 푸른 螺旋의」		
명사 계열	동사·형용사 계열	
· 나이프	· 휘인	· 뚫고
-	· 좁은	· 흉흉한
-	· 찬	· 흔들린다

「方法」		
명사 계열	동사·형용사 계열	
· 참담	· 뒤집히고	· 시린
· 자물쇠	· 무섭게	· 씹으며
-	· 게우다	-

「내 몸속을 바다가」		
명사 계열	동사·형용사 계열	
· 어둠	· 벌거벗은	· 컴컴한
· 벌판	· 낭자한	· 뚫고
-	· 운다	-

「풀잎」			
명사 계열		동사·형용사 계열	
· 침몰	· 어둠	· 시커먼	· 보채는
· 우리	· 배암	· 컴컴한	· 탄다
· 시앙철	-	· 토할	-

「대낮」			
명사 계열		동사·형용사 계열	
· 번쩍임	· 침투	· 휘몰아	· 흐느적대는
· 까마귀	· 뇌	· 검다	· 비틀린
· 조소(嘲笑)	· 금(이가는)	· 웅웅대는	-

「풍경」			
명사 계열		동사·형용사 계열	
· 낭하	· 암흑	· 모를 거다	· 쳐부신다
· 가시	-	· 어두운	· 가늘게
· 마비	-	· 우는	· 헝클어진

「사진」		
명사 계열	동사·형용사 계열	
· 칼자욱	· 축축한	· 흔들린다
· 곤충	· 굴러떨어진다	· 사납게
· 질환	· 기어다니는	· 죽어

다음은 제3부로 묶은 작품들에서 보이는 시어의 양상이다.

「事物 A」		
명사 계열		동사·형용사 계열
· 닭	· 지하실	· 달아나고
· 목	· 피	· 잃어버린
· 겨울	· 진격	· 뒤우뚱거리며

「加擔」			
명사 계열		동사·형용사 계열	
· 성냥	· 피	· 애처로이	· 멀고 먼
· 쇠의자	-	· 흔들리기	· 가늘게
· 헛간	-	· 찌그러진	· 컴컴한

「그 때다」			
명사 계열		동사·형용사 계열	
·동요(動搖)	· 분노	· 꺼진	· 쓰러졌다
· 적막	· 슬로건	· 난폭한	· 캄캄한
· 화재	· 목	· 흔들렸을	· 찢었다
· 의식	-	· 까맣게	· 까맣게
· 난파	-	· 움츠렸다	· 떨어지는

「危篤」			
제1호			
명사 계열		동사·형용사 계열	
· 램프	· 칼	· 꺼진다	· 쓰러질
· 소멸	· 전율	· 흔들리는	· 차건
· 장송	· 집념	· 찔리우며	-
· 어둠	-	· 파헤쳐진	-

「危篤」			
第2호			
명사 계열		동사·형용사 계열	
· 해부	· 폐(肺)	· 차거운	
· 정신	· 망치	· 지겨운	
· 파열	· 혈관	· 출렁대던	
· 수장	· 벌판	· 가느다란	
· 연소	· 피	· 안씨로이	
第3호			
명사 계열		동사·형용사 계열	
· 한대	· 서북풍	· 버려진	· 침통히
· 삽	· 피	· 앓으면서	-
· 곡괭이	· 낙태	· 싸늘한	-
· 뼈	· 은폐	· 난폭하게	-
第4호			
명사 계열		동사·형용사 계열	
· 응시	· 목	· 놀라버린	· 캄캄(한)
· 찰나	· 분노	· 이상한	· 흔들렸다
· 잠입	· 침몰	· 놀라	-
· 파열	· 피투성이	· 자른	-
第5호			
명사 계열		동사·형용사 계열	
· 흉조		· 쓰러진	· 게눈다
· 오인		· 부러진	· 부서진
· 머리		· 축축한	-

「危篤」			
第6호			
명사 계열		동사·형용사 계열	
· 샤갈풍	· 신경	· 가느다란	
· 굴곡	· 전화(戰禍)	· 휘청대면서	
· 내락(奈落)	· 목	· 부러진	
· 고함	· 요란	· 무서운	
第7호			
명사 계열		동사·형용사 계열	
· 뼈	· 눈보라	· 더러운	
· 폭풍	· 내란	· 찢어진	
· 벌판	· 비탈	· 흔들리는	
· 로서아	· 칼들	· 어두운	
· 피	-	· 캄캄한	
第8호			
명사 계열		동사·형용사 계열	
· 배반		· 캄캄한	
· 미움		· 다친	
· 낙뢰		· 캄캄한	
第9호			
명사 계열		동사·형용사 계열	
· 울음	· 과도	· 흔들리고	· 뚫린
· 마시막	· 아시이	· 가느다란	· 어두운
· 희생	· 병원	· 쓰러져	· 죽은
· 피	-	· 뒹굴며	-

「才能」			
명사 계열		동사·형용사 계열	
· 벌판	· 허기	· 어둡고	· 헤맨다
· 피	· 눈물	· 싸늘한	· 황량한
· 눈보라	· 제사	· 우는	-
· 어둠	· 피금	· 얼어붙은	-

「語彙 Ⅰ」		
명사 계열		동사·형용사 계열
· 헛간	· 총	· 어두운
· 의식	· 머리	· 떨어지는
· 바람	· 배암	· 빠져나가고
· 당나귀	-	-

「語彙 II」			
명사 계열		동사·형용사 계열	
·헛간	·피	·스산한	·쓰라린
·흰 닭	·머리	·안타까운	-
·달아난 목	·좌절	·헤집고	-

「흔들리는 커튼을」	
명사 계열	동사·형용사 계열
·의식	·흔들리는
·눈보라	·시렸다
·밤	·캄캄한

마지막으로 제4부에 실린 7편의 작품에 보이는 시어의 양상이다.

「바다」			
명사 계열		동사·형용사 계열	
·주름살	·태초	·완곡한	·모를
·배격	·복귀	·흔들림	-
·해체	-	·시달릴	-
·가장자리	-	·단순한	-

「눈보라」		
명사 계열		동사·형용사 계열
·사멸	·살덩이들	·흰
·북극	·망각	·허한
·죽음	·야망	·쓰러지고
·황량	·의문	-

「復歸」			
명사 계열		동사·형용사 계열	
·틈바구니	·문지방	·퉁명스런	·슬픈
·아픔	·저주	·마른	-
·돼지	·차단	·이상한	-
·고문	·원망	·언짢은	-
·파괴	·매몰	·거치장스런	-

「流域의 달빛」		
명사 계열	동사·형용사 계열	
·돌진	·파리한	·슬픈
·포효	·어두운	·추운
·야수	·엇갈리던	·노여워
·비탈	·찢긴	-
·무변(無邊)	·죽어가던	-

「겨울 日沒」			
명사 계열		동사·형용사 계열	
·벼랑	·피	·추운	·널려 있는
·암콤	·피란	·웅크린	·뒤숭숭한
·개들	·약탈	·신랄한	·안타까운
·혐오	·그림자	·야비한	·멀어져가는
·파괴	·비난	·여윈	-

「눈」	
명사 계열	동사·형용사 계열
·불모	·흰
·울음	·먼
·겨울	·부딪힌다
·내부	·달려가고
·이유	-

「낮」		
명사 계열		동사·형용사 계열
·침전	·울음	·풀리고
·소녀들	·의미	·강한
·거부	·그늘	·키워주면서

이상과 같이 이승훈의 첫 시집『事物 A』에는 전반적으로 부정적 어기(語氣)의 시어들이 반복적으로 사용되고 있다. 명사 계열 시어 가운데 '피'는 14번, '칼'은 8번 사용되었다. 동사·형용사 계열 시어 가운데 '쓰러지다'(쓰러지는, 쓰러트리는, 쓰러질, 쓰러져, 쓰러지고 등)는 7번, '토하다'(토한다, 토하고, 토해낸다, 게우다, 토할, 게운다 등)는 모두 6번 사용되었다. 특히, '피'는 시집에 수록된 33편 가운데 거의 절반에 가까운 작품에 등장한다(약 42.5%). 이밖에도 폭발, 황폐, 침략, 비명, 파열, 아우성, 참변, 침몰, 내란, 흉조, 총, 해체 등 전쟁의 참상을 고발하는 작품이나 독재에 항거하는 정치적 투쟁의 시편에 어울릴 법한 시어들이 대거 구사되었다. 이를 받쳐주는 동사·형용사 계열 시어들도 '쓰러지다'나 '토하다' 외에 메마른, 음산한, 컴컴한, 깨어진다, 기막힌, 맹렬한, 해괴한, 불길한, 서럽게, 잔인한, 비열하게, 흉흉한, 낭자한, 애처로이, 찌그러진 등으로 모두 음울한 해체와 파괴의 심상을 보여주는 시어들이다.

이러한 시어들이 환기하는『事物 A』의 세계는 자연주의나 리얼리즘적 시각으로 재현된 세계가 아니다. 자연 세계를 있는 그대로 그려낸 것도 아니고, 리얼리즘적 기율에 따른 전형적 세계[22]를 표현한 것도 아니다. 그것은 내면에 투사된 외부 세계를 비틀고 부수고 두드려서 완전히 해체하고 재구성한 세계이다. 가령,『事物 A』의 첫 수록작인「폭발하는 물」제1연에 보이는 "허리에 칼을 맞고 / 쓰러지는 사나이의 / 두 손이 LIFE誌를 들

---

22) 마르크스와 엥겔스가 작가 페르디난트 라쌀레와 주고받은 서신을 통해 정립된 리얼리즘은 루카치와 골드만을 거치며 '인물'과 '사건'이 '세계'와의 관계에서 총체성과 전형성, 상동성을 띠어야 한다고 본다. "당신은 당신 나름대로 더 셰익스피어화 했어야만 했습니다. 저는 당신이 쉴러화 한 것, 즉 개인들을 시대정신의 단순한 전달 도구(메카폰)로 전락시킨 것이야말로 가장 중대한 오류라고 여깁니다." 마르크스·엥겔스·라쌀레 외,「마르크스가 베를린의 라쌀레에게－1859년 4월 19일 런던에서」,『맑스주의 문학예술논쟁』(조만영 엮음), 돌베개, 1989, 39~40쪽.

고 / 폭발하는 물속에 서 있다"는 표현은 인물과 사건 어느 것도 실제 세계의 양상이 아니다. 의미론적 분석이나 논리적 일관성을 거부하는 완전히 해체되고 재구성된 세계이다.

이와 같은 해체와 재구성은 『事物 A』에 수록된 33편 모두에서 다양한 변주 양상을 띠며 관철되고 있다. 해체는 내면의 정신(의식)적 영역 안에서 이루어지는 작업이며, 그것의 언어화(재구성) 또한 시인의 심리적·이지적 작용의 결과라는 점에서 그것은 통념적·상식적 외부 세계에 대한 이승훈의 강렬한 저항의식을 보여준다. 앞서 본 바와 같이 그가 『事物 A』의 전편에 걸쳐 부정적 어기의 시어를 반복적으로 구사하며 '음울한 해체와 파괴의 심상'을 그려내었다는 것은 그 저항의 강도가 매우 컸다는 방증이라고 할 수 있다.

3. 내면 탐구로서 시어의 특징

이승훈의 초기 시 세계에 대해 이덕주는 '주체'와 '타자'의 관계라는 맥락에서 "자아탐구의 산물"[23]이라고 주장한 바 있다. 그에 따르면, 이승훈은 "자신이 안고 있는 천성적인 불안과 불안에서 비롯된 공포와 우울증, 강박증 등 신경증과 대립하면서 자기정의를 내리려" 하였으나, 끝내 "타자와 세계에 대해 합일을 이루지 못"[24]한 것으로 보았다. 이덕주는 또 그러한 불일치의 도정을 거쳐 "이승훈의 시세계는 자아, 대상, 언어의 한계

23) 여기서 말하는 초기 시집은 『사물 A』(삼애사, 1969), 『환상의 다리』(일지사, 1976), 『당신의 초상』(문학과지성, 1981) 등이다. 이덕주, 「주체와 타자의 관계로 본 이승훈의 시－이승훈 초기 시집 6권을 중심으로」, 『시와 세계』 제57호, 시와세계, 2017, 131쪽.

24) 이덕주, 앞의 글, 131～132쪽.

를 절감하고 선(禪)과 시의 접목을 통해 자아소멸을 뛰어넘는 연기와 공, 중도의 자아불이로 요약된다"[25]는 결론을 내렸다.

이밖에도 이승훈의 초기 시를 내면 탐구로 본 연구자는 많았다. 이기주는 "이승훈의 초기시와 중기시가 각각 대상 소멸과 자아 소멸의 두 양상을 보이고 있"으며, 그 양상은 "각기 '담론 몽타주'와 '대응 몽타주'의 두 가지 방식으로 작동"한다고 보았다. 그는 이를 "인식론적 회의를 바탕으로 자아와 대상 간의 관계를 포착함으로써 자기 자신의 내면을 탐구"[26]한 것으로 정리하기도 했다.

그러나 이러한 견해는 이승훈의 초기 시 세계에 대한 분석적·귀납적 성과로 의미가 있다고 하겠으나, '자아 탐구'나 '내면 탐구'의 동인에 대해서는 종합적인 검토를 수행했다고 하기 어렵다. 이덕주가 말한 '자아탐구의 산물'을 표의 그대로 인정한다면, 이승훈의 내면 탐구는 매우 개인적인 심리적 차원으로 국한되고 만다. 또 이기주가 주장한 '자아와 대상 간의 관계를 포착'하는 내면 탐구 또한 한 시인의 시적 의욕을 매우 미시적인 차원으로 제한하는 것이 된다.

이에 『事物 A』의 시어 분석을 통해 이승훈의 초기 시를 이해하고자 하는 본 연구는 먼저 그가 어떤 동인에 의해 내면 탐구의 방법론으로써 대상 세계를 그토록 철저하게 해체하고 재구성하고자 한 것인지 살피고자 한다. 그것은 동시에 그가 도달하고자 한 시적 목표를 파악하는 일이기도 할 것이다.

이승훈이 등단한 1960년대 한국 사회는 4·19와 5·16으로 대표되는 정치적 격동기였다. 한국전쟁의 상처를 치유하기 위해 사회 전체가 안간힘

25) 이덕주, 앞의 글, 149쪽.
26) 이기주, 「이승훈 시에 나타난 몽타주의 변화 양상」, 『한국문예비평연구』 제50집, 한국현대문예비평학회, 2016, 76쪽.

을 쓰던 재건기이기도 했다. 외부에서 전개되는 정치적 혼란과 재건의 망치질 소리는 20대 젊은 시인에게 어떤 형식으로든 영향을 주었을 것이다. 그는 이에 대해 "외부 세계는 어디까지나 시인의 내면 풍경으로서만 그 의미가 놓인다고 할 수 있다."[27]고 하면서 바깥의 상황을 내면화하는 데 집중했다. 이점에서 이승훈의 해체와 재구성의 동인 가운데 하나는 외부 세계에 대한 반응으로서 치열한 내면 탐구에 있다고 하겠다. 그러니까 해체되는 것은 외부 세계이며, 재구성되는 것은 시인의 내면에 투사된 세계인 것이다.

주지하다시피 20세기 중반 서구 사상계의 키워드는 '주체의 죽음'이었다. 양차 대전의 혹독한 참상을 겪으면서 유럽은 이성적 인간에 대한 회의와 반성에 몰입했다. 데카르트(코기토) 이래 칸트(순수이성)와 헤겔(절대정신)을 거치며 절대화된 이성에 대한 불신은 니체(권력의지)와 프로이트(무의식) 등에 의해 대두되어 20세기 중반 라캉과 푸코, 들뢰즈와 데리다 등을 거치면서 주체의 탈중심화, 형이상학의 해체 등으로 이어졌다. 이성에 대한 믿음이 무너지고, 총체성과 공간성, 역사적 권위, 가치의 확정성 등이 부정되고 마침내 '주체의 죽음'을 선언하기에 이르렀다. 이러한 지적 풍토 속에서 주체의 동일성에 대한 문학적 반성의 방법론으로 해체와 상징이 등장했음을 이승훈은 잘 알고 있었다.

> 우리가 만나게 되는 시인의 두 가지 태도에서 유발되는 기법은 저 20세기 현대시의 독특한 기법이라고 할 수 있는 逆說的 技法(paradoxical technique)의 범주에 內包될 수 있다. 역설적 기법이라 함은 상징주의 시인들에게서 최초로 얼굴을 든 匠人意識이 그 모태

27) 이승훈, 「말의 새로운 모습－非對象의 詩를 中心으로」, 『한국언어문화』 제1집, 한국언어문화학회, 1974, 52쪽.

이며, 그 후 그것이 表現의 極大化와 性格(personality)의 極小化라는 反語的 樣式을 취하면서 시인들이 집착한 20세기 현대시의 技法으로 굳어진 것들을 일컫는다.[28)]

이승훈은 무의미시를 논하는 김춘수의 논의[29)]를 넘어 비대상 시(非對象詩)를 정립하는 과정에서 "아주 적게 말함으로써 아주 많은 말을 하고 싶다"는 반어적 태도와 "아무 말도 할 수 없는" 허무적 태도로 인해 현대시의 역설적 기법이 정착되었다고 주장하고 있다. 여기서 주목되는 점은 '표현의 극대화'와 '성격의 극소화'라는 연관된 개념이다. 이승훈에 따르면 '성격의 극소화'란 "한 사회인으로서의 人格의 瓦解가 마침내 당도하게 된 저 퍼소우너(persona) 혹은 마스크(mask)의 관념"[30)]이다. 즉 인격적 개체성을 와해시킴으로써 표현이 극대화되는 역설적 기법을 현대시의 요체로 본 것이다. 이처럼 이승훈은 20세기 서구의 반성 철학을 공유하면서, 그 문학적 반응의 흐름을 따라 자신의 시적 방법론을 해체와 재구성으로 삼았다. 그에 의해 해체되는 세계는 반주체적이며 반인격적인 것이었으며, 와해된 내면에 의해 재구성되는 세계는 '표현의 극대화'에 도달하는 길[31)]이었다.

이승훈의 내면 탐구에 있어 해체와 재구성의 동인 가운데 세 번째는 미적 패러다임의 혁신을 추구한 현대 예술의 미학에 있다. 마르셀 뒤샹과 잭

---

28) 이승훈, 「말의 새로운 모습—非對象의 詩를 中心으로」, 53쪽.
29) "나는 이 시기에, 어떤 관념은 詩의 形象을 통해서만, 표시될 수 있다는 것을 눈치 챘고, 또 어떤 관념은 말의 彼岸에 있다는 것도 눈치 채게 되었다." 김춘수, 「의미에서 무의미까지」, 『문학사상』, 1973년 9월호, 383쪽.
30) 이승훈, 「말의 새로운 모습—非對象의 詩를 中心으로」, 53쪽.
31) "나는 시를 쓰는 게 아니라 시와 싸우고, 시와의 싸움은 시에 대한 사유를 동반하고, 시가 사유라는 사유로 발전하는 거지. 시가 있는 게 아니라 시에 대한 사유가 있고, 시에 대한 사유가 시다." 이승훈·최서진, 앞의 글, 103쪽.

슨 폴락, 앤디 워홀 이래 기존 예술 양식의 파괴와 이를 통해 예술관 자체를 뒤바꾼 예술사적 흐름을 자신의 시 안에 도입하려 한 것이다. 이와 관련해 오문석은 "현대 예술은 과거의 미학, 자본주의 사회, 그리고 예술 제도에 대한 부정의 정신을 실천한다"면서 이승훈의 '부정시학'은 '비대상의 시'에서 출발한다고 주장했다.[32] 이승훈 본인도 "대상의 세계가 어떻게 존재할 수 있는가에 대한 인식론적 회의가 한번도 제대로 제기되지 않았다는 점을 그동안 나는 전통적인 한국시의 한 가지 한계로 생각하고 있었다."[33]고 함으로써 전통적 시풍(詩風)의 혁신을 위해 나름대로 모색해 왔음을 피력한 바 있다.

이처럼 『事物 A』에 보이는 대상 세계의 해체와 재구성의 동인은 크게 세 가지로 생각해 볼 수 있다. 첫째, 60년대 한국 사회의 위기와 불안정에 대한 반응으로서 외부 세계에 대한 해체와 치열한 내면 탐구이다(반사회학주의). 둘째, 20세기 서구 사상계의 반성 철학을 공유하면서, 그 문학적 반응의 흐름을 따라 자신의 시적 전략을 해체와 재구성으로 삼았다(반이성주의). 셋째, 대상 세계에 대한 해체와 재구성을 통해 한국 시단의 전통적 시풍을 혁신하고 새로운 시론을 정립하고자 했다(비대상 시론).

그러나 이와 같은 세 가지 동인은 사실 하나로 수렴될 수 있다. 이승훈이 당대 한국의 정치·사회적 현실에 대한 시적 반응으로서 반사회학주의적 내면 탐구에 몰입한 것과 서구 사상계의 반이성주의에 기초한 탈주체적 사유와 동행한 것은 결국 자신이 참여하고 있는 한국 시의 혁신을 통한 새로운 시론적 패러다임을 실천하기 위한 것으로 볼 수 있기 때문이다. 그런 점에서 이승훈의 방법론적 해체와 재구성은 분열증적 파괴나 무기력

---

32) 오문석, 「이승훈의 부정시학」, 『한국언어문화』 제76집, 한국언어문화학회, 2021, 37쪽.
33) 이승훈, 「비대상 시론」, 『시와 세계』 제57호, 시와세계, 2017, 89쪽.

한 정신의 침잠이라기보다 신예 시인의 매우 강렬한 시적 의욕의 표현이라고 할 수 있다.

결국 『事物 A』에 보이는 이승훈의 시어들은 내면 탐구의 결과물들이며, 그가 추구한 시론적 혁신의 실천적 성과라고 할 수 있다. 이에 따라 이승훈의 내면 탐구에 있어 해체와 재구성을 보여주는 시어의 특징을 정리하면 대략 다음과 같은 분류에 도달한다. (1)전쟁이나 무기와 관련된 시어들, (2)신체와 관련된 시어들, (3)정신(심리)과 관련된 시어들, (4)일기와 기상에 관련된 시어들, (5)그밖의 시어들 등이다.

『事物 A』의 특징적 시어(詩語)	
전쟁이나 무기와 관련된 시어들	폭발, 칼(나이프, 과도), 침략, 파열, 도둑, 싸움, 참변, 화약, 죽음, 화재, 전화(戰禍), 잠입, 고문, 악탈 등
신체와 관련된 시어들	절규, 피(투성이), 굶주림, 뼈(등골뼈), 아우성, 몸부림, 토, 울음, 마비, 늑골, 칼자욱, 해부, 파열, 수장, 고함, 목, 머리, 해체, 사벌, 그림사 등
정신(심리)과 관련된 시어들	슬픔, 아픔, 최면, 외로움, 적막, 의식, 배반, 미움, 배격, 원망, 비난, 거부 등
일기와 기상에 관련된 시어들	암흑, 어둠, 질풍, 우뢰, 어둠, 난파, 폭풍, 눈보라, 낙뢰, 밤, 그늘 등
그 밖의 시어들	자물쇠, 문지방, 배암, 벌판, 까마귀, 가시, 소멸, 장송, 비탈, 흉조, 마지막, 헛간, 황량, 매몰, 불모 등

보다시피 대부분의 시어들이 부정적 어기를 띠고 있다. 그것은 60년대 한국 사회의 위기와 불안정, 이성과 동일성을 기초로 한 주체철학, 한국 시단의 전통적 시풍 등에 대한 명시적이고 강렬한 저항의식의 표현이다.

그런 점에서 이승훈의 내면 탐구는 시(시론)를 통해 자신이 해체하고자 하는 동인을 제거(극복)하고자 하는 분명한 의지의 실천이라고 할 수 있다.

먼저, '전쟁이나 무기와 관련된 시어들'은 이승훈의 내면 탐구의 방법론인 해체와 재구성에 있어 가장 예리한 심상을 보여준다, 파괴적인 수단인 전쟁과 무기를 통해 자신이 마주한 대상 세계를 격렬하게 해체하는 것이다. '신체와 관련된 시어들'은 '전쟁이나 무기와 관련된 시어들'의 연속선상에서 그 결과로 드러나는 처참한 모습을 보여준다. 그리고 '정신(심리)과 관련된 시어들'은 '신체와 관련된 시어들'의 인과론적 결과에 해당하는 이차적·부가적 상황을 나타낸다. 또 '일기와 기상에 관련된 시어들'은 이상과 같은 세 종류의 직접적인 해체 양상을 강화시켜 주는 배경이자 환경을 구성한다. '그밖의 시어들'도 다른 시어들에 비해 사용 빈도가 적어 범주화하지 않았으나 모두 이승훈이 수행한 해체의 양상을 예각화하는 데 기여하고 있다.

그런데 여기서 해체는 동시에 재구성이기도 하다. 대상 세계의 해체로 인해 형성된 시적 공간은 그 자체로 이승훈이 도달하고자 한 목표라고 할 수 있다. 그것은 물론 앞서 살핀 반사회학주의와 반이성주의, 한국 시(론)의 미적 혁신의 실천이다.

4. 비대상과 시어의 적실성

이승훈은 『事物 A』가 발간된 지 5년 만에 발표한 「말의 새로운 모습—非對象의 詩를 中心으로」(이하 「말의 새로운 모습」, 1974)에서 '비대상의 시'를 집중적으로 논의한 바 있다. 또 1981년에는 「비대상 시론」이라는 제목으로 이를 더욱 정교화해 발표했다. 이승훈은 “첫 시집 『事物 A』(1969)를 낼 때까지 나는 비대상이라는 말이 아니라 내면성이라는 말을 쓰고 있었다.”[34]고 밝힌 바 있지만, 정교한 논리적 체계를 갖춘 시론이 정립되는 데에는 상당한 시간과 노력이 필요하다는 점에서 ‘비대상 시론’은 『事物 A』 수록작의 창작 과정에 토대가 되었을 터이다.

이에 본고는 두 편의 논문을 기반으로 하되, 『事物 A』와 보다 근접한 시기에 발표된 전자를 중심으로 이승훈의 비대상 시론과 초기 시어의 적실성에 대해 검토해 보고자 한다. 「말의 새로운 모습」에서 이승훈은 “한국시의 한 양상으로 부각되는 無意味 혹은 脫이미지의 시에 그 논의의 촛점”을 둔다면서 “무엇보다 먼저 유의해야 할 점은 그 언어적 특성이요, 그 언어적 특성은 修辭的 次元에서 일단 考究될 수 있다.”[35]고 주장했다. 그는 김춘수의 무의미나 탈이미지 개념에서 유도되는 “非對象詩의 修辭的 특성은 이미지를 위한 이미지의 사용”[36]이라면서 프라이(N. Frye)의 ‘반우유적(反寓喩的) 이미저리’의 유형을 다음과 같이 정리하고 있다.

> 첫째, 바로크(Baroque) 시대의 形而上學派 시인들의 技法인 奇想(conceit), 즉 正常的으로 결합될 수 없는 사물들의 교묘한 결합으로 드러나는 이미저리(역설적 기법).
>
> 둘째, 상징주의 시인들에게 나타나는 置換이미지(substitute-image).
>
> 셋째, 엘리엇(Eliot)이 말하는 客觀相關物(objective-correlative), 즉 시인의 情緖와 밀착되는 客體이면서 동시에 그 객체가 觀念을 나타내주는 이미지.
>
> 넷째, 中心的 表象이미지(central emblematic image). 이것은 현대

---

34) 이승훈, 「비대상 시론」, 93쪽.

35) 이승훈, 「말의 새로운 모습—非對象의 詩를 中心으로」, 49~50쪽.

36) 이승훈, 「말의 새로운 모습—非對象의 詩를 中心으로」, 53쪽.

문학의 경우 상징(symbol)이라는 용어에 의해 더욱 쉽게 이해(됨).[37]

연이어 "간접적인 기법으로 개인적 연상(private association)의 이미지가 있을 수 있으며, 이는 심볼리즘이란 말로 이해되는데, 이러한 경향은 다다이즘(Dadaism)이나 표현주의(Expressionism)의 범주에서 논의될 수 있다"고 주장하였다. 이승훈은 이와 같은 반우유적 이미지는 김춘수의 입장에서는 '서술적(敍述的) 이미지'에 해당한다면서, 결국 그것은 "中心表象이미지와 個人的 聯想의 이미지 속에 包括시킬 수 있다"고 보았다. 김춘수의 서술적 이미지는 반비유적 이미지에서 비롯된 것이며, 그것은 "修辭學的 自覺에서 의식과 무의식이라는 心理學的 自覺으로 轉向"[38]이라 본 것이다.

그런데 이승훈은 이와 같은 '중심 표상 이미지'의 단계에 머문 당대 한국 시의 양상을 비판적으로 바라보면서 "非對象이나 무의미를 지향하는 시인들 앞에 무엇보다도 먼저 놓여야 할 문제는 저 技法과 주제적 反語(technique & thematic irony)에 대한 매우 침통한 자각"이라고 말했다. 그는 그것을 "새로운 삶의 樣式으로 시'가 태어나야 한다는 논리적 자각"이라면서, "非對象의 戰慄"[39]이라고까지 하였다. 또 "非對象의 공간은 幻影의 공간"이라고 했다. 그것은 비대상의 두 측면인 (1)예술 공간으로서의 비대상(보이지 않는 오브제의 현혹)과 (2)삶의 양식으로서의 비대상(공포와 전율의 현장)이 '역설적으로 동화'되는 공간[40]이다. 요컨대 기법과 주제적 반어에 대한 철저한 자각을 통해 '환영의 공간'[41]으로서의 비대상을

37) 이승훈, 「말의 새로운 모습－非對象의 詩를 中心으로」, 54쪽.
38) 이승훈, 「말의 새로운 모습－非對象의 詩를 中心으로」, 55쪽.
39) 이승훈, 「말의 새로운 모습－非對象의 詩를 中心으로」, 59쪽.
40) 이승훈, 「말의 새로운 모습－非對象의 詩를 中心으로」, 60~61쪽.
41) 이때 '환영의 공간'은 1981년 발표된 「비대상 시론」에 따르면, "대상이 존재하지 않

표현하는 데 요체가 있다는 주장이다.

그렇다면 이승훈의 시론과 『事物 A』에 수록된 작품의 양상은 어떤 연관 관계를 보여주는지 살펴볼 필요가 있다.

> 사나이의 팔이 달아나고 한 마리 흰 닭이 구 구 구 잃어버린 목을 좇아 달린다. 오 나를 부르는 깊은 命令의 겨울 地下室에선 더욱 進擊하기 위하여 등불을 켜놓고 우린 생각의 따스한 닭들을 키운다. 닭들을 키운다. 새벽마다 쓰라리게 情神의 땅을 판다. 頑强한 時間의 사슬이 끊어진 새벽 문지방에서 소리들은 피를 흘린다. 그리고 그것은 하이얀 液體로 變하더니 이윽고 목이 없는 한 마리 흰 닭이 되어 저렇게 많은 아침 햇빛 속을 뒤우뚱거리며 뛰기 시작한다.
>
> —「事物 A」 전문

'달아나고', '잃어버린', '명령', '지하실', '진격', '쓰라리게', '완강한', '피', '목이 없는', '뒤우뚱거리며' 등의 시어들이 미지칭의 '사물 A'가 놓여 있는 환경을 매우 위험하고 불안정한 상태임을 환기하고 있다. 여섯 문장의 시구는 인과론적 필연성을 띠고 있지도 않다. 일반적으로 한 편의 시를 이해하는 데 필요한 시공간의 균형이 완전히 붕괴되어 있다. 전반적인 분위기가 부정적 어기(語氣)에 의해 불안과 위험의 분위기를 느끼게 하는 것 외에 이미지의 연결이나 의미의 연쇄가 끊어져 있다. 제목으로 삼은 '사물 A'를 지시하는 것이 '목이 없는 흰 닭'과 같은 특정한 대상인지, 작품 전체가 주는 어떤 부정적 분위기인지도 명확하지 않다. 한 마디로 「事物 A」는 기표와 기의 사이를 절단(언어적 해체)한 채 '사물 A'라고 하는 불특정 대상의 의미를 파악할 수 없게 만들었다(인식론적 해체).

는" 공간이다. 이승훈, 「비대상 시론」, 88쪽.

그러나 그렇다고 이 작품이 절대적인 무의미에 도달한 것도 아니다. 개념적 언어나 상식적 의미로 환원되지 않지만, 분명 어떤 것을 시사하고 있다. '무의미나 탈이미지'에 의해 형성되는 김춘수의 서술적 이미지와 달리 오히려 시각적 이미지가 의미를 압도한다는 생각이 든다. 아침 햇빛 속에서 사나이의 팔이 달아나고, 목 없는 흰 닭이 뛰어다니고, 피 흘리는 소리들이 문지방을 넘는 강렬한 이미지는 일차적으로 작품의 의미를 언어적·인식론적으로 해체하는 것이지만, 이차적으로 시인의 내면에 드리운 어떤 '환영의 공간'을 재구성한다. 대상으로서의 현실적 시공간은 해체되지만, 시인의 내적 심상 안에서 세계는 재구성되는 것이다. 이를 '기법과 주제적 반어'의 측면에서 이승훈 특유의 방법론적 해체와 재구성이라고 할 수 있을 터이다.

허리에 칼을 맞고
쓰러지는 사나이의
두 손이 LIFE誌를 들고
폭발하는 물속에 서 있다

깊고 메마른 골짜기로
마적들이 달린다
마적들의 어두운 황폐가 달린다

광산 마을이 기일게 몸부림치고
음산한 강원도의 길이 보인다
人夫가 하나 허리를 구부리고
마적들이 달리는 밤마다

폭발하는 물속에 서 있다

바람이 內岸으로 비를 몰고 온다
흐린 마을이 가느다란 연기를 토하고
침략당한 울음들이 폭발한다

컴컴한 하늘로 사라지는
허옇게 폭발하는 물속에
내가 쓰러지는 나의 허리를 안는다

—「폭발하는 물」 전문

이 작품은 「事物 A」보다 더 강하고 직접적인 해체와 재구성의 양상을 보여준다. '칼', '폭발', '마적들', '황폐', '몸부림', '음산', '침략당한', '쓰러지는' 등 앞서 살핀 시어의 특징 가운데 '전쟁이나 무기와 관련된 시어들'이 대거 구사됨으로써 더욱 날카롭고 과격한 분위기를 형성하고 있다. 제목부터 '폭발하는 물'이다. 물이 폭발한다는 것은 즉물적 차원에서 이해되지 않는다. 비유의 측면에서도 원관념을 파악하기 어렵다. 그렇다고 심리적 층위에서 전개되는 분열의 양상이라고 단정하기도 쉽지 않다.

제1연은 <라이프>지로 상징되는 어떤 보도 사진 한 장을 떠올리게 한다. <라이프>지는 1936년부터 미국 뉴욕에서 발행되기 시작한 시사 잡지로 당대의 대형 사건·사고나 세계적인 화제의 인물을 표지 사진으로 사용해 인기를 끌었던 매체이다. 가령 '수병과 간호사의 키스'로 알려진 사진은 <라이프>지 기자 알프레드 아이젠슈테트(Alfred Eisenstaedt)가 촬영해 '타임스퀘어에서의 대일 승전 기념일'(Victory over Japan in Time Square)이라는 제목으로 기사화해 세계적인 주목을 받았다. 그렇다면 폭발하는 물속에서 허리에 칼을 맞고 쓰러지는 사나이의 두 손에 들린 <라이프>지의 이미지는 매우 자극적이다. 통념적·상식적 세계를 뒤흔드는 강한 파열음 같은 느낌을 준다.

제2연과 3연에는 마적들이 어둡고 황폐하고 깊고 메마른 골짜기와 광산 마을, 음산한 강원도의 길을 밤마다 횡행하는 풍경이 나온다. 마적들이 질주하는 이미지는 강렬하지만, 그 이유는 제시되지 않았다. 채찍질을 하며 말을 달리는 마적들이 먼지바람을 일으키는 산길과 벌판, 지축을 뒤흔드는 말발굽 소리가 들린다. 그러나 '마적들'로 표상되는 불법, 폭력, 절도 등의 부정적 어기 외에 그 행위의 이유도 목적도 보이지 않는다.

제4연과 5연은 폭발하는 물속에 선 '나'가 등장한다. '나'는 바람이 불고, 비가 오는 흐린 마을이 게워 올리는 연기 속에서 '침략당한 울음들이 폭발하는 것'을 본다. 그리고 또 허옇게 폭발하는 물속에서 '쓰러지는 나의 허리'를 안는다. 여기서도 마찬가지다. 연기를 토하는 마을도, 침략당한 울음도, 쓰러지는 나의 허리를 안는 '나'도 그 의미를 쉽게 이해하기 힘들다. 말 그대로 '폭발하는' 듯한 균열과 파괴의 심상만 명확하다.

이처럼 「폭발하는 물」도 언어적 해체와 인식론적 해체라는 이중의 해체를 보여준다. 완전히 해체돼 어떤 접근으로도 작품의 전반적인 의미와 의도를 간취할 수 없다는 점에서 대상 자체가 사라진 비대상의 시이다. 이승훈이 비대상의 두 측면이라고 한 '보이지 않는 오브제의 현혹'과 '공포와 전율의 현장'이라는 특성이 확연히 드러나 있다. 이 작품 역시 '기법과 주제적 반어'의 측면에서 이승훈 특유의 방법론적 해체와 재구성이라고 할 수 있다.

시는 때에 따라 의미론적으로 명징하지 않은 어조와 어기, 심상만으로도 시적 메시지를 형성할 수 있다. 보이지 않고 이해되지 않는 행간을 통해 시인의 작의가 관철될 수 있다. 또 파괴와 공포만으로도 '비대상의 전율'을 느낄 수 있다. 그런 점에서 「事物 A」와 「폭발하는 물」이 보여주는 해체의 양상은 이승훈의 내면에 드리워진 어떤 강렬한 심상을 표현하는 적실한 언어로 재구성되어 있다고 할 수 있다.

5. 결론

본고는 이승훈의 첫 시집 『事物 A』에 사용된 시어 분석을 통해 그가 추구한 내면 탐구의 방법론인 해체와 재구성이 어떤 양상을 보여주고 있으며, 어떤 특징을 보여주는지 살폈다. 또 비대상 시론의 차원에서 시어들이 가진 작품론적 적실성을 분석해 보았다.

『事物 A』에는 전반적으로 부정적 어기(語氣)의 시어들이 반복적으로 사용되고 있다. 이러한 시어들이 환기하는 세계는 자연주의나 리얼리즘적 시각으로 재현된 세계가 아니다. 자연 세계를 있는 그대로 그려낸 것도 아니고, 리얼리즘적 기율에 따른 전형적 세계를 표현한 것도 아니다. 그것은 내면에 투사된 외부 세계를 완전히 해체하고 재구성한 세계이다. 이는 통념적·상식적 세계에 대한 이승훈의 강렬한 저항의식을 보여준다고 할 수 있다.

이러한 저항의 동인은 크게 세 가지로 분석해 볼 수 있었다. 첫째, 60년대 한국 사회의 위기와 불안정에 대한 반응으로서 외부 세계에 대한 해체와 치열한 내면 탐구이다(반사회학주의). 둘째, 20세기 서구 사상계의 반성 철학을 공유하면서, 그 문학적 반응의 흐름을 따라 자신의 시적 전략을 해체와 재구성으로 삼았다(반이성주의). 셋째, 대상 세계에 대한 해체와 재구성을 통해 한국 시단의 전통적 시풍을 혁신하고 새로운 시론을 정립하고자 했다(비대상 시론).

결국 『事物 A』에 보이는 이승훈의 시어들은 내면 탐구의 결과물들이며, 그가 추구한 시론적 혁신의 실천적 성과라고 할 수 있다. 이에 따라 이승훈의 내면 탐구에 있어 해체와 재구성을 보여주는 시어들은 (1)전쟁이나 무기와 관련된 시어들, (2)신체와 관련된 시어들, (3)정신(심리)과 관련된 시어들, (4)일기와 기상에 관련된 시어들, (5)그밖의 시어들 등으로 분류할 수 있었다.

이승훈은 "비대상이란 대상이 존재하지 않는다는 사실을 의미한다"고 했다. 실제로 『事物 A』에 수록된 「事物 A」와 「폭발하는 물」을 분석해 본 결과 비대상 개념과 두 작품은 매우 적실한 연속성을 보여주고 있음을 알 수 있었다. 둘은 기표와 기의 사이의 절단이라는 언어적 해체와 대상의 의미를 파악할 수 없게 만드는 인식론적 해체라는 이중적 해체를 실행하고 있었다. 그리고 이러한 해체는 곧 시인의 내면에 드리운 어떤 '환영의 공간'을 재구성했다. 대상으로서의 현실적 시공간은 해체되지만, 시인의 내적 심상 안에서 세계는 재구성되었다.

『事物 A』는 이승훈이 비대상의 두 측면이라고 한 '보이지 않는 오브제의 현혹'과 '공포와 전율의 현장'이라는 특성을 확연히 보여주었다. 그것은, 시란 때에 따라 의미론적으로 명징하지 않은 어조와 어기, 심상만으로도 시적 메시지를 형성할 수 있다는 사실과 보이지 않고 이해되지 않는 행간을 통해 시인의 작의가 관철될 수 있음을 보여주는 것이기도 했다. 이승훈은 그것을 "비대상의 전율"이라고 불렀다.

이승훈 시에 나타난 '앎'의 주체*

김혜진

1. 이승훈, 『현대시사상』, 1989년

1989년 발행된 『현대시사상』[1] 창간호의 기획 주제는 '현대시와 정신분석'이었다. 1988년 9월에서 1989년 5월에 이르는 기간 동안 무크지 형태로 발행한 세 권의 『현대시사상』을 홍보하는 사진과 목차들이 앞면에

---

* 김혜진, 「이승훈 시에 나타난 '앎'의 주체」, 『한국언어문화』 제80집, 한국언어문화학회, 2023. 4.

1) 『현대시사상』은 1988년에서 1989년에 걸쳐 세 권의 무크지로 발행된 후, 1989년 12월 계간지로 창간된다. 이승훈은 첫 번째 무크지에서부터 '책임편집'자로서 책머리에 기획의 말에 해당하는 글들을 지속적으로 썼다. 계간 『현대시사상』은 1997년 봄호를 마지막으로 폐간되는데, IMF 사태로 인해 고려원이 폐업하면서 더 이상 발행되지 못한 것으로 알려져 있다. 무크지 1호의 발간사에서 이승훈은 "내가 알기로는 이런 유형의 무크지는 우리나라의 경우 처음이 아닌가 싶다."고 적는데, 이전에 발간된 문학 무크지들과 다르게 "시 장르만을 독립적으로" 다루는 데에 대한 자부심이 배어 있다. 시 전문 무크지에서 시 전문 계간지로의 확장과 유지는 이후 90년대 시사에 매우 중요한 작용을 했으리라는 점을 추측할 수 있다.

실리고, 그 오른편으로는 프로이트의 사진이 전면을 차지하고 있으며, 이어서 '초현실주의 운동에 가담했던 시인'이라 소개된 레이몽 끄노의 사진이 두 페이지에 걸쳐 펼쳐진다.[2] 무크지 1, 2, 3 각각의 기획 주제인 '모더니즘과 마르크시즘', '해체주의', '포스트모더니즘', 그리고 프로이트, 레이몽 끄노의 사진으로 이어진 일련의 흐름은 일견 당대 이승훈의 지성사를 대변하는 듯 보이기도 하다.

이 무렵 이승훈은 이론가로서나 시 창작자로서나 생산적인 시기였다. 『현대시사상』의 무크지부터 창간호 기획에까지 힘썼고, 수필집 『너라는 신비』(세계사, 1989년 4월)를 출간했으며 시집 『너라는 환상』(세계사, 1989년 12월[3])을 간행했다. 무엇보다 '비대상론'을 확립한 이후 이론적 변화와 모색이 활발하던 시기였다.[4] 이승훈의 이론적 탐구와 철학적 공부는 사실상 평생에 걸쳐 활발했다고 보아도 무방하겠지만 각별히 이 시기의 정신사적 의의라면 『현대시사상』 창간호가 상징적으로 드러내듯 정신

---

2) 프로이트와 레이몽 끄노 사이에는 창간호에서 특집으로 다룬 김신용 시인의 사진이 두 페이지에 걸쳐 실려 있다. 김신용은 무크지 『현대시사상』1호를 통해 등단한 바 있으며, 이를 이승훈은 「창간의 말」에서 간략하게 소개하고 있다.

3) 세계사에서 발행된 이 시집의 초판 발행일은 1989년 12월 5일이다. 현재 발간되어 있는 『이승훈 시전집』의 연보 란을 비롯한 대다수의 연구 논문에서 1988년으로 표기되어 있는 점은 정정이 필요해 보인다. (이승훈, 『이승훈 시전집』, 황금알, 2012, 622쪽.) 이 점은 애초 '이승훈 시력 40년 특집호'로 기획된 『현대시』 2002년 11월호에서 발생한 오류가 정정되지 않고 통용되었기 때문이리라 추측된다. (『현대시』, 2002년 11월호, 194쪽. <연보>란 참조.)

4) 이승훈이 '비대상'이라는 용어를 사용한 것은 70년대부터이지만(1974년 김춘수의 시론 「말의 새로운 모습」에 대한 분석) 1981년에 세 번째 시집 『당신의 초상』에 실린 시론인 「비대상」이 보다 정식화된 형태라 할 수 있을 것이다. 이 글은 후일 시론집 『비대상』(민족문화사, 1983)에 재수록된다. 신동옥에 따르면 이승훈의 1981년 및 1983년에 재수록된 「비대상」이 '완결된' 형태로 받아들여져 오고 있지만, 실상 이승훈 시학의 기본 뼈대를 이루며 반복·변주된다는 점에서 시세계 전체에 닿아 있는 것이기도 하다. (신동옥, 「이승훈 '비대상' 시론 연구」, 『한국시학연구』 65, 한국시학회, 2021, 10~15쪽.)

분석학에 집중하면서 이를 문학 계간지를 통해 주도적으로 도입하고 발전시켜나갔다는 점일 것이다. 이 도입과 발전은 한국의 문학계뿐 아니라 이승훈 자신에게도 해당되는 것이었음은 주지의 사실이다.

프로이트뿐만 아니라 특히 라캉에 대한 공부는 이승훈 시론의 상당히 많은 영역을 아우르고 있다. '포스트모더니즘 시론'(1991)이나 '시적인 것은 없고 시도 없다'(1996)와 '비빔밥 시론'(1997)을 포함한 '해체시론'(1998), 그리고 1990년대 말에서 2000년대 이후 확장·심화된 '선(禪)'에 대한 관심과 공부 역시 라캉과 맞닿아 있는 것이다. 이런 지점에서 이승훈 주도 하에 기획, 발간된 1989년의 『현대시사상』 창간호란 어느 논자의 견해를 따라 '한국의 라캉의 장'[5]의 앞머리에 놓일 만한 사건이거니와, 이승훈의 시와 시론의 범주 측면에서도 주요하게 참조될 만한 사항이다.

물론 이러한 참조를 시 해석의 영역에서 직접적이거나 단선적인 방법론으로 고려에 넣는 일은 이승훈 연구에서 고심해볼 문제가 될 것이다. 시인 자신의 시론을 이승훈의 경우처럼 명징하게 펼쳐 놓은 경우는 드물 것인데, 그는 아주 구체적으로 '나', '너', '그', '대상' 등과의 관계에 대한 사유의 현 상황을 시론으로 풀어내고, 그 변화의 과정은 물론이고 확장과 심화의 과정까지 또렷하게 정돈하는 편이기 때문이다.[6] 그런 면에서 이승훈의

5) 강응섭은 한국에 라캉이 도입된 가장 결정적인 계기를 『현대시사상』의 창간호를 비롯하여 1990년대에 발행된 『현대시사상』의 논의들 일곱 편을 분석하여 라캉 도입의 의의를 짚어내며, 각별히 창간호의 경우를 "한국의 '라캉의 장(le champ lacanien)'이라 부를 수 있을 정도로 뜻깊은 일"이며, 이 잡지가 향후 한국에서 진행될 라캉 연구에 큰 기여를 하고 있다고 평가한다. 이를 프로이트의 『꿈의 해석』 출간에 비견할 만큼 중요하게 바라보고 있어서 인상적이다. (강응섭, 「한국에 라캉이 도입되는 과정에 관한 이해－『현대시사상(1989.12.~1997.3.)을 중심으로」, 『현대정신분석』 제22권 제1호, 2020, 11~14쪽.)

6) 가령, 1986년 출간한 『당신의 방』의 「자서」에서는 시집 제작 과정에서의 문제적 관심사와 책의 구성에 대해 다음과 같이 해설해주기도 한다. "지독한 자의식에서 출발한 나의 詩作 행위가 이상하게도 최근에는 나와 너, 그러니까 주체와 객체의 동일성

시론은 때로는 그 자신의 시에 대한 가장 정확한 해설자이자 가장 지적인 안내자가 되지만, 때로는 시 해석의 다층성을 가리는 함정이 되기도 한다. 시론의 지적 작업과 사유가 창작의 길을 도정하고, 또한 시적 사유에 어떠한 매개가 되거나 반영되는 측면이 존재한다 하더라도, 시가 제 스스로 수행하는 무의식적 작업이라는 영역이 존재하기 때문이다. 김수영의 언급대로 시는 때때로 사색으로 이끌어지는 것이 아니라, "시라는 선취자"(「반시론」)로서 그 뒤에 사색의 행렬을 뒤따르도록 만드는 것인 바, 시를 논한다는 것과 쓴다는 것은 반드시 서로를 이끌어 가거나 협조적으로 동화되는 것만은 아니다. 또는 이승훈 자신의 말을 따르자면 현대시는 "사유 이전의 자아"인 "타자가 언어행위를 가능케 하고, 사유 주체를 생각하게 하"[7]는, "언어가 쓰는 시, 언어에 의해 써지는 시"[8]라는 층위에 놓여 있는 것으로 시론의 영역과 다른 메커니즘 속에서 작동하는 것이기도 하다.

요컨대 시가 때때로 무의식 영역에 의해 관할된다는 점은 누구보다 이승훈 스스로가 잘 '알고' 있었다.[9] 이 점을 알면서도 그는 계속해서 시론을 펼치고, 시론의 이론적 도정 한가운데서 독서를 하고 연구하고 시를 썼으며, 이 작업들이 하나의 물결처럼 흘러가는 것 같지만 실상은 완전히 다

증명이라는 문제로 쏠리는 것 같다. 외로움이 노여움으로 바뀌면서 시적 관심이 달라졌다고나 할까. 이 책에서 나는 그것을 병든 주체에 대한 인식, 병든 주체의 부정, 이 부정을 통하여 만나게 되는 객체의 의미, 주체와 객체의 대립을 극복하는 일로 정리하고 싶었다. 이 책을 4부로 나눈 이유이다. 물론 의도대로 되지 않은 구석이 한두 군데가 아닐 것이다. 그렇지만 나와 너의 관계에 대한 나대로의 탐구는 당분간 계속될 것 같다." (이승훈, 『당신의 방』 自序, 문학과지성사, 1986.)

7) 이승훈, 「왜 쓰는가」, 『시적인 것은 없고 시도 없다』, 집문당, 2003, 75쪽.

8) 전봉건·이승훈, 『전봉건 vs. 이승훈 : 대담 시론』, 문학·선, 2011, 35쪽.

9) 이점은 「비대상」에서 명시적으로 드러나 있다. 그는 두 번째 시집(『환상의 다리』, 1976)에서 일어난 사유의 변화를 이야기하면서 "시가 의식과 무의식이 만나는 공간에 있다는 생각에는 변함이 없"다고 적고 있다. (이승훈, 「비대상」, 『시적인 것은 없고 시도 없다』, 집문당, 2003, 27쪽.)

른 방식으로, 빈틈들로 새어나가고 있다는 사실을 자각하고 있었을 것이다. 그는 이 모든 앎 속에서 무지(무의식)를 자각하는 자이면서, 또한 그 무지(무의식)에 대한 무지(알 수 없음)를 인정하는 자로서 온갖 균열의 한 복판에서, '어쨌든' 일을 했다.

이를 두고 이른바 '방법론적 자의식'과 창작의 무의식 간의 충돌이라 일컬어볼 수 있을 것이다. 그런데 양자 사이의 균열은 이승훈의 이론적 작업과 창작의 동시성에 의해 발생한 것만은 아니다. 여기에는 1980년대라는 사회적·정치적 조건에 대한 반응으로서의 균열이 함께 새겨져 있다. 당대의 정치적이고 역사적인 문제들이 이승훈의 예술적·학문적 세계에서 직접적으로 고려되는 항목은 아니었다 하더라도, 최소한 그 자신의 체계 내에서 어떠한 파장을 겪어내었다고는 말할 수 있는 것이다. 그 증거가 '나'로부터 '너', 그리고 '세계'를 향한 방법론적 대상의 변화일 것이다. 그런 의미에서 1980년대에 던져진 "어쩌면 좋담?"(「어쩌면 좋담」, 『당신의 방』) 이라는 질문은 의미심장하게 다가온다. 이는 무의식적 계기들에 의해 이루어지는 창작을 하면서 동시에 이론으로서의 정신분석을 공부하는 자의 해소불가능한 질문이기도 하고, 라캉을 읽는 모더니스트 시인으로서 1980년대에 문단 한 복판에 서 있는 자의 소외감 섞인 곤경이기도 할 것이다. 이 질문에 답하는 이승훈의 방식은 "어쨌든 인생은 계속된다"(「그래도 인생은 계속된다」, 『당신의 방』)로 요약될 수 있을 것 같다. 이 질문과 답의 간극에는 '앎'의 차원이 밀접하게 관계되거니와, 이러한 80년대적 질문과 답은 이 글의 보이지 않는 구심점으로 작동한다.

이처럼 복합적인 층위의 균열과 충돌 속에서 창작자 이승훈의 '앎'은 텍스트 내적 현상에서 드러나는 '앎'의 층위와는 구분되며, 그것의 시간성은 뒤틀려 있다. 1989년의 『현대시사상』 창간의 기획으로 부각된 '정신분석'

이라는 테마나 그로부터 파생된 인식론적·존재론적 자각은 반드시 그 이후에 드러나는 것만은 아니다. 이 지식은 어떤 면에서 본다면 이승훈 자신의 사유들이 프로이트-라캉의 사유들에서 '발견'됨으로써 다가가게 되었으리라는 측면에서 사유 경로의 재확인과 심화 과정에 해당할 수 있으며, 또 다른 측면에서 본다면 지식을 통해 수면 위에 올려진 시론의 사유들이, 시라는 행위 안에서 무의식의 층위에서 앞질러 발화되었으리라는 측면을 또한 짐작해볼 수 있을 것이다. 이 지점은 이승훈 특유의, 그리고 초기부터 후기에 이르기까지의 시세계 전체를 가로지르고 있는 언어관에도 새겨져 있다.

이 글은 이러한 라캉을 비롯한 정신분석적 지식이 이승훈 시의 한 편을 이끌어 가고 있다는 점을 수긍한다. 그러나 동시에 그러한 사유의 지적 영향력이 시 텍스트를 온전히 장악하는 것은 아니라는 사실 또한 전제해 보며, 텍스트 내에서 드러나는 '앎'의 작용들을 따라가 보고자 한다. 이승훈 시에 드러난 대상－타자의 앎들이 주체의 앎과 관련하여 어떠한 방식으로 문제적인가를 해석하는 작업은 결국 현실적 상징적 삶에 대한 질문과 같은 궤를 선회한다.

2. 이승훈과 '앎의 무지'의 문제

이승훈의 초기를 대표하는 시론인 '비대상론'에 드러난 언어 인식을 대표하는 문장은 "대상의 세계가 언어로 명명될 때 죽거나 이미 부재한다"[10]가 될 것이다. 언어로 쓰는 순간 대상은 사라지며, 그런 의미에서 언어로 쓴 대상들은 모두 '비대상'에 해당한다. 그러니까 이 용어는 언어의

10) 이승훈, 앞의 글, 32쪽.

지시적 역할이 허상에 지나지 않는다는 의미가 강조된 것이며, 역으로 언어로 드러난 대상과 내용들 역시 실질적인 그 무엇을 지시하는 것이 아니라는 의미가 될 것이다. 이런 그의 언어관은 후기(2000년대)에 이르기까지 일관되는데, 가령 "글쓰기는 폭력이다"(「언어2」, 『인생』)라는 인식은 글쓰기-언어 자체가 대상을 죽이게 된다는 초기의 사유가 그대로 이어져 드러난 경우이다. 이승훈 자신은 '비대상론'을 쓰던 무렵부터 모리스 블랑쇼를 직접적으로 언급하고 있지만, 이 지점은 후일 그가 지속적으로 참조하게 되는 라캉의 사유를 이끄는 기본 바탕이기도 하다.[11] 언어라는 것이 현실(대상)을 지시하지 못할 뿐만 아니라 현실이 아닌 것을 지시한다는 점, 언어의 바깥은 존재하지 않다는 것을 알지만 그것이 지니는 지시적 기능이나 의미론적 효과에 대해서는 회의적인 태도를 공유하는 것이다.

시적 사유의 선명한 변화[12]의 와중에도 유지되는 언어관의 핵심이 이러하다면, 이승훈 시에 나타나는 수많은 사물들과 대상들은 현실과의 재현적인 관계를 바탕으로 작동하는 것과는 전혀 다른 관점에서 접근하고 사유할 필요가 있음을 의미한다.

---

11) 오문석에 의하면 이승훈이 이론적으로 의존하는 블랑쇼나 라캉은 모두 코제브의 헤겔 강독 세미나를 통해 '부정' 개념의 중요성을 파악한 인물들이다. (오문석, 「이승훈의 부정시학」, 『한국언어문화』 76, 한국언어문화학회, 2021, 48~49쪽. 각주 20번.) 이 부정 개념은 또한 라캉의 주체론의 핵심이기도 한 바, 이승훈이 실제로 라캉을 공부하기 이전부터 사유의 맥락은 헤겔적 부정의 개념을 향해 뻗어 있음을 생각해보게 한다.

12) 이승훈 시에서 탐구의 대상이 '나'에서 '너'로, 다시 '너'에서 '그'로 옮겨갔다는 점은 이승훈 자신의 발견과 더불에 많은 평자들에게도 알려져 있는 것이다. 이러한 변화의 과정에 참여하는 시론 또한 모더니즘에서 포스트모더니즘, 해체주의, 선시 등으로 이어져 있다. 이재복에 따르면 '나'를 둘러싼 강한 자의식이나 예술의 유일무이성에 대한 사유는, '너'와 '그'에 대한 탐구라든가 포스트모더니즘 등의 사유를 거치면서 약화되고, 초기시에서 보였던 난해성 역시 사라진다. (이재복, 「有에서 無로 無에서 無로—이승훈의 禪詩를 중심으로」, 『시와세계』 24, 시와세계, 2008, 108~110쪽.)

표면적으로 다소 역설적이게도 이승훈의 시에는 적지 않은 '대상'들이 반복적으로 등장하는데, 이러한 대상들은 대부분 매우 독특한 방식으로 걸림돌이 되거나 문제적인 사물이 된다. 가령, 아무리 고쳐 달아도 거슬리는 '단추', 아무리 배치를 바꾸어 보아도 문제가 되는 '쏘파'(「쏘파 위치에 대하여」, 『너라는 햇빛』) 등이 시 텍스트 내에서 그 문제성이 표면적으로 드러나는 경우라면, 텍스트 내에서 문제성을 지니는 것은 아니지만 유사한 맥락을 거느리며 자주 등장하기에 해석의 측면에서 문제적으로 다가오는 '의자'(「당신의 방」, 『당신의 방』; 「등받이 없는 의자」, 『너라는 햇빛』; 「그가 최후로 도착한 의자」, 『밝은 방』), '전화'(「전화」, 『당신의 방』; 「갑자기 전화벨이 울린다」, 『너라는 환상』; 「현관 벨 소리」, 『이것은 시가 아니다』)나 '개미', '달팽이', '오징어'도 있다. 그런 가운데서도 가장 눈에 띄는 대상은 '닭'이라 할 것이다.

'닭'은 이승훈의 초기시를 대표하는 시집 『사물A』의 표제시 「사물A」에서부터 인상적으로 등장하며 이후의 시들에서도 지속적으로 출몰한다. 「닭」이라는 제목의 시 두 편(『사물들』, 『화두』), 「위독 제4호」(『사물A』), 「닭장 앞에서」(『너라는 햇빛』), 「닭처럼」(『비누』), 「영월 생각2」[13](『비누』) 등의 시에서 '닭'을 발견할 수 있다.

이 많은 '닭'들은 대체로 다소간 황당한 면모들을 지녔다. 어떤 닭은 목이 없고, 어떤 닭은 말을 하며, 어떤 닭은 닭장 안에 모여 있다가 죽거나, 분을 바르고 외출을 하며, 어떤 닭은 통곡이 되거나 비행기가 되며, 어떤 닭은 누군가의 가슴에 안겨 있고, 어떤 닭은 무언가를 알거나 모른다.

이 닭들의 독특한 면모들에 어떠한 일관성이 있을까? 때때로 이승훈 시

---

13) 시집 『비누』에는 두 편의 「영월 생각」이 있다. 편의상 시집 구성에서 뒤쪽에 배치된 것을 칭하는 의미에서 숫자 '2'를 붙였다. 이후 이 글에서 다루는 「영월 생각」은 앞쪽에 배치된 작품이다.

에서 '닭'은 그의 시적 사유 및 텍스트 내적 현상과 관련하여 의미 있게 규정될 수 있을 것 같다. 「사물A」의 '닭'은 그 가운데서도 가장 앞머리에 놓인다.

> 사나이의 팔이 달아나고 한 마리 흰 닭이 구 구 구 잃어버린 목을 좇아 달린다. 오 나를 부르는 깊은 命令의 겨울 地下室에선 더욱 眞摯하기 위하여 등불을 켜놓고 우린 생각의 따스한 닭들을 키운다. 닭들을 키운다. 새벽마다 쓰라리게 精神의 땅을 판다. 頑強한 時間의 사슬이 끊어진 새벽 문지방에서 소리들은 피를 흘린다. 그리고 그것은 하얀 液體로 變하더니 이윽고 목이 없는 한 마리 흰 닭이 되어 저렇게 많은 아침 햇빛 속을 뒤우뚱거리며 뛰기 시작한다.
>
> —「사물A」 전문[14)]

이승훈의 초기 시의 경향을 대표하는 이 시는 일찍이 시인 김수영에 의해서도 언급된 바 있다. 1960년대 김수영의 월평[15)]에 언급되는 이승훈은 "새로운 포멀리스트"로 거론되면서도 "언어의 윤리의 결백성이 어느 정도로 실천되어 있는가의 보증이 아직도 모호하기" 때문에 한계가 있어 보이는 신인군 가운데 한 명이다. 이때 "언어의 윤리의 결백성"이 모호하다고 지적한 작품이 「사물A」이다. 물론 여기에는 당대 <현대시> 동인들에 대한 전반적인 평가가 함께 작용하고 있기는 하지만, 언어의 사용 방식이 이전의 시들과는 명백히 다른 방식으로 사용되고 있다는 점은 분명하게 인정하고 있어 보인다.

『사물A』의 언어들은 내면세계, 무의식의 세계를 '리얼'[16)]하게 펼쳐보

---

14) 이승훈, 『事物 A』, 삼애사, 1969.
15) 김수영, 「새로운 포멀리스트들」, 『김수영 전집2』, 개정판; 민음사, 2018, 653~656쪽.
16) 이승훈은 『事物 A』에서 『환상의 다리』까지의 헤매임에 대해 이해하는 과정에서 "지식으로서의 리얼리티 개념이 아니라, 형언할 수 없는 나대로의 파토스가 환기하던 리얼리티 개념"을 깨닫게 되었다고 언급한다. (이승훈, 「태양 아래」, 『시적인

고자 했던 실험적 글쓰기를 한 축으로 삼고 있고, 비논리적인 방식으로 더 큰 논리를 펼쳐보고자 하는 '비논리의 논리'[17]의 방법론을 한 축으로 삼는 것이었다고 할 수도 있을 것이다. 이는 후일 이승훈이 '비대상의 세계'로 명명하며 스스로의 시에 대해 분석한 특성이기도 한데, 이 점은 정확히 김수영의 '포즈론'의 입장과 정반대에 위치해 있는 지평이기도 하다. '리얼리티'를 지향했지만 현실이나 시대가 아닌 '내면과 무의식'의 그것이었고, '논리'를 지향했지만 소박한 논리가 아닌 '더 큰 논리'로서 '비논리의 논리'를 취해보고자 했던 것이다.

비논리적인 방식으로 내면과 무의식의 영역을 서술한다는 입장에는 일상적 논리의 영역에 대한 거부, 나아가 일상적 시의 논리에 대한 거부가 포함되어 있고, 의식의 영역에 대한 투명한 서술이 불가능하다는 언어에 대한 비관적 태도가 배경으로 작용하고 있다. 이 점은 이승훈의 시가 이전의 시들과 어떠한 방식으로 다른 지점들을 열어가는지, 어떤 측면에서 초현실주의적이고 아방가르드적인가를 드러내는 측면이기도 하다.

이 시에서 '닭'은 바로 이러한 '비논리의 논리'의 핵심이라 할 수 있다. 그것은 논리나 비논리라고 단정할 수 없는 것으로서 양쪽 모두를 함유하는 것이다. 우선 다음과 같은 질문을 던질 수 있다. 왜 '닭'인가. 물론 이유가 없다(단지 무의식적이다)고 답할 수도 있을 것이지만, 다른 한편으로 그것은 어떠한 경계에서 불거져 나온 대상인 것처럼 보이기도 하다. '닭'은 우리의 언어적 관습 속에서 자주 유머를 동반하여 '머리'와 관련하여 비하되는 소재이기도 하며[18], 새벽에서 아침을 가르는 기점을 알리는 역

것은 없고 시도 없다』, 집문당, 2003, 16쪽.)

17) 위의 글, 17쪽.

18) 이를테면 '닭대가리'와 같이 머리가 좋지 않은 사람을 놀릴 때 사용하는 어휘를 떠올릴 수 있다.

할을 수행하는 가축이기도 하다. 이러한 닭에 대한 일반적 인상들은 이 시에 미묘하게 반영되어 있다. 목을 잃어버린 닭—따라서 '머리'를 잃어버린 닭이라든가, '아침' 햇빛 속으로 뛰어가는 닭 등이 그러하다. 그러나 이런 요소들은 희미한 반영일 뿐인데 실제적으로 이 시에서 이와 같은 일상적 상징을 통한 의미론적 역할을 수행하지는 않기 때문이다. 그것은 시를 쓰는 자에게 연관되어 환기되는 일상적 관습의 요소라는 점에서 보편적 상징이 무의식적으로 작동한 경우이지만, 동시에 텍스트 내에서 전혀 다른 방식의 의미 영역을 거느린다는 점에서 의식적·논리적으로 개인적 상징이 작동한 경우라 할 수 있을 것이다.

의식과 무의식, 논리와 비논리를 함께 거느리고 있다는 점에서 비/논리적이라 할 만한 이 닭은 텍스트 내에서 일정한 은유와 환유를 통해 ('닭대가리'가 환기시키는) 보편적 상징과는 정반대로 작동하게 된다. '목을 잃은 닭'에서 중요한 것은 잃어버렸다는 사태가 아니라 그것을 "좇아 달리"는 행위 자체가 될 것이다. 닭이 찾고 있는 것은 목이자 머리이며, 사유와 정신이기도 하다. "생각의 따스한 닭"이 되어 자라기도 하며, '새벽'이라는 사유의 시간을 점유하는 대상이기도 하다는 점에서 '닭'은 그 자체로 사유나 정신의 탐색을 표상한다 볼 수 있을 것이다.[19)]

'목을 잃은 닭'과 나란히 놓인 '사나이의 달아난 팔'은 텍스트 내의 배열의 측면에서나 시적 정황의 측면에서나 유사하게 읽힌다. 새벽 동안 "정신의 땅을 파"는 이 시의 정황을 통해 유추해 본다면 '사나이의 팔'이란 생각을 글로 풀어쓰는 연구자—시인의 팔로서, '목을 잃은 흰 닭'과 같은 사태를

19) 이 지점을 언어적 관점에서 바라볼 수도 있겠는데, 이민영은 「사물A」를 「어휘II」와 함께 분석하면서 '목을 잃은 닭'을 "언어" 또는 "훼손된 언어로 사고하는 나"로 보고 있다. (이민영, 「이승훈 『사물A』 산문시에 나타난 부조리성 연구」, 동국대학교 석사학위논문, 2020, 56쪽.)

지시하는 다른 종류의 언어라 할 수 있을 것이다. 새벽이라는 사유의 공간에서 생각들의 진행은 뜻대로 되지 않고 시간의 흐름에 개의치 않으며("완강한 시간의 사슬이 끊어진 새벽 문지방")[20], 그것을 다시 언어화시키는 일 역시 결코 쉽지 않다. "정신의 땅"을 파는 이 대상들은 모두 사유와 창작이라는 '정신'의 일을 위해 "피 흘리며" 고투하는 형상을 떠올리게 한다.

따라서 이 시는 일차적으로 사유와 창작의 고통, 달리 말하면 글쓰기의 고통에 대한 시라 할 수 있을 것이다. 한 가지 생각해볼 것이 있다면, 닭은 왜 목을 좇으며, 어째서 "새벽마다 쓰라리게 정신의 땅을" 파는가 하는 것이다. 텍스트 내에서 찾아본다면 그것은 "명령" 때문이다. '생각의 닭'들을 키우는 공간인 "겨울 지하실"의 명령이란 사유하라는 명령, 연구하라는 명령, 창작하라는 명령 등이 될 것이다. '나'는 이러한 '명령'에 응답하는 자이다. 여기서 명령의 주체는 모호하지만, 동시에 선명하기도 한 것이다. 쓰라는 명령은 달리 말하면 '나'의 욕망이기 때문이다.

이 시에서 '나'는 따라서 그 명령이 자기 자신의 것임을 알고 있다. '겨울 지하실'이 타자의 작인으로 기능하고 있지만, 그것은 실제 존재함으로써 기능하는 어떤 것이 아니라 단지 '나'의 욕망을 대리하여 명령하는 기능을 할 뿐인 공간이다. 그렇다면 닭은 알고 있을까? '사나이의 팔-닭-정신의 땅을 파는 나'가 모두 유사한 지위에 놓이면서도 완전히 같다고 할 수 없

---

20) 이 시의 시간성은 '수평적 도피'와 '수직적 지향'이라는 구도와 관련해서도 생각해볼 거리가 있어 보인다. 김지선은 "달아난다는 수평적 도피와 깊게 파고 들어가는 집착의 수직적 지향(지하실)이 대립적으로 제시"된다고 분석한 바 있는데, 이러한 구도를 확장시켜 본다면 이 시의 시간은 새벽과 아침으로 대립되고, 또한 사유의 시간과 일상의 시간으로 대립되기도 하기 때문이다. 이렇게 본다면 이 시는 일상의 시간으로부터는 수평적으로 도피하고, 사유의 시간에 수직적으로 집착한다고 변주해볼 수도 있겠다. (김지선, 「한국 모더니즘 시의 서술기법과 주체 인식 연구 -김춘수, 오규원, 이승훈 시를 중심으로」, 한양대학교 박사학위논문, 2009, 85쪽.)

는 까닭이 여기에 있을 것이다. '나'는 알고 있지만 '닭'은 모르기 때문이다. '닭'은 그 자신의 목-머리-사유의 내용에 대해 모르는 채로, 심지어 '잃어버렸다'는 사실조차 확실치 않은 채로 '좇아 달린다'. 또한 이 닭은 '우리'가 키우는 '생각의 닭들'로 전환되는 지점에서부터 생각을 좇는 대상이 아니라 '생각' 그 자체를 지시하게 되는데, 이를 달리 표현해 본다면 '생각대로 되지 않는 생각'(생각의 닭이지만 머리―생각이 없다)으로서 무의식이라 할 수 있을 것이다. 아침이 되어도 여전히 "목이 없는 한 마리 흰 닭"인 사정은 이와 관련된다. 목은 어떤 면에서 언제나 없었다. 그것이 생각대로 되지 않는 생각―무의식인 한에서 닭은 그것을 한 번도 잃어버린 적이 없으며, 나중에서야 발견할 수 있는 '정신'의 한 부분으로 자리할 것이기 때문이다.

따라서 이 시에 주체가 있다면 욕망하는 주체로서의 '나'가 아니라 무의식의 주체로서의 '닭'이라 해야 할 지도 모른다. 그러니 이 시의 주체는 잃어버린(적 없는) 목을 찾다가 아침을 맞는 글쓰기(에 실패하는)의 주체[21]라 할 수 있다.

「사물A」로부터 시작된 '닭'이라는 테마는 이후의 시적 도정에서 다양한 방식으로 변주된다. 그 안에서 어떠한 일관성이라는 것을 찾을 수 있다면 '비논리적 대상'으로서 등장하여 '나'의 행위에 개입한다는 점일 것이다. 가

---

21) 한편 이 시의 '닭'은 이상의 시 「오감도 제 12호」의 '비둘기'를 연상시키기도 하는데, 이 점은 독해 방식의 면에서도 유사하게 다가온다. 이상의 「오감도 제 12호」를 글쓰기 행위로 읽은 임명섭에 의하면 해당 시에서 확인되는 것은 문학의 행위가 "언어의 추상성을 덧입힘으로써 생생하고 구체적인 경험의 대상을 오염시키고 살해"한다는 언어와 사물의 문제에 대한 분명한 인식이기도 하다.(임명섭, 「李箱詩에 나타난 언어와 사물의 문제」, 『이상 시 작품론』, 역락, 2009, 113~114쪽.) 언어에 대한 부정성의 면에서 이승훈의 시는 명실공히 이상과 입장을 함께 하고 있으니, 각각이 지닌 주제의 유사성과 더불어 '비둘기'와 '닭'의 조우라는 점도 흥미롭게 다가온다.

령, 『사물들』에 실린 시 「닭」에서는 "통곡"이 되고 "굶주림"이 되어 몰려오는 '닭'이 등장하는데, 이때 닭은 '나'의 '잠'과 연관되며("나는 방으로 들어가 이불을 뒤집어쓴다"), 닭들이 밤새도록 푸드득거림에 따라 "나도 덩달아 푸드득 거"리게 만드는 방식으로 영향력을 행사한다. 『너라는 햇빛』에 실린 「닭장 앞에서」의 경우 '닭'은 그것의 상태가 잠이나 죽음 자체인 것으로 등장하기도 한다. 이러한 '닭'들은 대체로 '무의식'의 영역과 은밀히 연관된 형태로서 '비논리적' 핵심이라는 관점에서 바라볼 수 있는 특성들이라 할 수 있다. 더불어 시집 『비누』에 실린 「닭」의 경우는 "이거 먹어!"하고 명령을 내리는 타자로서 등장하는 점을 살필 수 있는데, 이 경우 역시 비논리적인 방식으로 '나'에게 영향력을 행사한다는 점에서 일정한 궤에 놓인다.

그 가운데서도 각별히 관심을 가져볼 텍스트는 「닭처럼」이다. 이 시의 '닭' 역시 비논리의 논리라는 범주에서 사유되는데, 여기에는 앞서 읽은 「사물A」에 드러난 '나의 지식'과 '닭의 지식' 사이에 일어나는 균열이 보다 테마화된 형태로 열려 있어 보인다는 측면에서 논의를 정교화해볼 수 있을 것이다. '닭의 무지'와 '나의 지식'이라는 항목에서 나아가, '닭의 무지에 대한 나의 지식'이라는 층위를 살핀다.

> 물론 저 닭은 내가 시인인 걸 모르고 내가 교수인 걸 모르고 내가 감기로 고생인 걸 모른다 그러나 저 닭이 안다면? 그때는 나도 닭처럼 살아야 하리 닭처럼 처마 아래 앉아 있어야 하고 닭처럼 시를 써야 하고 닭처럼 알을 낳아야 하고 닭처럼 고백해야 한다 닭처럼 닭처럼 하늘을 보고 있어야 한다 저기는 저렇게 푸르고 여기는 이렇게 푸르다
>
> —「닭처럼」 전문[22]

22) 이승훈, 『비누』, 고요아침, 2004.

이 시에 걸린 가정법은 명백히 '닭의 무/지(앎과 모름)'에 관계되어 있다. 이 시가 안겨주는 당혹스러움과 모종의 유머러스함은 단지 매력에 그치는 것만은 아니다. 우선 당혹스러움의 면모를 짚어본다면 다음과 같이 질문할 수 있을 것이다. '닭'이 알든 모르든 대체 무슨 문제란 말인가.

문제가 되지 않는 것은 '닭'이 나에 대해, 나의 진짜 정체(교수, 시인, 감기 걸린 환자)에 대해 '모르는' 경우이다. 반면에 '닭'이 '아는' 경우("그러나 저 닭이 안다면?")를 가정할 때 문제는 발생한다. 이 상반된 상황을 정리한다면 이렇게 될 것이다. '물론 나는 저 닭이 나의 정체를 모른다는 것을 알지만, 그럼에도 불구하고 혹시라도 알고 있다면, 어쩌면 좋담?'

여기에는 라캉주의자들 사이에서 유명하다고 알려진 대타자에 관한 농담[23]을 떠올렸을 때 더욱 선명해지는 지점이 있다. 공교롭게도 이 농담 역시 '닭'을 대상으로 하고 있는데 다음과 같다. 자신이 씨앗이라고 믿는 사람이 정신병원으로 보내졌고, 마침내 치료가 완료되어 병원을 떠날 수 있게 되었다. 그는 이제 자신이 씨앗 한 알이 아니라 사람이라는 것을 확실히 안다. 그러나 병원을 나선 지 얼마 안 되어 두려움에 떨며 병원으로 돌아온다. 문 밖에 있던 닭 한 마리가 자신을 먹을까봐 겁이 났던 것이다. 의사가 말한다. "당신은 이제 당신이 한 알의 씨앗이 아니라 사람이라는 것을 알고 있지 않은가?" 환자가 대답한다. "물론 저는 알고 있습니다. 그러나 닭이 그것을 알까요?"

문제가 되는 사태는 '닭'이 환자의 '진짜' 정체(=사람)를 모르는 경우, 즉, 진실을 모르는 경우이다. 환자(주체)가 진실을 받아들였다 해도, 닭(타자)이 여전히 무지할 경우 증상은 해결되지 않는다. 이는 알렌카 주판치치의 변주

23) 이 농담에 관해서는 슬라보예 지젝, 김서영 옮김, 『시차적 관점』, 마티, 2009, 686쪽을 참조함.

된 버전의 농담을 통해 보다 선명히 할 수 있다. 즉, 신이 존재하지 않는다는 진실을 알게 되었지만, 신 자신도 그것을 아는지 의문을 던지며 두려워하는 사람의 형상을 떠올려볼 경우이다.[24] 두 농담 모두에서 문제시되는 것은 주체의 지식과 타자(닭, 신)의 지식(무지) 사이에 발생한 균열이다.

여기서 던져볼 수 있는 질문은 이렇다. '닭'과 '신'이라는 타자의 지식의 유무를 상정하는 것은 누구인가? 그것은 주체 자신의 의식 작용에 의해 구성된 것일 뿐이다. 이 농담이 '대타자의 지식'과 관련된 예증으로 통용되는 이유이다. 대타자의 지식의 지위란 역설적인 것으로, 주체의 지식과의 관계에서 상호주체적인 것이다. 대타자의 근본적인 비존재성이 주체의 의식 작용에 의한 구성 효과를 지시하는 것이었을 때, 바로 이 지점을 아는 주체(대타자의 지식에 관한 지식)와 모르는 주체의 양상은 전혀 다른 방식으로 드러난다.

「닭처럼」에서 문제삼고 있는 것은 농담의 사례와는 달리 '닭의 무지'의 경우가 아니라 '닭이 안다면'의 경우인데, 이 시에서의 닭 역시 '나'의 정체성에 관계하는 대타자의 작인으로 기능한다는 점은 같다고 볼 수 있겠다. '닭이 모르는 경우' 문제가 되지 않는 까닭을 유추해 본다면 <닭-타자가 '나'의 정체성을 모른다면 '나'는 마음대로, 사회적 구속을 받지 않고 살아갈 수 있을 것이다>가 될 것이다. 시인처럼 글을 쓰지 않아도 되고, 교수처럼 연구를 하지 않아도 되고, 감기 환자인 것을 들키지 않을 수 있다. 농

---

24) 주판치치의 버전은 다음과 같다. 혁명적 공포로 인해 계몽된 사회에서 한 사람이 신을 믿는다는 이유로 감옥에 갇혔고, 마침내 계몽되어 신이 존재하지 않는다는 지식을 갖게 되었다. 감옥에서 나오게 되었을 때 그는 두려워하며 뛰어 돌아온다. 물론 그는 신이 존재하지 않는다는 것을 알지만, 신 역시 이를 알고 있을지 모르기 때문이다.(Alenka Zupancic, *"'Concrete Universal' and What Comedy Can Tell Us About It"* The Silent Partner, 2005. 슬라보예 지젝, 위의 책, 689쪽에서 참조하여 요약함.)

담 속의 환자가 닭의 지식을, 대타자의 존재를 가정했기에 두려움에 떨었다면, 이 경우 '나'는 '닭의 무지'에 대해 알고 있는 수준에 있다. '닭의 무지'는 '나'로 하여금 익명의 감시의 시선이 존재하지 않는 효과로서 나타난다. 즉 '나'는 대타자의 무지를, 그것의 비존재를 알고 있다고 할 수도 있을 것이다. 이럴 때 주체의 앎은 '절대적 앎'의 층위[25]에 있다.

이처럼 주체는 타자가 '모른다는 것을 안다'. '그럼에도 불구하고 닭이 안다면'을 가정했을 때 사정은 달라진다. '나'는 닭-타자의 지식 역시 '나'의 지식과 의식 작용에 의해 구성된다는 것을 알지만, 그래도 혹시 닭—타자가 나에 대해 안다면 질서에 따르며 나의 정체성에 맞게 살아야 한다. 달리 말하면 주체는 대타자의 지식이 나의 지식에 의해 구성된 변증법적 역설에 의한 것이라는 것을 알지만, 그럼에도 불구하고 여전히 그것은 기능하기에 타자의 질서를 따르며 살아야만 한다. 사회-정신적 실체라는 것은 그 자체로는 실체적으로 존재하지 않지만, 수많은 "개인들의 활동과 상호작용에 의해 활성화된 준거지점"[26]으로서 실제로 작동하고 있기 때문이다. 이 시의 주체는 이러한 시점에서 대타자의 비존재를 알면서도 그것의 작동 방식과 그 효력은 실재함을 인정하는 주체이며, 그 억압에 대한 두려움과 불안을 지닌 주체이기도 하다.

두려움과 불안을 어떻게 해소하는가. 통상 문명사회의 구성원으로서의

---

25) 헤겔의 '절대적 앎'이란 선험적이고 초월론적으로 존재하는 지식이라는 의미에서가 아니라, 정반대로 그러한 절대적 기준 같은 것은 없으며, 자기 자신의 내재적인 기준에 따라 자신을 판단하도록 하는 것이다. 여기에는 헤겔식의 변증법적 전도가 함축되어 있다. 처음에는 큰타자로 여겨지던 것이 나중에는 자기 자신의 '정립'의 결과로서 이해된다. 이를 가장 간결한 방식으로 규정한 지젝의 표현은 이렇다. "큰 타자의 비존재, 즉 알고 있다고 가정된 주체로서의 이 큰타자의 비존재를 완전히 받아들이는 것." (슬라보예 지젝, 조형준 옮김, 『헤겔 레스토랑』, 새물결, 2013, 202쪽.)

26) 슬라보예 지젝, 김서영 옮김, 『시차적 관점』, 마티, 2009, 690쪽.

근대적 주체의 길은 마치 '시인인 것처럼', '교수인 것처럼' 살아가는 것이다. 그러한 '가장'을 통해서 우리는 사회 상징적 장 속에서 '정상'으로 살아갈 수 있다. 이 시에서 가장 문제적인 지점이 있다면 바로 이 부분일 것인데, 시인이나 교수처럼이 아니라 '닭처럼' 살아가야 한다고 적고 있기 때문이다.

문제는 '닭처럼'이라는 수식이 던지는 유머와 외설성에 있다. 상식적인 수준에서 인간이 '닭처럼' 무엇인가를 한다는 일은 그 자신을 격하시키는 비유에 다름 아니다. 관습적으로 통용되는 맥락 하에서 이 표현은 일종의 자조적 유머처럼 보인다. 그러나 이 표현이 동시에 외설적이기도 한 것은, 현실-인생의 틀을 유지하는 '나'의 정체성들을 수행하는 일이 다름 아닌 '닭'과 같은 지경에 놓여 있다는 사실 때문이다. 시인처럼 글을 쓰고 교수처럼 연구를 하며 일상을 살아가는 층위는 '닭처럼 처마 아래 앉아 있'거나 '알을 낳'거나 '고백'하는 일로 대체된다.

여기에 나타난 동일시는 이중적이다. 한편으로는 '나'가 질서에 순응하면서 살아가는 차원으로 나타나며, 더욱 중요한 다른 한편으로는 나의 이러한 '동일화'가 일종의 '과잉된' 차원으로 나타난다는 것이다. '닭'—타자가 모든 것을 알았을 때, 일반적인 상징적 동일성의 수준에서라면 타자의 질서 속에서 '나'의 정체성에 따를 것이지만, 이러한 수준을 넘어서 '닭' 그 자체와, 나아가 '닭의 일생'과 동일화하고 있기 때문이다. '닭처럼'은 바로 이러한 '과잉 동일화'[27]를 표지하는 표현이라 할 수 있다. 여기에 일정한

27) 과잉 동일화overidentification는 '-처럼' 역할을 연기하고 있다는 사실을 더욱 과잉되게 부각시킴으로써 스스로가 그러한 역할 이외의 아무것도 아닌 것으로 환원되는 것을 거부하는 행위이다. 이것은 그 과잉된 행위가 유발하는 우스꽝스러움 때문에 얼핏보기에 풍자와 유사해보이는데, 둘은 엄밀히 구분되는 것이다. 이는 특정한 의례를 공개적으로 상연-무대화하는 경우와 견줄 수 있다. 가령, 가까운 친구들끼리만 사용하던 사적인 의례나 제스처, 닉네임과 같은 표현 등이 공개적으로 되어버렸을 경우가 발생한다면 우리는 극도로 당황하며 부끄러움을 느낄 수밖에

유머가 동원되는 것 역시 과잉 동일화에서 자주 보이는 한 특성이다[28]. 과잉 동일화는 근본적으로 주체의 상징적 지위로부터의 냉소적 거리를 제거하는 형태로 진행된다. '알지만 그럼에도 불구하고'라는 물신적 부인의 형태는 이 지점에서 전도된다. '알지만' 그러한 질서를 따라 자신이 상징계 속에서 하나의 역할 연기자에 머무는 대신, '알아서 더'의 형태로 더욱 열광적으로 규칙을 따른다. 따라서 '굳이 할 수 있다면 피할 수 있지만 그것을 한다'를 통해서, 자신을 하나의 요소로 환원하는 것을 거부한다.[29]

없을 것이다. 이러한 공개적이거나 과잉된 무대화는 동일화의 대상을 당황스럽게 하며, 그것이 지닌 본래의 효율성을 중단시키기도 하는 것이다. 지젝은 이와 관련된 사례로 슬로베니아의 포스트 펑크 그룹인 라이바흐의 경우를 분석한다. 그들은 스탈린주의와 나치즘 등의 전체주의적 의례를 지나치게 동일화하는 퍼포먼스를 행하곤 했다.(라이바흐는 2015년에는 평양에서 공연하기도 했으며, 이 장면들은 다큐멘터리로도 제작되었다.) 라이바흐의 과잉된 동일화는 전체주의를 조롱하듯 비틀어 보이는 수준이 아니라(이 경우 유지되는 냉소적 거리는 포스트 이데올로기 사회의 지배적인 태도로, 오히려 체제를 유지하는 데에 기여한다), 체제와의 과잉 동일시로 분석된다. 과잉 동일시는 체제의 외설적인 초자아의 이면을 드러냄으로써 체제의 효율성을 중단시키는 역할을 수행한다.(Slavoj Zizek, *The Metastases of Enjoyment*, *Verso*, 1994, 72쪽, 85쪽.)

28) 유머가 포함되는 과잉 동일화의 가장 단순한 사례로는 일본의 진도구 운동을 들 수 있을 것이다. 빗속을 걸으면서도 앞을 볼 수 있는 와이퍼가 달린 안경, 나이프 없이도 빵에 버터를 바를 수 있게 만든 버터 립스틱 튜브 등은, "지나친 기능성으로 인해 아무 쓸모가 없"을 뿐만 아니라 우스꽝스럽기도 한 것이다. 이 경우는 "기술 자체와의 이데올로기적 과잉-동일시"로 규정된다. 이에 대한 기술적 맞짝으로 출현한 진도구 운동은 실제적으로는 "기술 지배로부터 우리를 해방시키는 수단"이 된다고 지젝은 분석한다. (슬라보예 지젝, 조형준 옮김, 『라캉 카페』, 새물결, 2013, 1071쪽.)

29) 이와 같은 '제스처의 과장'이라는 특성은 사르트르나 로버트 베르나스코니에 의해서도 지적된 바 있다. 사르트르가 『존재와 무』에서 카페 웨이터의 지나친 정중함과 넘치는 관심, 로봇 같은 깍듯한 태도 등을 언급하는 지점, 그리고 이러한 사르트르의 논의를 이어받은 베르나스코니가 웨이터의 과장된 제스처를 "잔뜩 열광해 규칙을 따르는 것"으로 정리하며 "그러한 역할을 연기하고 있다는 사실을 부각시키는 것에 의해 자신을 웨이터 이외의 아무것도 아닌 것으로 환원시키려는 시도를 거부하는 데 성공한다"고 분석하는 지점 등이 그러하다. 지젝은 이러한 인용들을 통

물신적 부인의 형태가 주체가 대타자에 대한 냉소적 거리를 유지함으로써 체제 순응적인 태도를 함축한다면, 이 '지나친' 동일화는 순응이 아니라 정반대의 차원, 상징적 기능의 효력을 거부하거나 허무는 효과를 수행한다.

「닭처럼」은 이러한 지점에서 교수, 시인, 환자로서 살아가는 상징적 삶에 대해 뜻밖에도 전복적인 태도를 내포하고 있다. 얼핏 보기에 단순하거나 우스꽝스럽게 보이는 내용이, 삶과 관련하여 다시 바라보았을 때 다른 종류의 진실을 상기시키고 그것의 태도에 대해 정반대의 방식으로 사유하도록 만드는 이러한 지점은 이승훈 시가 지니는 독특한 미학의 한 면모일 것이다.

3. '시멘트에 박힌 코', 그리고 사소한 사물들

이승훈 시에 나타난 대상들은 '닭' 이외에도 사소하지만 문제적인 것으로 등장하는 경우가 많다. 여기에는 그의 시세계에서의 주요한 변화의 과정이 또한 새겨져 있다. '나'에 대한 관심으로부터 시작하여 '너', 그리고 '대상'을 향한 변화의 내력에 자리하고 있는 변곡점은 1980년대 무렵에 걸쳐져 있다. 특히 『당신의 방』이 드러내는 인생에 대한 인식, "어쨌든 인생은 계속된다"(「그래도 인생은 계속된다」)는 후기 시의 사유들까지 아우르고 있어 보인다. 이 시에서 인생은 "개 같은 인생"이고 피로, 추위, 우울, 절망, 돈의 무게가 계속되고, '너'마저 없지만 인생은 계속되며, "내가 계속된다". '나'를 둘러싼 삶의 조건이나 '너'의 존재가 형태와 농도를 달리

해 '과잉-동일시'와 '진짜 기만'을 구분한다. (슬라보예 지젝, 조형준 옮김, 『헤겔 레스토랑』, 새물결, 2013, 636~639쪽.)

하더라도 인생은 그 자체로서 계속될 수밖에 없다는 인식은 한편으로 절망적이지만 다른 한편으로는 나와 세계의 관계성을 어떻게 바라볼 것인가에 대한 문제의식이기도 한 것이다. 이 점은 『당신의 방』을 출간하던 무렵의 대내외적인 조건과도 연관 깊다. 『당신의 방』의 해설을 쓴 조남현 또한 이러한 점을 지적하는데, 민중시에 대한 열기와 더불어 무크지 운동이 확산된 시기였던 만큼 이승훈의 시에도 모종의 변화가 있었으리라는 것이다. 그것은 통상적인 반응으로서 민중시에 대한 과민 반응의 방향이 아니라 "이제까지 자신이 추구하고 지켜 온 시의 방법에 대해 본질적인 성찰을 꾀하는 유연성"[30]이다. 이승훈 개인사의 입장에서 보자면 "40대에 들면서 오히려 커져 버린 회의와 초조감"이 한 편에 존재하지만, "안으로만 향했던 인식의 눈길을 이제 밖으로 돌리기도 하"[31]도록 하는 변화의 주요한 계기이기도 한 것이다.

이런 변화는 이후 1989년에 발간된 시집 『너라는 환상』에서 보다 선명하게 각인되는 듯하다. 이 시집의 自序에는 "결국 여기 모은 작품들이 다섯 번째 시집 『당신의 방』을 낸 이후의 고달팠던 내 정신세계를 반영한다. 그것은 한마디로 너와 나의 관계에 대한 아픈 인식으로 요약된다."[32]는 문장이 적혀 있기도 한데, 여기에는 『당신의 방』과 『너라는 환상』으로 대표되는 1980년대를 통과하며 겪은 시와 사유의 변화가 '너'와의 관계일 뿐 아니라 '세계'와의 관계라는 점이 또한 새겨져 있다. 이때 '너'는 「무수한 너」에서 드러나듯 단수의 특정한 대상인 것만이 아니라 '나'를 "이루고", "부수고", "다시 이루는", "끊임없이 돌아가는" 대상으로서, 이승훈의 인식론적

30) 조남현, 「방법적 회의의 결실을 기다리며」, 이승훈 시집 『당신의 방』 해설, 문학과지성사, 1986, 150쪽.

31) 위의 글, 같은 쪽.

32) 이승훈, 『너라는 환상』 自序, 세계사, 1989.

확장을 드러내는 바로서 세계, 또는 삶을 지시하는 어휘이기도 하다.

이러한 지점에서 '앎'의 차원 역시 타자의 앎을 둘러싼 의문을 중심으로 작동한다. 『당신의 방』에서 『너라는 환상』으로 이어진 두 시집에서 이러한 변화를 보여주는 두 시 「어쩌면 좋담」과 「시멘트에 박힌 코」의 조응은 흥미롭다.

> 나에겐/ 입이 없다/ 너를 만나도/ 아무 말도 못 한다/ 무슨 죄를 지었는지/ 모른다 나에겐/ 입이 없으니/ 너를 만나도/ 아무 말도 못 한다/ 나의 말은/ 귀로 나가든가/ 눈으로 흘러 나간다/ 나에게도 입이 있었던/ 시절이 있었다/ 행복했던 시절/ 나팔도 있었다/ 파아란 나팔을 밤새도록/ 머리에 두고 잠들던/ 밤도 있었다/ 그러나 마흔 살이 되자/ 나의 입은 문득 사라졌다/ 밖에는 비가 내리고/ 가을밤 비만 내리고/ 갑자기 나는 병신이 되었다/ 이젠 커피도 못 마신다/ 언젠가 턱이 사라질 날도 올 것이다/ 언젠가 귀가 사라질 날도 올 것이다/ 그러니 광화문이나 종로에서/ 너를 만나도/ 너는 나를 모르겠지/ 그때는 코도 없을 테니까/ 그때는 코에 걸린 안경도 없을 테니까/ 가을바람 속을/ 아무리 헤매도/ 너는 나를 모르겠지/ 그러니까/ 어쩌면 좋담?
>
> —「어쩌면 좋담」 전문[33]

「어쩌면 좋담」에서 "갑자기 나는 병신이되었"음을 자각하는 순간은 "마흔 살"이 되었을 때이다. "문득" 입이 사라지고 커피도 못 마시는 마흔 살의 순간이 어떠한 맥락을 지니는 것인지 텍스트 내적 사정만으로는 파악하기 어렵다. 그러나 앞선 조남현의 견해를 떠올려 본다면 당대 문학적 흐름과 형세 속에서 맞닥뜨린 곤혹감을 예상해볼 수는 있을 것이다. 이승

33) 이승훈, 『당신의 방』, 문학과지성사, 1986.

훈 개인사의 측면에서 볼 때 40대 초·중반을 통과하던 이 시기는, 학문적·직업적 기반을 동시에 다져 놓은 시기였고[34] 시와 시론의 면에서 또한 독자적인 영역을 구축해 나갔다는 점에서 안정적인 중년기에 접어드는 시점이기도 했다. 그러니 '마흔'이란 사회적으로나 예술적으로나 다져진 입지 속에서 새롭게 시작할 수 있는 안정적인 조건의 은유적 표현이기도 할 것이다. 그러한 개인사적 조건이 '광주'와 '민중'이라는 키워드로 전개되고 심화되는 1980년대라는 세계와 대면했을 때 맞이하게 되는 어긋남은 "병신"이 되었음을 자처할 만큼 곤혹스러운 것이었을 터다.

"너는 나를 모르겠지/ 그러니까/ 어쩌면 좋담?"이라는 마지막 표현에는 이러한 타자로서의 세계에 대한 곤경이 드러나 있다. 이때 '너'가 '나'에 대해 앎을 지니지 않는 사정은 반대의 경우 또한 마찬가지이다. '나' 역시 '너'로 표상된 세계에 대해서 파악할 수 없기에 문득 입이 사라지고, 턱과 귀가 사라질 날을 예견한다. 이 신체기관들이 모두 세계와의 접촉을 통해 인식하고 파악하는 능력인 한에서 '너'는 결코 가 닿을 수 없는 어떤 것으로서 자리한다. 이러한 상호적인 앎의 결여는 이 시에서 '너'라는 세계가 그 자체로 독립적인 실체로서의 불가해한 타자인 것이 아니라 '나'와의 관계성 속에서 작동하는 것이라는 점을 드러낸다.[35]

이런 지점은 「시멘트에 박힌 코」에서도 공유되는 것이다. 「시멘트에 박힌 코」는 「어쩌면 좋담」이 "모르겠지"로 잠정적인 결론이 내려진 바와는 다르게도, "나도 잘 알지 그러나"라는 표현으로 맺어졌으니 어떠한 변

---

34) 1980년대 초반 무렵에 이승훈은 이후 그가 평생 몸담게 되는 한양대에 부임했고 박사학위를 받았다.

35) 이 점은 조남현의 해설에서 중요하게 다루어진 바 있다. 그에 의하면 『당신의 방』을 관통하는 '너'는 "독립해서 실존하고 있는 것이라기보다는 <나>의 인식을 통해서 나타났다 없어졌다 하는 것"이다. (조남현, 앞의 글, 152쪽.)

화를 읽어볼 수 있을 것이다.

> 시멘트에 코를 박고/ 살아왔다/ 아아 시멘트에/ 코를 박다니?/ 그럼 나도 시멘트가/ 되어 버린 건가?/ 시멘트에 코를 박고/ 「처음부터 이렇진 않았어」/ 하루가 간다 고요한/ 여름 뜨거운 햇살 속에/ 「그밖엔 하나도 가는 게 없어」/ 시멘트에 코를 박으면/ 코는 그대로 거대한/ 시멘트가 된다/ 오래 전부터 코라는 말이/ 나를 사로잡았다/ 「우스운 일이지」/ 다시는 덤으로 살진 않겠다고/ 다시는 은밀한 도피도/ 꿈꾸지 않겠다고 이 여름/ 다시는 꿈이라는 말에도/ 속지 않겠다고 흘러가는/ 거대한 시멘트에 코를 박고/ 「자선을 바라는 건 아니야」/ 나는 이것으로도 만족이다/ 일주일에 한 번/ 「그건 꿈이야」/ 나도 잘 알지 그러나/ 시멘트에 박힌 코/ 정말 어쩌자는 건가?
>
> —「시멘트에 박힌 코」 전문[36)]

시의 제목에도 포함된 '코'는 이승훈 시에서 '닭'만큼이나 자주 문제적으로 등장하곤 한다.[37)] 앞서 인용한 「어쩌면 좋담」에서도 '코'가 등장하는데, 거기서는 안경을 받치는 코이며, 그 안경을 통해 상대방이 '나'를 알아볼 수 있다는 점에서 앎의 계기를 제공하는 대상이라 할 수 있을 것이다. 따라서 「어쩌면 좋담」에서 '코의 없음'은 인식되지 않는다는 사태를 지시하는 것이라 할 수 있다. 「시멘트에 박힌 코」에서 '코'는 이러한 인식이나 앎과는 다른 차원에 있어 보이는데, 그것은 얼굴의 한가운데에 있는 '중심'이라는 위치로 의미화되는 것 같다. "시멘트에 코를 박고 살아왔다"는 첫 구절에서

---

36) 이승훈, 『너라는 환상』, 세계사, 1989.

37) 「조이스의 코」, 「코」, 「가는 봄」(모두 시집 『화두』에 실림) 등의 시편들에서 '코'에 대해 다루고 있다. '코'의 문제는 이상의 시 「역단; 아츰」의 마지막 구절인 "永遠이그코없는밤은오지않을듯이."에 대한 관심으로부터 시작된 것으로 알려져 있는데, "오래 전부터 코라는 말이/ 나를 사로잡았다"는 구절은 이러한 연구로 인한 관심사의 계기를 지시하는 것으로 읽힌다.

알 수 있듯 '코'는 삶의 형태를 제유적으로 드러내는 핵심이기 때문이다. 그 중심을 "시멘트"에 박고 살아 왔다고 했으니, '나'의 아주 중요한 어떤 것이 시멘트와 같이 '응고'되는 사태 속에서 살아왔다고 읽어볼 수 있겠다.

그런데 시멘트는 단단하게 굳어 있는 것만은 아니다."시멘트에 코를 박으면/ 코는 그대로 거대한/ 시멘트가 된다"는 구절이 알리듯, 시멘트에 코를 박으면 코가 깨지는 것이 아니라 그 코마저 시멘트로 만드는 것이고, "흘러가는" 것이다. '하루가 가'듯 흐르고, '살아온' 삶에도 비유되는 것이 '시멘트'라면, 이 대상은 '나'의 중핵을 사로잡고 있는 삶의 거대한 규칙이나 질서가 아닐까 생각해볼 수 있다. "은밀한 도피"를 꿈꾸지만 여전히 '나'의 중심을 붙잡고 있는 '시멘트'는 그런 의미에서 사회적 정체성을 규정하고 따르도록 하며 그 안에서야 '나'로서 존재할 수 있는 일상적 상징적 질서이다. 그렇다면 '시멘트에 코를 박고' 산다는 표현은 주체의 중핵이 상징적 그물망에 걸려 있는 사태라 읽어볼 수 있을 것이다.

이 시에서 관심 있게 읽어볼 부분은 이러한 사태가 '도피'로서 해소될 수 없다는 것을, '꿈이 아닌' 현실의 질서로서 "만족"해야하는 것이라는 점을 '나'는 "잘 알"고 있다는 점이다. 이 '앎'에는 '나'의 삶이 "시멘트"에 사로잡혀 있다는 사실을 안다는 차원과 동시에, "시멘트" 또한 단지 타자로서 나를 얽매이도록 하는 존재인 것만이 아니라 '나'가 개입하여 구성하는("시멘트에 코를 박으면/ 코는 그대로 거대한 시멘트가 된다") 하나의 구성물이라는 점을 또한 인정하는 차원이 함께 새겨져 있다. "나도 잘 알지 그러나/ 시멘트에 박힌 코/ 정말 어쩌자는 건가?"라는 물음에는 앞서 다른 시에서 읽은 바 있는 절대적 앎의 차원이 새겨져 있다. 타자의 존재 또한 나의 인식 작용의 개입과 구성에 의한 결과물임을 알고 있는 한, 시멘트는 '나'가 사로잡힌 질서인 동시에 또한 '나'가 사로잡힌 것으로 상정하는 삶의 질서이기도 하다.

「어쩌면 좋담」에서 마지막에 던져진 "어쩌면 좋담?"하는 물음이 "입이 있었던 시절"과의 대비 속에서 '없음'과 '사라짐'이라는 사태를 배경으로 하는 것이라면, 「시멘트에 박힌 코」에서 마지막에 던져진 질문 "정말 어쩌자는 건가?"는 '나'의 이러한 '앎'의 작용을 배경으로 한다.

'거대한 시멘트'로 표현된 이 세계를 다른 방식으로 표현하여 상징적 질서라 한다면, 이승훈의 시들은 이러한 근대적 삶의 질서와 관련하여 '갈릴레이적' 태도를 취한다고 일컬어볼 수도 있을 것이다. '그래도 그것은 돈다'라는 갈릴레이의 중얼거림처럼, 현실이 인공적인 질서로 이루어지는 허구적인 어떤 것이라 할지라도, 그것이 여전히 현실적으로 효력을 지니고 작동한다는 점에서 진실에 가깝다는 사실을 인정하고 있기 때문이다.[38] "정말 어쩌자는 건가?"라는 질문은 이러한 '앎'이 발생시키는 불가피한 국면을 드러낸다. '나'가 사로잡힌 질서로서 응고된 어떤 것이, 또한 나에 의해 구성되는 인공물이라는 사태가 그것이다. 이에 대해 이 시는 또한 바로 그 앎의 형식에 내재해 있는 사유로 답한다고 할 수 있을 것이다. '거대한 시멘트' 바깥이란 없으며 그것이야말로 '나'의 '살아온' 형태이자 살아갈 형태를 결정짓는 것이다.

이러한 지점은 이승훈의 후기 시들에서 '사소한' 대상들을 에피소드 형

38) '그래도 그것은 돈다'라는 갈릴레이의 중얼거림을 두고 슬라보예 지젝은 '현실의 픽션'을 '픽션의 현실'로 변주한다. 실제로 지구가 태양 주위를 돈다는 주장이 사실이 아니었다 해도, 즉 픽션이었다 해도, 그 픽션이 갈릴레오를 움직이게 하고 우리의 현실에 작동한다면 진실에 더욱 가까운 셈이다. 즉, 어떤 것이 그저 인공물－픽션일 뿐임을 앎에도 불구하고 그것이 현실적 상징적 장에서 실제로 작동한다는 '픽션의 현실'이야말로 진실에 가까운 것이라 할 수 있다. 이 점은 대타자의 비존재를 받아들이는 절대적 앎의 차원에도 불구하고, 여전히 인생이 계속됨("그래도 인생은 계속된다")을 받아들이는 지점에서 상징적 현실을 살아가는 근대적 주체의 윤리적 태도이기도 하다.(슬라보예 지젝, 조형준 옮김, 『헤겔 레스토랑』, 새물결, 2013, 23~55쪽 참조.

식으로 다루는 텍스트에서 각별히 두드러진다. 이 시기 텍스트들이 禪적 사유를 통과했다는 사실은 대상들이 지닌 사소함이 "그저 있는 것, 그저 사는 것, 그저 쓰는 것"[39]의 차원에 놓인 바로서, 무심함 또는 예사로움으로 특징화되는 것임을 알린다. 이러한 시들이 지니는 에피소드의 성격 역시 유사한 방식으로 이해된다. 그러나 창작자의 의식적 작업의 틈으로 텍스트는 언제나 그 나름의 작업을 진행하고 있다는 점을 또한 고려할 수 있다.

'그저' 있기에 '그저' 쓰인 것처럼 보이는 대상들은 다른 한편 '나'의 바깥을 향한 인식을, '나'의 '앎'의 차원이 삶 속에서 다른 방식으로 작동하는 장면들을 보여주는 계기가 된다. 지나치게 사소한 대상들이 '바깥'으로서의 세계이자 삶 그 자체를 대하는 태도를 어떻게 드러내는가를 따라가 보기로 한다.

> 바람 부는 저녁 아파트 앞 지하 상가 양복 수선소엘 들린다 바바리 단추가 떨어질 것 같아서 불안해서 도무지 견딜 수 없어서 들린 것 계단을 내려가면 배추 가게 반찬 가게 식당 이발소 양품점 정육점 슈퍼 중국집 등이 나를 바라본다 양복 수선소는 이발소 옆이다 수선소 아줌마는 바바리 단추를 살피더니 괜찮다고 한다 그러나 나는 아니라고 떨어질 것 같다고 아무래도 불안하다고 우기고 결국 아줌마는 멀쩡한 단추를 다시 실로 묶는다 무슨 병이 또 도지는 것인가? 계단을 올라오며 이런 내가 우습고 나도 모르겠다 망할 놈의 단추가 이렇게 속을 썩이다니?
>
> —「바바리 단추」 전문[40]

---

39) 이재훈과의 대담에서 이승훈은 시집 『인생』이나 『비누』가 禪적 사유를 바탕으로 창작한 결과물임을 밝히며 다음과 같이 언급한다. "바르트는 禪에 대해 말하면서 필름을 넣지 않고 셔터를 누르는 카메라에 비유한 적이 있습니다. 말하자면 내용, 의미, 기의 없이 사물을 보는 행위지요. 삶에 무슨 본질이 있고 목적이 있습니까? 결국 그저 있는 것, 그저 사는 것, 그저 쓰는 것이지요. 이 '그저'가 중요합니다." (이승훈·이재훈 대담, 「비대상에서 禪까지」, 『시와세계』 2004년 겨울호, 100쪽.)

40) 이승훈, 『비누』, 고요아침, 2004.

영월 하면 떠오르는 게 많다 2003년 5월 한양대 국문과 답사 여행 답사 지역은 강원도 영월 참여 교수는 정민, 서경석, 이도흠, 조성문 모두 젊은 교수들이고 나만 갑자기 원로(?) 교수가 되어 떠났다 정민, 이도흠, 조성문 교수는 학부 시절 나에게 배웠으므로 제자 교수이다 문제는 답사 길에 젊은 교수들은 모두 선글라스를 쓰고 나만 선글라스가 없었다는 것 원래 있었지만 아무리 찾아도 찾을 수 없어 그냥 나온 게 잘못이었다 왜냐하면 답사 길에 선글라스를 쓴 젊은 교수들이 참 멋이 있다는 생각이 들었기 때문이다 앞으로 답사 길에는 나도 선글라스를 준비해야 하리라

—「영월생각」 전문[41]

「바바리 단추」에서 문제가 되는 사물은 '단추'이다. "단추가 떨어질 것 같"은 "불안"은 '나'를 양복 수선소에 들르게 하고, 수선소 아줌마의 '괜찮다'는 진단에도 불구하고 재차 단추를 새로 '묶어'주기를 요구하게 한다. 시에도 드러나 있듯 문제의 '단추'는 '나'의 불안감이 투영된 사물이자 그것을 통해 불안의 해소를 기대하는 사물이기도 하다. "무슨 병이 또 도지는 것인가?"라는 자문을 통해 우리는 '나'의 진짜 문제가 불안임을 알고 있음에도 '단추'를 고쳐 묶는 그다지 의미 없는 행위를 계속 해야만 하는 강박증적 상태를 알아차리게 된다. '불안'의 문제는 이승훈 시와 시론의 초기부터 주요하게 작동하는 심리적인 상태였고, 이 점을 그는 또한 하이데거의 근본 기분으로서의 '불안'과 더불어 언급한 바 있다. 그렇다면 이 시는 다소 단순 명료하게 '불안'을 상연하는 강박증자의 행위로 정리해볼 수도 있을 것이다.

다만 이 단순 명료한 독해를 방해하는 대목이 있다면 수선소를 찾아가

41) 이승훈, 『비누』, 고요아침, 2004. (『이승훈 시전집』에서는 이 시의 제목이 「선글라스」로 바뀌어 있다.)

는 과정이다. 그곳은 계단을 내려가면 있는 듯한데, 목적지에 이르기까지 늘어선 "배추 가게 반찬 가게 식당 이발소 양품점 정육점 슈퍼 중국집" 등이 "나를 바라본다"는 것이다. 이 다양한 상점들의 배열은 왜 하필 '나'를 보고 있을까? 어쩌면 문제는 단추가 아니라 수선소까지 이르는 길의 이 '배열'들의 시선이 응축되어 나에게 돌아온다는 사실이 더욱 문제적인 것이 아닐까 하는 의심을 품어볼 수 있을 것 같다. 불안에 시달리는 나를 지켜보는 시선들은 단추보다 더욱 문제적인 것이다. 그것은 상점에 서 있는 사람들의 시선일 수도 있고, 상점들이 이토록 가는 길을 따라 가득 배열되어 있는 형태 자체가 주는 밀접성들, 그리고 관계성들일 수도 있을 것이다. 게다가 '배추 가게 반찬가게……' 등등은 의식주와 관련된 우리의 일상적 삶을 구성하는 성분들의 제공처이기도 하다. 그렇다면 표면적으로 드러나는 '불안'보다 더욱 문제적인 것이 바로 이러한 '밀접한 일상의 배열'이라 할 수 있을 것이다.

그렇게 볼 때 단추를 '실로 묶어'주는 행위는 불안을 해소하는 안정감을 위한 것이면서 동시에 일상적 배열을 또한 강화시키고 '묶는' 행위로 읽을 수 있을 것이다. 그럼에도 여전히 불안함이 해소되지 않는 것은 일상의 배열이, 가장 평범하고 "멀쩡한" 사회적 삶의 요소들에 정박하는 일이 나—주체를 바바리 코트에 달린 단추처럼 하나의 구조 내 요소로 환원시키기 때문이다. 「닭처럼」이 드러낸 지점과 더불어 생각해본다면, 이 시에는 사회 상징적 삶의 순응에 대한 비관적 태도가, 하나의 요소로 축소되는 사태에 대한 거부가 함축되어 있다.

「영월 생각」에서 문제가 되는 사물은 '선글라스'다. '단추'와 마찬가지로 '선글라스'는 실상 아무런 문제도 되지 않는 사소한 대상이다. 발화자에게 문제가 되는 이유는, 이 시에서 호명되는 "젊은 교수"들만 선글라스를 썼기 때문이다. 그들은 선글라스를 써서 '멋'이 있을 뿐 아니라 '젊음'도 가졌다. 그러나 이때 '젊음'이나 '멋'은 모두 상대적인 개념들이다. 교수라는 직함을 함께 지닌 '동료' 관계이기 전에 사제관계라는 사실은 그를 '원로'의 자리에 위치시킬 수밖에 없게 한다. 동료가 된 후에도 여전히 작동하고 있는 이 관계성이 수행하는 역할은 시간적 거리감과 단절감을 더욱 심화시키기도 한다.

'선글라스'는 이러한 관계성 속에서 "나만 갑자기 원로(?)"가 되는 사태에 처하게 만드는 것으로, 기능이 아니라 관계성과 구조적인 측면에서 '멋'과 '젊음'으로 응축된 사물이라 할 수 있다. 그것을 '나'가 "아무리 찾아도 찾을 수 없"는 것은 당연하다.[42] '원로' 교수인 나에게 '젊음'은 (되)찾지 못하는 대상이기 때문이다. 그러므로 그는 "앞으로 답사 길"에도 선글라스를 챙길 수 없을 것이다. 프로이트의 말을 따라 선글라스를 찾지 못한 것은 "잘못"이라기보다 '실수'이자 무의식이라 할 수도 있을 것이다.

아무 것도 아닌 이 사물은 따라서 한편으로는 '원로'가 된 '나'의 유한성을 쓸쓸하지만 유머러스하게 환기시키는 사물이며, 인간의 시간이 지닌 질서를 심산하게 인정하도록 만드는 사물이기도 하다.

이때 유한성은 거대한 자연의 순환에 의한 것이 아니라 사회적 관계성을 통해 드러나고 있다는 점을 짚어볼 필요가 있겠다. 단순한 나이듦에 의한 것이 아니라 '스승과 제자'라는 관계 속에서 '원로'가 되는 위치를 바라본다는 것은 자연의 순환 만큼이나 벗어나기 힘든 '사회적 삶'의 그 무엇을 바라보는 것이기도 하다. 그러니 이제 '선글라스'는 해를 차단하는 것과는 관계가 없는, '나'의 '원로'임을 부각시키는 기능을 하는 사회적 작인

42) 더불어 생각해볼 것은, 이처럼 찾아 헤매지만 끝내 찾을 수 없는 대상이라는 지위는 이승훈 시 세계 전체에서 '나-자아'의 지위와 상동적이라는 사실이다.

에 가깝다고 볼 수 있을 것이다. "앞으로 답사 길에는 나도 선글라스를 준비해야 하리라"는 마지막 구절에는 이러한 사회적 삶의 질서의 불가피성이 내포되지만, 동시에 그러한 질서에 대한 참여와 인정의 제스처가 드러나 있다. 사소한 사물들의 '클로즈업'을 통해 이승훈 시가 수행하는 것이 타자에 대한 불가피함을 떠맡음의 태도로 전환시킨다는 점은 각별히 짚어야 할 부분일 것이다.

'시멘트에 박힌 코'로부터 '단추', '선글라스' 등의 사물들이 공유하고 있는 지점이란, 이처럼 사회적 관계와 질서를 '응고'[43]시키는 것으로 기능한다는 점이다. '묶어'주어야 하는 단추처럼, '응고'된 질서들은 자주 문제가 되며, 그 안에서 이승훈 시의 발화자들은 대상이 연루된 삶의 질서에 대해 각별한 '앎'의 차원을 드러낸다. 사회적 질서라는 타자, 또는 곤경의 국면으로서의 타자가, 불가해한 어떤 것이 아니라 '나'와 상호주체적인 관계성 속에 있다는 점을 '나'는 잘 알고 있다. 이 지점에서 '알지만 그럼에도 불구하고'라는 물신적 부인의 형태는 다시 한 번 변주된다. 「닭처럼」에서 그것이 '지나친' 동일화를 통해 정반대의 효과를 이끄는 것이었다면, 여기서 일어나는 것은 유물론적 전도라 할 수 있을 것이다. 이때 유물론이란 상징적 현실의 허구성에도 불구하고 그것이 지닌 실제적인 효과로서의 현실성-물질성을 강조하는 표현으로, 이승훈의 텍스트는 지나치게 사소해서 아무것도 아닌, 진실의 영역과는 먼 지점에 있어 보이는 현실이나 대상들이, 우리의 삶 속에서 '실제로' 작동하는 유일한 현상적 진실이라는 점을 드러냄으로써 유물론적 전환을 수행한다.

이러한 '절대적 앎'의 작용 속에서 시멘트, 단추, 선글라스란 "그래도 인

43) 이러한 지점은 기표의 장(타자의 장)에 주체가 출현하면서 동시에 기표로 굳어버리는 '응결'을 함축한다. (자크 라캉, 맹정현·이수련 옮김, 『세미나11』, 새물결, 2008, 301~302쪽.)

생은 계속된다"의 차원, '알지만 행하는' 차원을 함축한다. 단추가 불안을 해소해주지 않는다는 것, 일상적 삶에 '묶여' 있어야 한다는 것, '거대한' 삶의 질서-시멘트의 질서에 따르며 살아가야 한다는 것을 시의 발화자들은 알고 있다. 그럼에도 불구하고 일상이라는 외관을 유지하는 일은 중요하다. 그렇지 않고는 인생이 유지되지 않기 때문이다. 아니 그보다는, 그것이야말로 근대세계를 살아가는 인간의 능력임을 알기 때문일 것이다. 나는 '닭'이 아무것도 모른다는 것을 알지만, 그럼에도 불구하고 '알을 낳고' '하늘을 보며' 살아가는 것이다.

4. 떠나고 싶었'던' 오토바이

시집 『비누』의 발문을 쓴 정민 교수는 「오토바이」의 한 부분, "30년 전부터 어디론가 떠나고 싶었지만!"이라는 구절을 두고 "눈물나는 표현"이라 적었다. 이어진 문장은 이렇다. "그는 결국 어디로도 떠나지 못한 채, 늘 똑같은 일상을 변함없이 되풀이한다."[44]

시의 곳곳에서 "어딘가로 떠나고 싶"어 하지만, 이승훈은 그 누구보다도 일상을 규칙적이고 일관되게 유지하며 살았던 사람으로 평가된다. 일상뿐 아니라 취향마저 법칙처럼 따랐던 사정은 그의 시나 산문, 주변인들의 언술 등을 통해 다양한 일화로 알려져 있다. 그는 '단추' 때문에 자주 신경을 썼으며 옷을 자주 고쳐 입었고, 맥주나 담배와 같은 기호 식품도 정해진 상표만 사용했다. 일상적 삶과 모습에 강박적으로 규칙을 세우고 따랐던 그의 모습

44) 정민, 「어디론가 떠나고 싶었던 오토바이」, 이승훈 시집 『비누』 발문, 고요아침, 2004, 96쪽.

이 시 안에서 언제나 떠나고 싶은 자의 형상으로 드러나는 순간은 "눈물나는" 순간이 아닐 수 없다. "시멘트에 코를 박고" 살아온 자의 모습 앞에서, '알지만 그럼에도 불구하고' 살아온 모습을 근거리에서 지켜본 자로서, 어디론가 떠나고 싶었다는 저 표현에서 해방의 추구가 아니라 정반대로 삶을 유지하기 위한 필사적인 몸부림을 읽어낸 표현일 것이다. 그의 시가 각별히 구체적인 정황과 고유명사 및 실명까지 그대로 드러내고 있는 점이 "삶을 세워 보려는 노력"45)이라는 진단은 그런 점에서 더욱 의미 있게 다가온다.

물론 이런 노력은 시인 이승훈만의 고투는 아닐 것이다. 어떤 면에서 보자면 그 보편성의 한 부분을 가장 특수한 언어 사용 방식을 통해 비틀거나 응시했고, 무엇보다도 유머를 건져내었다는 점에서 한국 현대시에서 특수하고도 귀한 경우에 해당될 것이다. 이 유머와 비틀기가 일상의 언어 내에서 그 단면을 보여줌으로써 시도되었다는 사실은 쉽게 이론화시키기 어려운 지점을 또한 내포하기도 한다.

이 글은 사소하고 평이한 대상들을 다루는 이승훈의 시를 주체의 '앎'의 작용에 비추어 사유함으로써 텍스트가 드러내는 전복적이고 윤리적인 태도를 포착하고자 했다. 거대한 것이 아닌 사소한 것들로부터 발견되는 이 지점들은 이승훈의 시를 어떻게 읽을 것인가에 대한 고민 과정의 산물이다. 가벼운 내용과 사물들이 이끌어가는 텍스트가 지시하는 것이 표면과는 다소 다른 방식으로 진실을 지시하고 있는 특성은 앞으로 이승훈 시에서 밝혀질 더욱 다양한 가능성을 가늠해보게 한다. 단출해 보이는 그의 시가 지닌 가능성들이 해석의 풍요로움으로 이어져갈 수 있는 방법을 모색하는 일은 어렵고 길게 남은 과제일 것이다.

45) 이수명, 「누가 비누를 보았는가」, 『이승훈의 문학 탐색』, 푸른사상사, 2007, 267쪽.

이승훈 '비대상' 시론 연구*

신동옥

1. '비대상'이라는 문제틀

이승훈(李昇薰, 1942～2018)의 시론 「비대상」은 1981년 문학사상사에서 간행된 세 번째 시집 『당신의 초상』에 처음 실린 뒤[1], 1983년 간행된 시론집 『비대상』에 약간의 수정을 거쳐 재수록된다. 『비대상』은 이승훈이 1974년부터 1982년까지 <현대시학>, <문학사상> 등에 기고한 비평과 춘천교육대학교와 한양대학교 등에서 발간된 학술지에 기고한 글들 가운데 16편을 묶어서 간행한 시론집이다. 이 가운데 말미에 수록된 「언어를 찾아서(1975)」, 「발견으로서의 수법(1975)」은 1975년 조광출판사를

---

* 신동옥, 「이승훈 '비대상' 시론」,『한국시학연구』 65호, 한국시학회, 2021, 2.

1) 1962년<현대문학> 4월호를 통해 시단에 등장한 이승훈의 본명은 '李昇勳'이다. 등단 이후 시, 평론, 논문 발표는 모두 본명으로 이루어졌다. '공 勳'을 '향 풀 薰'으로 바꾸고, 저자 약력에 '본명 李昇勳'이라고 병기하며 한자를 바꾼 필명을 제시한 첫 저작이 바로 1981년 간행된 『당신의 초상』이다. '완결된' 「비대상」은 이 시집 말미에 실린 시론이다.

통해 간행된 시론집 『반인간』에서 그대로 재수록한 글이고, 「절망의 시학(1974)」은 『반인간』에 「절망의 논리와 윤리」라는 제하에 수록된 평론을 개고한 글이다.

통칭 '비대상 시론'은 1981년에 제출된 글을 이르며, '비대상' 개념`을 이승훈의 초기시 분석에 적용할 때는 해당 시론을 토대로 하는 것이 상례로 여겨진다. 요컨대, 「비대상」(1981)이라는 완결된 형태의 시론은 이승훈 시학의 '문제 제기' 지점으로 받아들여지는 셈이다.[2] 「비대상」(1981)만을 놓고 보면 이승훈 본인의 술회대로 '논란거리'가 될 정도로 '애매'한 시론이 아니다. 언뜻 살피면 1981년, 본명을 필명으로 바꾸면서 '완결'된 형태로 발표한 '비대상' 시론은 이승훈 시학의 '아르키메데스적 기점'이거나, 인식론적 전회의 틀거리로 읽힐 수도 있을 것이다. '비대상' 개념에 천착하게 된 동기도 그렇거니와, '비대상' 개념을 처음 사용하기 시작한 1974년 이후 1990년대 초반까지 '비대상 시론'은 지속적으로 변주되고 확장되는 양상을 보인다. 구체적으로, 1995년 『밝은 방』(고려원)을 펴내며 돌입한 '해체 시론'의 시기까지 지속적인 영향력을 발휘한다.

이승훈은 1990년대 말 이후 '선(禪)'의 논리를 아방가르드의 미학과 교접하여 본인만의 시학을 전개해나간다. 이러한 작업은 작고 직전까지 심화된다. 이 시기의 대표적인 시론은 『선과 아방가르드』(푸른사상, 2014)

2) 이승훈의 시작 이력 전체에서 시론 「비대상」은 대표성을 띠며 시론의 전개과정 전체에 드러나는 '대상세계에 대한 초월의 시도'를 담고 있다고 정리한 논자는 박성필이다. 박성필은 기왕에 지적된 대로 김춘수와의 영향사적 관계를 꼼꼼히 살피는 한편, 비대상 시론에 이미 '無'나 '空'으로 요약되는 선적 지향이 드러난다고 주장했다. 박성필은 들뢰즈의 '잠재성' 개념에 주목하여 논의를 전개하는 한편, 선적인 해탈의 추구는 항용 실패로 귀결되고 그 결과 이승훈의 시편은 분열증의 언어를 보여준다고 정리했다. 박성필의 주장에서 설득력이 큰 대목은 '비대상' 시론이 가지는 대표성과 연속성이다. 박성필, 「이승훈 시론의 의미 지향성 연구」, 『국어국문학』 제150호, 국어국문학회, 2008.12, 79~99쪽 참조.

이다. 이 시기에 이르러 '자아-언어-대상'이라는 삼각형의 밑변으로 '행위'가 추가되기에 이른다. 1980년대의 '비대상 시론' 시기까지 '자아의 창조적 소멸'을 가능케 하는 논리는 놀이의 공간 자체를 창조하기 위해 대상에 대해 말하기를 포기하기라는 견지에서 '관념의 제거론'이었다. 이처럼 대상에 대한 관점의 변화는 이승훈 시론의 시기 구분을 위한 필요충분조건인 셈이다. 다른 예로, 이른바 '영도론'을 집약한 『영도의 시쓰기』(푸른사상, 2012)에서는 '자아-언어-대상'의 삼각 구도가 '자아-언어-( )'로 그려진다. 이 시기에는 대상의 소멸이 자아의 소멸이라는 '영도(degree zero)'를 규정하는 전제 조건이 되기 때문에 비대상 논리에 대한 입점의 변화를 전제한 것이다.

아랫부분은 이러한 동기들을 고루 배태한 '비대상' 시론의 중핵 부분으로 읽힌다.

> 한 편의 시에서 리듬만을 읽는다는 것은 시인의 적나라한 실존만을 읽는다는 것이지만, 씨의 경우 그것은 지나친 현기의 와중을 견뎌야 함을 의미했다. 씨가 연작시 「처용단장」 제2부의 완성을 결국 중도에서 포기하고 만 사실은 무엇을 의미하는가. 비대상의 세계, 대상이 소멸한 세계를 노래한다는 것이 얼마나 어려운가를 여기서 나는 다시 깨달을 수 있었다. 그것은 1960년대의 추상표현주의 회화의 기수 잭슨 폴록이 왜 마침내 자살하고 말았는가 라는 질문과 무관치 않다. 폴록의 경우 회화는 작열이요, 외부세계의 전적인 분해인 동시에 색채의 도취, 이지러짐과 무형(無形)의 형태의 도취였다. 그것은 바로크적인 생의 태도가 환기한다. 그는 그 세계를 견딜 수 없었던 것이다.
>
> 김춘수의 시편에서 읽었던 비대상의 세계는 그러나 하나의 전율로까지는 다가오지 않았다. 씨에게서 나는 비대상의 세계가 나타날 수 있는 방법론적인 암시를 읽고 있었다. 1970년대 초였다. 나는 산

> 문에서 비대상이라는 말을 사용하기 시작했다. 『사물A』(1969)를 낼 때까지 나는 비대상이라는 말이 아니라 내면성이라는 말을 쓰고 있었다. 그러나 1970년대 초, 특히 연작시 「모발의 전개」, 「지옥의 올훼」 등을 쓰면서 나는 비대상이라는 말을 사용했던 것 같다. 그것은 실존의 투사였고, 외부세계의 무화(無化)였고, 언어 자체의 도취였으며, 폴록의 경우처럼 이지러짐의 세계, 무형의 형태를 지향했다.[3)]

이승훈은 1973년에 발표된 김춘수의 시론에 대한 분석을 1974년 논문으로 발표한다.[4)] 김춘수의 '무의미시'에 대한 주해는 '비대상' 개념이 완결되어 가는 과정과 맞물린다. 훗날 『처용단장』을 출간한 김춘수는 이승훈의 평을 재인용하면서 '서술적 이미지'의 세계에 대해 설명하기도 했다.[5)] '비대상' 개념이 이승훈 시학의 '연속성'을 보증하는 거멀못이라면, 1970년대 초반에서 작고 직전까지 '비대상의 개념사'를 정리하는 작업이 선결되어야 할 것이다.[6)] 본고에서는 비대상 시론의 발생사를 추적하며, 각 단

---

3) 이승훈, 「비대상」, 『비대상』, 민족문화사, 1983, 34~35쪽.

4) 해당 논평은 2절에서 분석한다.

5) "[「처용단장」 제2부의 5를 인용한 뒤 – 인용자 덧붙임] 일체의 관념(사상, 철학)이 배제되고 설명이 배제되어 있다. 통일된 어떤 이큰(像)을 이미지라고 한다면 여기에는 이미지도 없다. 일종의 주문이다. 주문은 리듬이다. 잭슨 폴록 투로 말을 하자면 그것은 궤적이다. 즉, 운동이다. 이승훈은 「적나라한 실존의 현기증」이라는 말을 하고 있다." 김춘수, 「장편 연작시 <처용단장> 시말서」, 『처용단장』, 미학사, 1991, 138쪽.

6) 이승훈의 시론을 꼼꼼하게 추적한 논문으로는 심은섭, 「이승훈의 시론 연구」, 관동대학교 박사논문, 2012가 있다.현대시 동인기에서 초기시까지를 다룬 최근의 논문으로는 이민영, 「이승훈 『사물 A』 산문시에 나타난 부조리성 연구」, 동국대학교 석사논문, 2020이 있다. 이성혁, 「실재계의 시학―이승훈의 시와 시론」, 『국제어문』 제68권, 국제어문학회, 2016, 117~140쪽에서는 '유미주의 아방가르드'의 측면에 주목하고 있다. 최근의 논문으로는 인지시학적 접근(김청우, 「무의미 시론과 비대상 시론의 의미 구성 기제에 관한 인지시학적 연구」, 『한국시학연구』 61권, 한국시학회, 2020, 127~152쪽.), 기법과 담론 특징의 미학적 상관성을 바탕으로 한 접근(이기주, 「현대시론과 시에 수용된 몽타주 이론 및 실험 양상」, 숭실대학교 박사학

계별로 시인이 제출한 시론을 논리 단위로 분석하는 '개념 분석'의 방법론을 원용할 것이다.

논의의 목적은 두 가지다.

첫째, 이승훈 시론과 시학의 전체 구도의 변화를 인식적 지도를 그려가자면 '비대상' 개념은 논의 전체의 주춧돌과 같은 구실을 한다. '비대상의 개념사'를 정리하지 않으면 이승훈의 시적 여정의 특정 시기의 시론으로 여겨질 수 있다. 이승훈의 시론과 시 작품의 연관 관계를 천착하기에 앞서서 본인 스스로 '시 해석의 연역적인 틀'로 제공한 시론을 비판적으로 재점검하는 과정이 선행되어야 할 것이다. 알려진 대로 주체, 언어, 대상은 시학과 시론의 개념적 틀을 구성하는 핵심적인 인자이다. 이승훈은 시인인 동시에 『시론』을 집성한 학자이기도 하기에 시적 논리의 '연역적이고 선언적인 틀'을 마련하는데 작고 직전까지 심혈을 기울인 것이다. 시학적인 관점의 변화는 언어, 대상, 주체에 대한 인식의 변화를 동반하며 그때마다 '대상' 즉 세계에 대한 관점은 변화하게 마련이다.

둘째는 이른바 자아 찾기에서 자아의 부정을 거쳐 선적인 세계에로의 확장으로 경로를 밟아간 것으로 정리되는 이승훈의 시 세계와 시론의 상관관계에 대한 근본 물음을 제기하려는 것이다. 이승훈은 일찌감치 본인의 시론을 제출했고, 시관이나 시 세계가 바뀔 때마다 시론을 확장해간 시인이다. 시인이 스스로 제공한 시론은 개별 시 작품을 해석하는 데 도움이 되기도 하지만 한편으로는 독이 되기도 한다. 이런 의미에서 이승훈의 시

위 논문, 2018) 등 접근 루트가 다양해지고 있다. 이승훈 시론, 시학, 시 연구에서 시인 스스로 시론과 맞쪽을 만들어가며 시기 구획한 인식적 지도는 연구의 전체틀을 규정하는 프레임으로 작용한다. '비대상' 시론과 초기시의 상관성에 한정하는 시각 역시 그러한 결과일 것이다. 본고에서는 개념의 동시성, 확장성에 주목하면서 '비대상의 개념사'를 재구하는 데 목표를 둔다.

론은 이승훈 시 세계를 시기 구획하는 가늠자로 받아들여지는 형편이다. 이승훈이 제기한 본인 시 세계의 시기 구획과 시론은 이승훈 시 연구의 '파르마콘'인 셈이다. 일례로 이승훈의 시 세계의 변화에서 드러나는 '형태론적 접근'을 시도하자면, 시 형식의 변화가 보여주는 완고한 명징성을 해명하는 데는 다채로운 해석이 가능하며, 이러한 접근법에 이승훈 본인의 시론은, 특히 비대상 시론은, 방해물이 될 수도 있다. 의미론적 해석이나 담론분석적인 접근에서도 비슷한 '장애 요소'로 시인의 시론이 개입할 여지는 충분하다. 예를 들어, 1980년대 이전의 시에 등장하는 추상어와 관념어의 은유적인 어법에 대한 분석에서 '비대상 시론'의 변화와 언어관은 자칫하면 해석적 접근을 위한 모범 답안으로 받아들여질 공산이 있다.

본고는 이상의 목적과 방법론에 유념하며 비대상의 개념사를 추적했으며, 차후에는 본고의 논의를 토대로 그간 시론과 대응 관계로 가정되었던 이승훈 시 세계의 변화를 추적할 계기를 마련할 수 있기를 고대한다.

2. 「비대상」(1981) 이전의 '비대상' 개념

이승훈은 김춘수의 시론을 분석한 「말의 새로운 모습(1974)」에서 '비대상'이라는 개념을 선보인다. 이 논문의 부제는 '비대상시를 중심으로'다. 그간 논문과 평론에서 불명료하게 사용되던 '비대상'이라는 어사는 이 글에서 비로소 명료한 모습을 띠고 등장한다. 이 글에서 이승훈은 '무의미시'를 '탈이미지의 시'와 동일한 의미에서 접근한다. 이때의 무의미 시는 김춘수의 에피세트다. 이승훈에 따르면 지용과 이상의 언어감각, 김수영, 김춘수, 김종삼의 시에서 드러나는 언어의식에는 공통점이 존재한다. 그것은 바로 의미의 배제다. 이승훈은 의미의 배제를 무의미로 간주한다. 김춘수가 제기한 '무의미의 논리'를 모더니즘 시사 전체로 확장해서 적용한다. 이 논문은 김춘수의 시론 분석에 본문 대부분을 할애한다. 글에서 중심 텍스트는 김춘수의 「의미에서 무의미까지」(<문학사상>, 1973.9)이다.

논의를 요약하면 다음과 같다.

(1) 김춘수의 시 세계의 근저에는 '보이지 않는 것에의 열망'이 자리한다.

(2) 김춘수가 도달한 '관념의 배제'는 모방론보다는 표현론적인 차원에서 해명될 수 있다. 여기서 표현론은 낭만주의적 자발성 개념과는 거리가 멀다.

(3) 김춘수의 서술적/비유적 이미지 구분에서 볼 수 있듯, 비대상시의 수사적 특성은 이미지를 위한 이미지의 사용에 있다.

(4) 김춘수는 '서술적'이라는 어사로, 대상의 재구성 과정에서 논리와 자유연상이 개입하며 새로운 무의식의 시의 탄생을 설명했다. 무의미시, 서술적 이미지시, 비대상시는 무의식과 의식의 긴장을 배태한다.

(5) 연작 <처용단장> 제1부는 관념의 전달이 아니라 의식 깊은 속에 묻힌 기억의 재현이며, (프라이의 분류에 따르면) 반우회적인 이미저리 가운데 '중심 표상이미저리(central emblematic image)'[7]에 해당한다.

---

7) 여기서 이승훈이 '중심 표상이미저리'로 번역한 부분을 임철규는 '중심적인 우의상징의 이미지'로 번역한다. 프라이의 문맥에서 이 표현은 알레고리 가운데서도 명시적인 '엠블럼'에 의미를 집중시키는 이미지를 말한다.(프라이는 그 예로 멜빌의 『백경』을 든다.) 프라이는 현대시가 명시적인 진술로 후퇴하는 축자적인 예술관을 선보이며, 그 핵심적인 사례는 아이러니나 반알레고리적 이미지에서 드러난다고 전제한 맥락에서 그러한 예를 역사적으로 분류한다. '1. 바로크 시기의 기상(conceit) 2. 엘리어트의 객관적 상관물론. 3. 중심적인 우의상징의 이미지. 4. 의미 단위의 서술이 와해되고, 기법이 간접화되고, 연상이 극단화되면서 나타나는 개인적 연상 또는 새로운 기법으로 접근하려는 여러 가지 시도.' 요컨대 현대의 문학은 중세의 '상징, 알레고리'가 관계했던 진실에 견주자면 가설적 창조물의 세계로 간주된다는 것이다. 보다 자세한 내용은; Frye, Northrop, 『비평의 해부』, 임철규 옮김, 한길사, 2000, 196~199쪽 참조.

(6) <처용단장> 1부는 비대상시 양식의 모델이 아니다. 비대상은 시라기보다 삶의 한 양식이며, 시인의 실존적 투사[8]로 나타나기 때문이다.

(7) 비대상의 문제에 앞서 기법과 주제적 반어의 문제에 대한 자각이 선결되어야 한다. "이러한 자각의 심부에서 우리가 읽는 것이 삶의 전면적 투사요, 그 투사의 장에 어리는 삶의 현기증이다.[9] 환언하면 새로운 삶의 양식으로 시가 태어나야 한다는 논리적 자각이다. 우리는 그것은 비대상의 전율이라고 부를 수 있다."[10]

(8) 비대상의 문제는 삶과 표면적으로 역설의 형태로 드러난다. 그렇다면 우리는 왜 대상을 배제하는가?

(9) 비대상의 공간은 환영의 공간이다. 미셸 라공에 따르면 형태와 반형태의 변증법으로 형성되는 공간. '존재하지 않는 오브제의 감성이 번지는 眩感' 속에서 울려 나온다.[11]

(10) 예술 공간으로서의 비대상－보이지 않는 오브제의 현혹 / 삶의 양

---

8) 이승훈의 이 논문의 출처는; 『한양어문』 1권, 한양어문학회, 1974, 49~64쪽이다. 이 글은 노스롭 프라이의 『비평의 해부』에서 중심 개념을 취했다. 이 논문 말미에서 이승훈은 프라이 식으로 문학사와 시학, 비평론을 아우르는 요청을 제언하며 끝맺는다. '실존의 투사'라는 개념은 프라이의 '실재투사'(extential project)에 대응하는 것으로 여겨지기도 한다. "주제문학의 여러 양식에서도 이와 마찬가지로, 시인이 사상을 모방한다는 것은 그의 사상에 문학적 형식을 부과한다는 뜻 외에 아무것도 아니다. 이것을 이해할 수 없을 때 오류가 생기며, 우리는 이 오류에 '실재투사'라는 이름을 줄 수 있다." Frye, Northrop, 위의 책, 153쪽.

9) '현기증'은 미셸 라공의 '존재하지 않는 오브제의 감성이 번지는 '眩感''으로 글 말미에서 변주된다. 이후 현감은 '실존의 眩氣'로 확장된다. 이러한 변화는 1960년대 시론에서 '내면' '분위기'로 표현되던 시론 용어를 '정조(mood)'로 확장하는 과정과 상통한다. 요컨대, 거리(distance)에 대한 강조에서 태도(attitude)에 대한 강조로 초점 이동한 것이다.

10) 이승훈, 「말의 새로운 모습－비대상시를 중심으로」, 『비대상』, 민족문화사, 1983, 123쪽.

11) 여기서 라공의 출처는; Ragon, Michel, 『새로운 예술의 탄생』, 이환 역, 정음문고, 1974, 13쪽.

식으로서의 비대상—공포와 전율의 현장. 두 공간은 역설적으로 동화된다. 오브제의 착란을 통해 방법으로서의 죽음, 자기원형의 객관화에 도달한다. 그것은 바로 비대상의 전율이다. 전율 속에 참된 말, 새로운 언어가 존재한다.

이승훈은 '상상력'을 내면세계와 대상세계 사이의 관계에서 찾는다. "상상력이란 아주 소박하게 말해서 대상의 부재 속에서 대상을 인식하는 정신능력이다. 그것은 실제의 감각적 체험이 없음에도 불구하고 우리가 이미지나 개념들을 형성할 수 있는 인간만의 내적 능력이다."[12] 그렇다면, '환영의 세계'란 "무의식이 투사되는 공간으로서의 환상의 세계"[13]로 정의될 수 있을 것이다. 언어의 역능은 바로 그 내면 공간의 정신능력과 같은 값을 가진다. 논리의 전체 구도에서 강조되는 점은 '참된 말' '새로운 언어'의 가능성에 대한 강조이다. 이것은 1960년대 시론의 핵심 개념이었던 '내면성', '어두운 충동'과 대타적인 개념 지형을 형성한다.

이 무렵 이승훈은 <현대시학> 지면에 전광진의 번역으로 소개되었던 후고 프리드리히, 하이데거, 메를로퐁티 등의 존재론적 시학을 적용한 논문을 발표하기도 한다.[14] 이승훈이 대상 개념을 설명하면서 동원하는 훗설의 의도 개념이나, 브렌타노의 지향 개념은 공히 현상학적인 세계 이해와 관계된다. 여기서 대상은 '대상 세계'에 대한 논의와 연결되고, '벌거벗은 대상'으로서의 비대상은 정신의 외화(外化)와 상통한다.

"차라리 그것은 오늘날, 우리들에게 일체의 객관적 세계나 보편

---

12) 이승훈, 「반시(1980)」, 『비대상』, 민족문화사, 1983, 58쪽.
13) 이승훈, 「태양 아래(1979)」, 『비대상』, 민족문화사, 1983, 18쪽.
14) 이승훈, 「시의 존재론적 해석 시고—김춘수의 초기시를 중심으로」, 『춘천교대 논문집』 11호, 1974, 1~12쪽.

적 이념을 거부하면서 詩作하는 일군의 시인들이 표방하는 저 非對象의 문제에 폭넓은 해석의 방향을 암시한다는 데 더 의의가 있을 것 같다. 말하자면 한 편의 예술작품을 예술가의 내면의 형상화, 따라서 궁극적으로는 예술충동 아래 이행되는 창조과정의 결과로만 예술작품을 생각하는 한 그룹의 작업평가에 그것이 유용하다는 것이다. 그러므로 이러한 견해에 입각할 때, 에이브람즈도 지적하듯이, 시의 제 일차적 근원이나 대상은 시인 자신의 마음의 행동과 그 속성이다. 그리고 일체의 객관세계 역시 그것이 시 속에 형상될 때는 오직 시인의 내면의 정서나 조작으로 드러난다. 즉 외부세계는 어디까지나 시인의 내면 풍경으로서만 그 의미가 놓인다고 할 수 있다. 따라서 한국시의 한 양상으로 우리가 非對象의 시를 논의할 때, 그것은 무엇보다 먼저 어떻게 시인이 외부세계에 고착되어 있는 의미를 제거하는가 라는 점에 유의하게 된다."[15]

김춘수의 '무의미시'가 관념(역사)과의 싸움이라면, 이승훈의 '비대상시'는 '나(자아)'와의 싸움이라는 데서 결정적인 차이가 노정된다. 김춘수의 '무의미시론'에서 이승훈이 읽은 것은 그런 면에서 같은 목표를 향한 방법적 회의의 과정과 결과가 다르다는 것이다. 김춘수가 대상에서 비대상의 문제로 나아간 데 반해, 자신은 무의미시를 토대로 해석적으로 유추한 비대상에서 출발하여 '자유연상과 실존적 리듬의 현기' 속에서도 '대상은 존속하는가'라는 물음으로 나아갔다는 것이다.[16]이승훈은 이러한 물

---

15) 이승훈, 「말의 새로운 모습—비대상시를 중심으로(1974)」, 『비대상』, 민족문화사, 1983, 114~5쪽.

16) 이승훈이 말하는 '실존적 리듬의 현기'는 유일성과 절대성을 특질로 하는 춤의 논리에 대한 바디우의 부연을 연상케 하는 면이 있다. "우리를 사로잡는 감정, 비인격적이고 절대적인 번득이는 시선이 조금이라도 가능하게 되면 우리를 사로잡는 감정을 무엇이라고 명명해야 하나? 나는 이것을 정확한 현기증이라고 명명할 것이다. (중략) 그리고 현기증을 일으키는 것은 몸의 한정된 실행 능력이 아니라 예술의, 모든 예술의 무한한 능력, 그 예술에 기회를 부여한 사건 속에 뿌리박은 무한한

음을 인식론적인 회의라고 명명한다. 물론 여기서 인식론적인 회의는 바슐라르의 과학철학적 개념이라기보다, 하이데거의 존재물음 내지는 존재론적인 회의를 레퍼런스로 거느리는 듯 보인다. 이승훈이 김춘수의 시론 「대상·무의미·자유」(<시문학>, 1973.4)에서 취한 고갱이는 '대상과의 거리 상실의 결과 이미지가 대상으로 치환되며 무의미시가 탄생할 때, 무의미는 자유와 불안의 논리를 띠며, 남는 것은 시의 방법론적 긴장이다.'라는 주장이다. 이승훈은 '무의미시=비대상시'로 치환하며 받아들인다. 이승훈은 자신이 현대시 동인에 참여하며 몇 차례 명명했던 '내면세계'(unreality)의 문제와 꿈의 논리에 대한 '방법론적인 힌트'를 김춘수에게서 발견한 것이다.

1974년에 쓴 '비대상' 개념은 '새로움', '자유'를 향한 무한한 가능성과 상통하는 측면이 있다. 이른바 시적 현대성에 대한 자각은 내용 자체가 형식이 되고, 형식 자체가 내용이 되는 새로운 말에 대한 궁구와 상통하기 때문이다. 1973년 이승훈은 <현대시학> 지면을 통해서 전봉건 시인과 연속대담을 가진다. 대담의 와중에 이승훈은 앙리 미쇼 류의 프랑스 초현실주의에서 읽어낸 '밝은 세계로 이월하려는 의지의 발산'을 강조하기도 한다.

> "최근에는 1925년 초현실주의 이후의 현대시인들의 세계에, 그것도 주로 프랑스 계통인데, 특히 앙리 미쇼의 인간의 형이상학적

능력이다. / 그러나 이 현기증은 정확하다." Badiu, Alain, 「사유의 은유로서의 춤」, 『비미학』, 장태순 옮김, 이학사, 2010, 133쪽.

1960년대와 70년대 초반 이승훈은 본인의 시세계에 영향을 준 사조로 상징주의와 초현실주의를 지속적으로 언급한 바 있다. 이러한 술회는 『너의 행복한 얼굴 위에』(청하, 1986), 『당신도 15분간 유명하다』(모아드림, 1999) 등 산문집에 반복적으로 등장한다. 몸을 매개로 하는 정확한 현기증은 '비인격적이고 번득이는 시선'에서 초래된다. 바디우는 이것이 예술의 무한한 능력으로 확장된다고 부연했다.

조건을 거의 환상적으로 토해놓은 스타일이 마음에 들고, 이건 자아의 암흑상을 描破함으로써 좀 더 밝은 세계로 뛰어넘으려는 의지의 발산이죠. (중략) 실제로 저의 경우 현실의 場으로서의 '악몽'의 문제와 꿈의 場으로서의 '신비'의 문제가 최근의 근본 테마죠. 신비와 악몽 사이에서 겪는 갈등의 표출이라고나 할까요. 그래서 그런지 저는 무엇을 표현하려고 시를 쓰는 것이 아니라, 벤(G. Benn)식의 용어를 빌리면 "논리로 규명할 수 없는 창작적 맹아가 언어를 찾게 되고 그 언어가 역사적 의미내용에서 이탈하여 시인의 요구에 따라 성립"되는…… 그냥 존재하는 시를 쓰는 거죠. 벤이 말하는 絶對詩라고나 할까요. / 언제나 중요한 건 언어의 절대적 위력입니다. 그래서 절대시란 언어의 절대성, 언어의 곡예를 중시하는 거 아닙니까? (중략) 여기 시의 현대성이 놓인다고 봅니다. 그러니까 현대시는 언어로 쓰는 게 아니라 언어가 쓰는 시, 언어에 의해 써지는 시, 그러니까 시인은 다만 그러한 절대 언어의 공간 속에서 벌거숭이인 자기를 응시하는 자가 아닐까요? (중략) 시는 어떤 내용을 담는 그릇이 아니라 새로 빚어지는 그릇 자체가 내용이죠. 바꿔 말하면 형식이 곧 내용인 거죠. 거의가 형이상학적 내용인 겁니다."[17]

김춘수의 무의미시론이 '관념과 역사'라는 억압을 봉쇄함으로써 얻게 되는 자유와 불안의 양가성을 인간의 숙명으로 받아들인다면, 이 시기의 이승훈은 '자유와 불안'을 가능성으로 바꾸어서 해석한다. 물음 끝에 이승훈은 계속해서 '자유의 불안의 논리'는 어떻게 구체화되며, '방법론적 긴장'은 어떻게 선취될 수 있는가에 대해 천착한다.

「物質(1976)」은 '비대상', '무의미', '투사', '연금술' 4개의 절로 완결된 시론이다. 이승훈은 이 글에서 불안과 자유의 문제를 비대상 개념과 연관

17) 이승훈, 「시의 현대성과 비평(1973.2)」, 『전봉건 vs. 이승훈 : 대담 시론』, 문학·선, 2011, 35~36쪽.

지어서 설명한다. 불안은 존재론적인 계기이며, 대상이 부재할 때 엄습하는 감정의 형태이다. 이승훈은 니체의 '반인간' 논거를 들어 불안을 자유의 가능성과 연관 짓는다. 불안으로부터의 초월은 예술적 창조를 수단으로 거느린다. 이승훈이 여기서 동원하는 논거는 빌헬름 보링거의 <추상과 감정이입(abstraction and emphaty)>이다. 알려진 대로, 보링거는 1908년 '추상충동'이라는 용어를 사용하며 추상 미술을 '비재현', '비구상', '비대상'적 특질을 가진 예술로 정의한다. 훗날 보링거와의 만남을 통해 칸딘스키는 『예술에 있어서 정신적인 것에 대하여』(1912)를 집필한다. 칸딘스키는 비재현적 세계의 형태와 색채 사이에 드러나는 추상적인 관계만으로 이루어진 회화를 제안했고, 이것은 '비대상 회화'의 선구적인 입론으로 자리하게 된다. 다음은 칸딘스키에 대한 이승훈의 부연이다.

> "그는 한 마디로 어떤 대상도 재현하지 않은 색채에 의한 공간을 창조했다. 비대상 회화를 창조한 것이다. 색채의 자율성 혹은 내면성을 인식한 공간이다. 말하자면 어떤 외계의 사물, 곧 대상적 현실을 완전히 초월한 다음의 세계이다. 그것은 비재현적(non-representative) 예술, 혹은 비모방적(non-imitative) 예술이다. 어떠한 대상도 모방하거나 재현할 것을 포기한다. (중략) 화가가 오직 색채에만 관심을 쏟음으로써 새로운 공간을 창조한다면, 시인은 시의 모체인 언어에만 관심을 쏟음으로써 한 초월의 공간을 창조할 수 있다. 우리가 매재의 형이상학, 혹은 언어의 형이상학이란 말을 쓸 수 있는 것은 이러한 논리적 상황이 전제되기 때문이다. 대상과 비대상의 문제는 소재적 측면이 아니라, 이때 세계를 보는 궁극적인 시인의 태도로 드러난다. 불안의 극복은 대상의 무화를 통하여 성취되며, 대상의 무화는 비대상의 양식을 통하여 성취된다. 비대상의 세계는 마침내 불안의 극복이 환기하는 전율의 세계, 해방의 세계, 자유의 세계를 창조한다. 그것을 우리는 비대상의 전율이라고 부른다."[18]

요약하자면, '비재현적, 비모방적'이라는 어사는 '비대상적'이라는 표현으로 이어지며, 이것은 보이지 않는 세계를 또 다른 차원으로 실재화하는 방법론에 대한 요구로 이어진다. 회화에서 색채에 대한 강조는 시에서 언어에 대한 강조와 맞먹는다. 이승훈은 순수시에서 순수는 절대와 동의어로 간주한 바 있다. 순수시는 시적 언어의 자율성 획득을 목표로 한다. 무의미시는 사물의 자연적 질서를 역전시키는 시이다. 이 두 개념을 더한 '순수 무의미시'는 자율성의 세계를 궁구하는 언어로 기성의 논리와 절연한 새로운 공간을 창출하는 비논리적 진술을 지향한다. 마지막으로 비대상시는 아리스토텔레스적 모방(mimesis)의 원리가 아니라 "완전히 개체의 내면을 밖으로 투사하는 시를 의미한다. 그것은 어떤 외부세계도 그릴 것을 거부하고, 오직 생생한 생의 한 眩氣 혹은 실재의 현란한 투사를 지향한다."[19]

이승훈의 논리는 '무의미' 절로 이어진다. 이 절에서 이승훈은 비트겐슈타인의 '그림 이론'과 '언어 게임 이론'을 논거로 끌어온다. 비트겐슈타인은 논리실증주의적인 진리치에 대한 정합성 문제가 아니라, 일상적인 언어 사용에 주목한다. 일상어 속에 드러나는 '언어의 역전, 오류'에 주목할 때 마주하는 무의미의 위험은 시인의 언어 사용 양상과 직결되는 문제이다. 시의 역설은 언어의 한계 안에서 언어를 버려야 한다는 것에 있다. 이승훈은 역설적 상황을 '무의미'로 간주한다. 이승훈은 언어의 이러한 특성이 시에서 고유한 논리 구조를 만들어낸다고 가정한 뒤 그것을 '투사'라고 명명한다. 언어 역시 물질과 마찬가지로 내면적 동력을 가진 하나의 실체이며, 언어의 활동이 시적 공간 안에 나타날 때는 바로 언어의 내면적 동

18) 이승훈, 「물질(1976)」, 『비대상』, 민족문화사, 1983, 93~94쪽.
19) 이승훈, 「무의미시의 이론(1976)」, 『비대상』, 민족문화사, 1983, 135쪽.

력이 밖으로 드러나는 양상을 의식하는 순간이다. 투사란 이러한 방식으로 언어의 동력이 외면화되는 방식을 일컫는다. 이제 한 편의 시는 언어라는 물질들이 결합할 때 발생하는 언어의 역학장으로 규정되기에 이른다. 시의 에너지는 천체물리학에서 항성들이 만들어내는 빛의 파동, 속도와 마찬가지로 언어의 결합 구조의 캄캄한 심연, 바로 그 중심에서 시인이 가한 충격에 의해 새로운 빛으로 방출되는 양상으로 유비된다. 이승훈은 이것을 언어의 새로운 연금술이라고 결론 짓는다.

3. 「비대상」(1981)

앞서 살핀 대로, 애초에 이승훈의 '비대상시' 개념은 지용에서 이상을 거쳐 김수영, 김춘수, 김종삼으로 이어지는 한국 모더니즘 시사의 '언어 인식'과 관련지어서 호출한 용어였다. 탈이미지의 언어를 지향하는 이들의 시에서 공통적으로 추출할 수 있는 바는 '무의미'였고, 이것은 '비대상' 칸트적인 내적실재론의 견지에서는 대상세계의 직접 반영과 재현을 둘러싼 이해작용 이전에 경험-독립적으로 주어지는, 무매개적으로 감지되는 실재의 세계를 가시화하려는 충동과 통한다. 이승훈은 이 세계를 '비대상시'의 영역으로 규정했다. 「말의 새로운 모습(1974)」, 「물질(1976)」, 「무의미시의 이론(1976)」, 「무의미시(1981)」에 공통적으로 등장하는 비전은 '언어의 새로운 연금술'로 요약 가능하다. 이 시기에 이승훈이 강조하는 바는 새로운 삶의 양식으로 시가 다시 태어나야 한다는 논리적인 자각에 있었다.

1970년대에 점차 이론적 틀을 갖추어가기 시작한 '비대상' 개념은, 순수시의 이념의 토대, 예술적 오브제와 삶의 관계, 새로운 언어의 요청의 논리로 정리될 수 있을 것이다. 완결된 시론 형식의 「비대상」은 1981년에 제출된 글이다.[20] 논의에 앞서서 해당 시론의 논거를 세밀하게 간추릴 필요가 있다. 1981년 제출된 「비대상」 시론의 얼개는 다음과 같다.

(1절) 비대상은 대상이 존재하지 않는다는 것. 대상이 분명치 않고, 자연 세계나 일상 세계가 시 속에 드러나지 않는다는 것. 전통적이고 소박한 태도에 이의를 제기한 최초의 시인은 李箱이다. 이상의 시 「절벽」 인용 분석. 무의 새로운 탄생.

(2절) '무', '부재'의 세계, 즉 비대상을 노래하는 김춘수에게서 드러나는 방법론적 성찰로서의 서술적 이미지. 특히 <처용단장> 2부에 나타나는 리듬에 반영된 '적나라한 실존(의식)'[21]. 잭슨 폴록의 추상표현주의 드러나는 실존의 투사, 외부세계의 무화, 언어에의 도취.

(3절) 『환상의 다리』(1976)에서 시화한 것은 비대상의 세계를 실현할 수 없는 좌절의 '암호'. '딜레마'. 어두운 충동, 타나토스로 나타나는 비대상의 세계. (첫 시집을 지배한) 무의식의 논리에서 의식의 논리로 나아가며 언어의 자발성에 기댄 결과가 바로 2시집. 여기서 의식은 신화적 이미저리, 원형을 암시.

(4절) 언어의 자발성에 대한 전폭적 신뢰로는 '실존의 현기'를 견딜 수 없으며, 언어의 규제성을 통해 개인적 상징에서 보편적 상징으로 나아갈 수 있다는 깨달음. '피에타', '야곱'에 드러나는 성서적 이미저리 분석. 요컨대 실존의 현기가 신학적 지평을 만나면서 지양되었다는 것.

---

20) 『당신의 초상』 수록 「비대상」은 로마자 표기 'Ⅴ'절이다. 『비대상』 수록 「비대상」은 아라비아 숫자 '4'절이다. 시론집 44쪽 상단에 절을 구분하는 숫자 5가 탈락했기 때문에 외형상 4절로 구성된 것처럼 읽히는 것이다. 이승훈은 시론집에 「비대상」을 재수록하며 최초 발표 연도 '1981'을 명기하고 있다. 지면에 따른 내용의 변화는 없다.

21) 『당신의 초상』에서는 '실존의식'으로, 『비대상』에서는 '실존'으로 표기.

(5절) 자기증명의 아이러니. 시의 본질은 보이지 않는 세계, 무, 비대상에 있다. 언어의 현실파괴, 대상파괴 "대상의 세계에 언어가 작동할 때 이미 그것은 비대상의 세계가 된다."[22] 파토스, 존재론적 불안, 무, 죽음, 비대상 바로 그것이 시 쓰게 한다.

그렇다면, 1970년대 중반 무렵부터 천착한 '비대상' 개념을 1981년에 이르러서야 완결된 개별 시론으로 발표한 이유는 무엇일까? '비대상'을 한국 모더니즘 시사에 대한 호명법에서 개별 시론으로 전환한 이유는 무엇일까? 두 가지 물음에 대한 해명이 요청될 것이다.

이승훈은 『환상의 다리』(일지사, 1976)에 수록된 시편과 시 세계를 중심으로 '비대상' 개념을 설명하고 있다. 이 글의 문맥에서 무의식의 논리 즉, 죽음충동과 어두운 '내면성(unreality)'[23]을 드러낸 시기는 첫 시집 『사물A』(삼애사, 1969)에서 두 번째 시집으로 넘어가기까지의 1960~70년대 초반의 시기를 가리킨다. 『환상의 다리』(일지사, 1976)에 이르면 자율성/규제성, 무의식/의식 사이의 딜레마가 개인적인 상징에서 보편적인 상징의 형태로 지양되기 시작한다. 이승훈은 「비대상」의 최초 출전인 『당신의 초상』(문학사상, 1981)에 이르러서 '비대상 개념'은 자신의 독자적인 시론으로 완결되었음을 천명한 것일 터이다. '비대상' 시론은 1960년대에서 70년대 중반에 이르는 도정에서 겪은 몇 가지 변화와 발견을 동기로 한다.

첫째는, 현대시 동인의 잠정적 와해다. 박슬기는 '현대시 동인'(1964년 6집 이후 1971년 26집까지)의 이념을 '문학의 자율성' 추구로 요약했다.

---

22) 이승훈, 「비대상」, 『당신의 초상』, 문학사상사, 1983(중판), 118쪽.

23) 여기서 병기한 'unreality'는 이승훈이 <현대시> 동인시 10집에 게재한 「현대시의 내면성」에서 사용한 용어이다. 이 글에서 이승훈은 일상언어는 시적 형상화에 방해 요인이며, 시적 형상화는 그것을 탈피하고자 이미지를 향하거나 내면 즉 unreality를 향한다. 이승훈, 「현대시의 내면성」, 『현대시』 10집, 1966.7, 388쪽 참조.

주 텍스트는 동인지에 실린 이승훈과 이유경의 평론 및 동인 명의의 시론이다. 박슬기는 '절대적 내면성의 발견과 표출', '비재현적 언어와 기법에의 천착'을 문학적 자율성 및 주관성 논거의 특질로 꼽았다. '비재현', '절대성'은 내면성과 더불어 이승훈이 '비대상' 개념을 설명하면서 동원한 핵심 논거 가운데 하나이다. 박슬기에 따르면, 현대시 동인의 와해는 1960년대 말 '참여시'의 테제에 대한 응답 과정에서 '주관성, 자율성 논거'를 뒤틀면서 비롯되었다. 타당한 지적이다. 이승훈이 '비대상'이라는 용어를 쓰기 시작한 시점은 현대시 동인 와해 직후였다.[24] 이승훈이 현대시 동인 시기에 주로 사용한 '내면'은 '무의식'을 거쳐, 비대상이라는 개념으로 귀착된다. 내면은 '개별적 주관성'과 관계되고, '무의식'은 이 무렵 발표한 김춘수의 '무의미'와 길항하는 개념이다. 이승훈은 '비대상' 개념의 출현을 이 시점으로 회고한다. '비대상'은 주관적 내면성을 대리-보충할 방안을 찾는 와중에 제안된 개념인 셈이다.

> 내가 시론 「비대상」(시집 『당신의 초상』에 수록, 1981)을 쓴 것은 초기의 내 시쓰기를 반성하기 위해서였다. (중략) 특히 김영태와 나는 초현실주의적 기법에 의한 내면의 무의식을 탐구한다. 그런 점에서 『현대시』 동인이 되면서 내가 추구한 것은 대상이 소멸한 상태에서 자아 찾기였고, 이런 자아 찾기는 대상이 없기 때문에 내면 탐구를 지향하고 무의식 탐구를 지향한다. 나는 처음엔 내면이라는 말을 강조하고 그 후 내면을 무의식이라는 말로 바꾼다. 그리고 비대상이라는 말을 사용한 것은 70년대초였다.[25]

24) 박슬기, 「1960년대 동인지의 성격과 <현대시> 동인의 이념」, 『한국시학연구』 18호, 한국시학회, 2007.4, 203~226쪽 참조.
25) 이승훈, 「1. 대상이란 무엇인가?」, 『영도의 시쓰기』, 푸른사상, 2012, 17~18쪽.

추상과 구상의 관계가 아니라, 비재현적 기법으로서의 '비대상'은 '비대상 회화'에서 유래하고, 이 개념은 'Non-objective'로 표기된다.[26] '비대상'은 회화론과 직접적인 연관성을 지니는 개념인 셈이다. 훗날 이승훈은 회화와 관련된 미학서를 쓰기도 했다.[27] 현대시 동인 시기에 화가이자 시인이었던 선배 김영태의 영향[28], 초현실주의 및 구성주의(구축주의) 등 회화론에 대한 직접적 관심이 '비대상' 개념을 축조한 두 번째 동기이다.

무엇보다도 이승훈이 '비대상' 개념을 사용하며 지속적으로 강조하는 바는 삼각형의 구도로 그려지는 본인 시학의 뼈대와 관련된다. 이것은 에

---

26) "비대상 미술 Non-objective art : 러시아 미술가 로트첸코가 최초로 사용한 것으로 여겨지는 용어. 로트첸코는 자신의 작품 가운데 재현적 내용을 배제한 기하학적 추상 드로잉과 구성을 비대상 미술이라 지칭하였다. 말레비치도 자신의 책 『비대상 세계 Das Gegenstandlöse Welt』(1927)의 제목에서 이 용어를 사용하였다. 이 용어는 러시아에서는 기하학적 추상에만 제한적으로 사용된 반면, 서구에서는 추상 표현주의 및 이와 관련된 운동을 포함하여 가시 세계의 모습에서 출발하지 않는 모든 추상 미술에 대한 일반적인 용어로 통용되어 왔다. 이러한 의미에서 '비대상'은 '비구상' 또는 '비재현'이라는 용어와 동의어이다. 재현적 의미가 전혀 없이 오직 색채와 추상 형태 사이의 관계로만 이루어지는 미술의 가능성은 1912년 칸딘스키의 책 『예술에 있어서 정신적인 것에 관하여』에서 예시된 바 있다. 서구에서 '비대상'이라는 용어가 통용되게 된 것은 바로 이 책을 통해서였다." Osborne, Harold ed., 김영나·오진경 감수, 『옥스퍼드 20세기 미술사전』, 한국미술연구소 옮김, 시공사, 2001, 289쪽.

27) 이승훈, 『이승훈의 현대회화 읽기』, 천년의시작, 2005.

28) 이승훈은 김영태의 영향으로 샤갈과 키리코의 화론에 흥미를 가지게 되었다고 고백하기도 했다. "샤갈의 그림과 끼리꼬의 그림은, 특히 샤갈의 그림은 사물을 새롭게 볼 수 있는 자극제가 되었다. / 그때 내가 사물을 새롭게 보기 시작했다는 것은 크게 두 가지 의미를 거느린다. 샤갈의 그림을 보고 배운 것 가운데 하나는 현실, 그러니까 일상의 논리에서 벗어나 사물을 새롭게 볼 수 있는 가능성이었다. (중략) 그때 내가 배운 것은 환상이 말 그대로 헛것, 혹은 공상 같은 게 아니라 사물의 본질일지 모른다는 뚜렷한 의식이었다. (중략) 결국 환상이란 무엇일까. 환상이란 현실로부터 의식적으로 도피하기 위한 하나의 수단에 지나지 않는 것일까. (중략) 1960년대 중반 샤갈의 그림과 만나면서 내가 배울 수 있었던 또 하나의 개념이 소위 무의식이었다." 이승훈, 「샤갈과 나」, 『시집 샤갈』, 탑출판사, 1987, 113쪽, 116쪽.

른스트 뷜러의 인칭 의미론의 삼각형, 뷜러의 체계를 확장한 야콥슨의 미학 체계의 삼각형과 직접 등치되기도 한다.[29] 삼각형의 도식은 이 무렵 집필하고 있었던 '시론'의 전반부에 등장하는 에이브럼즈의 삼각구도, 즉 작품을 중심에 놓고 '저자-청자-세계'를 상정한 고전적인 도식과도 관계된다. 밑변의 한쪽에 대상을 괄호치고, 밑변의 다른 쪽에 지아, 상부에 언어를 둔 '대상(삭제 표시를 해야 할 것이다), 자아, 언어'의 삼각 구도가 바로 그것이다. 이승훈은 이러한 구도를 염두에 두고 '비대상' 개념을 설정한 이유를 두 가지 측면에서 찾는다. 시인으로서 자신은 '자연, 현실'과 같은 가시적으로 재현의 대상으로 주어지는 세계를 노래할 능력이 없었다는 것이 첫 번째 이유다. 둘째는 '대상'의 존재 여부를 확증할 가능성을 틀어쥔 '자아 찾기'에 관심을 두고 있었기 때문이다. 첫째 이유는 언어에 대한 재인식으로, 둘째 이유는 인식론적 회의와 관련된다. 이러한 면에서 '비대상' 개념은 이승훈 시론의 전체 구도를 설정하는 사전 포석 작업과 연관된다.

네 번째 동기는 이상과 김춘수(특히 김춘수)의 영향이다. 김춘수는 1969년 창간된 <현대시학> 지면에 「처용단장」을 연재한다. 여러 가지 사정으로 몇 년을 쉬다가 가까스로 「처용단장」 2부를 써간다. 김춘수가 그의 대표 시론 가운데 하나인 「대상·의미·자유」를 발표한 것은 바로 그 직후인 1973년이다. 『처용단장』은 1980년대 후반 4부로 완결되고 1991년 박의상 시인이 주재하던 미학사에서 단행본으로 간행된다.

요약하자면, 1. 현대시 동인 와해 이후 '개인적 내면성' 개념의 대리-보충 요구, 2. 회화론에 대한 직접직이고 지속적인 관심, 3. 대상, 자아, 언어로 구축되는 시학의 기본틀 설정 요구, 4. 김춘수의 영향과 현대시사에 대한 인식론적 회의가 바로 '비대상' 시론을 배태한 동기이다.

---

29) 이승훈, 『시론』, 고려원, 2005(재판), 114쪽 참조.

앞장에서 살폈듯, 1970년대에 조금은 모호하게 사용되었던 비대상 개념은 표면적으로는 삶과 역설의 형태로 드러난다. 대상을 배제할 때, 삶의 역설이 표면화된다는 것이다. 환영의 공간으로서 비대상의 공간이 개시되기 때문이다. 이승훈은 이것을 미셸 라공의 어사를 빌려와 '존재하지 않는 오브제의 감성이 번지는 현감'으로 요약했다. 이승훈에게 있어서 언어의 자율성을 특질로 하는 순수시는 절대시와 상통한다. 그 방법적인 행로는 사물의 자연적 질서를 역전시키는 무의미시를 거쳐서 '모방이 아니라 생의 현란한 투사'를 목적으로 삼는 비대상시로 귀착된다. 이때 예술의 조형적 공간과 삶의 일상적 공간은 분리된다. 예술이 보이지 않는 오브제의 현혹과 관계된다면, 삶은 공포와 전율의 현장이다. 두 공간은 역설적으로 동화된다. 비대상의 전율이 일어나는 순간이다. 새로운 언어는 바로 그 전율 속에서 빛의 파동과 같이 태동한다.

시적 충동의 현상학에 가까웠던 '비대상' 개념은, 「비대상」(1981)에 이르러 변증법적인 틀을 갖춘 개별 시론으로 탈바꿈한다. 1981년의 시론에서 삶과 예술의 역설적 관계는 '자기증명의 아이러니'로 변형된다. 비대상을 촉발한 인식론적 회의는 전통적인 소박한 재현론에 대한 생래적인 반감과 김춘수의 무의미시의 논리에서 기인한다. 그러나 언어의 자발성에 대한 믿음은 '실존의 현기'에 이르는 '사다리'가 되지 못한다. 실존의 현기는 보편적인 상징으로 종합되는 언어의 규제성을 통해 지양되어야 한다. 언어의 역능은 규제성/자발성의 지양에 있다는 논리다. 언어는 현실과 대상을 파괴하기 때문이다. 남는 것은 무, 죽음, 비대상 자체이며 시의 본질은 바로 거기 있다. 1981년 『당신의 방』을 펴내던 무렵의 이승훈은 무, 죽음, 비대상 자체가 시를 추동한다는 결론에 이른다.

4. 「비대상」(1981) 이후의 '비대상' 개념

앞서 살폈듯 「비대상」(1981) 이전의 논리와 「비대상」(1981)의 논리 사이에는 미묘한 차이가 감지된다. 이른바 자아 심리학 류의 '자유, 해방, 초월'에 대한 강조가 '지양'으로 대체되었다. 그러나 두 시기의 '비대상' 개념을 묶는 전제는 한국현대시사에 대한 인식론적 회의 시학에 대한 방법론적 회의에 있다. 이승훈은 훗날 1960년대의 모더니즘을 결산하는 논문에서 '비대상' 개념을 촉발한 인식론적 회의를 '인식론적 부정'으로 치환한다.

> "내가 말하는 '비대상'은 전통적인 시쓰기가 강조하던 대상, 곧 자연, 일상, 사회같은 대상을 노래하지 않는다는 뜻이지만, 그렇다고 정서같은 내적 세계도 노래하지 않는다는 뜻은 아니다. 그렇다면 무엇을 노래하는가? 대상이 분명치 않은 영역, 그러니까 일종의 정조, 혹은 불안이지만, 그것을 나는 실존의 투사라고 불렀다. 대상을 괄호친 다음 남는 것은 자아와 언어뿐이다. 이와 비슷한 세계를 나는 이상과 김춘수의 후기시에서 읽고 (중략) 요컨대 내 '비대상시'는 김춘수의 '무의미시'에서 시작한다. 그는 의미에서 무의미까지 도달했지만 나는 그가 도달한 무의미에서 출발한 셈이다. 그리고 이런 출발과 함께 그때 내가 발견한 것은 언어가 대상을 죽인다는, 그러니까 언어는 죽음, 무, 부재의 세계이고, 대상이 없는 시, 곧 비대상의 시는 결국 무, 죽음, 부재의 시라는 사실이었다."[30]

첫째, '대상을 괄호친 다음 남는 것은 자아와 언어뿐이다.'라는 명제는 1990년대 후반 '비빔밥 시론' 이후의 시론에서 동일한 문투로 반복되기에 오히려 익숙한 표현이다. 이승훈은 「비대상」(1981)에 이르기까지 대상은

30) 이승훈, 「1960년대 한국 모더니즘 시의 전개」, 『한국 모더니즘 시사』, 문예출판사, 2000, 255~6쪽.

배제되는 것이고, 그것은 방법적 성찰을 요구하며, 보이지 않는 세계의 본질이 바로 비대상이며, 그것은 의식의 논리를 통한 언어의 규제를 통한 주관성(개인 상징)의 보편적 상징으로의 지양에 있다고 설파했다. 요컨대, 대상은 (현상학적으로) 괄호치는 것이 아니라, 방법론적으로 배제되는 것이었다. 대상의 배제 이후에 언어의 역능이 강조되고, 부재하는 세계의 실재를 추동하는 정조(불안, 무, 파토스)가 자아의 근거를 되묻게 한다. 이러한 논리가 '내적 실재론'이라면, '대상을 괄호치고 남는 것은 자아와 언어뿐이다'라는 명제는 '제거론'이다. 대상은 괄호쳐지는 것이 아니라 제거되는 관념 실재에 불과하다. 알려진 대로 1990년대 초반 찾아온 '금강경 충격'31) 이후의 시론에서 자아 역시 제거되고, 언어 역시 제거되며, 영원한 행위만 남는다.

둘째, 언어에 대한 인식의 변화다. 「비대상」(1981) 이전에 언어는 천체물리학의 역학장과 유비되었고, 비대상시의 목표는 언어의 새로운 연금술에 있었다. 실존의 투사에서 '투사' 개념 역시 언어의 동역이 외화되는 '가능성, 자유'의 차원으로 이해되었다. 「비대상」(1981)에서 언어의 자발성은 언어의 규제성으로 인해 지양되어야 할 게재였다. 환영의 세계는 의식과 무의식의 논리 사이에 끼인 딜레마적 공간으로 설정되었다. 요는 역설의 언어관이 아이러니에 기반한 이항대립의 언어관으로 변모한 셈이다. 「비대상」(1981)에서 이승훈은 언어가 작동하면서 대상이 파괴되고, 그때 열리는 비대상의 세계가 시를 쓰게 한다는 결론에 도달했다. 2000년에 이

31) 이승훈은 빙모의 사십구재에서 만난 금강경 '대승정종분'으로 인해 불교적인 '공', '무아' 개념과 만나며 '자아에 대해 재인식하게 되었다고 고백했다. "나는 1990년 초 어느 봄날 진주 장모님 49재 때 아내가 모는 승용차를 타고 (중략) 우연히 넘긴 부분이 '대승정종분'이고 (중략) 나는 『금강경』과의 이런 만남을 '금강경 충격'이라고 부른다." 이승훈, 「제2부 자아론; 3절 자아는 없다; 2) 자아는 없다」, 『영도의 시 쓰기』, 푸른사상, 2012, 192~193쪽.

르면 언어 자체가 '죽음, 무, 부재의 세계'이고, 그러한 언어에 기댈 수밖에 없는 비대상시 역시 '무, 죽음, 부재의 시'일 뿐이다. 이러한 변화를 겪기까지 '비대상' 개념에 대한 수정이 조금씩 가해졌다. 먼저 1980년대 중반의 고백이다.

> 나의 시작(詩作)은 둘째 시집 『환상의 다리』에 오면서, 어렴풋한 대로 하나의 시론을 형성하게 되었다. 둘째 시집은 1970년부터 1975년까지, 그러니까 30대 전반기에 해당되는 나의 의식의 편린들을 담고 있다. 이 시기는 또한 나의 춘천생활의 전반기에 해당되기도 한다. 이상한 심리적 억압, 피해망상, 불안같은 심리세계를 이 무렵 나는 환상의 논리에 의하여 극복하고자 했다. 그것을 나는 비대상(非對象)의 세계라고 불렀다. 비대상은 대상이 존재하지 않는다는 뜻이지만, 나의 경우 그것은 일체의 대상이 아니라 나라는 자아 혹은 자아의 근거라 할 의식의 산물에 지나지 않는다는 인식론을 토대로 했다.
>
> 이러한 인식론은 물론 후기 칸트 학파에 그 뿌리를 둔다. 그것은 현실, 객체, 대상이 모두 나의 의식의 프리즘을 통과할 때만 존재하기 때문에, 결국은 그런 외적 세계는 무(無)에 지나지 않는다는 생각을 뿌리로 한다. 남는 것은 나의 의식 뿐이며, 이러한 의식이 심리적 억압의 세계에서 초월할 수 있는 길은 환상 뿐이라고 생각했다. 환상은 정신분석학에 의하면 무의식의 투사에 지나지 않는다. 따라서 그것은 억압된 무의식이 간접적으로 승화되는, 다르게 말하면 간접적으로 충족되는 한가지 형식이다. 그것은 자의식의 극한에서 피어오르는 실존의 리듬이기도 하다.[32)]

이 글에서 주목을 요하는 대목은 두 부분이다. 첫째, 비대상의 개념으로

32) 이승훈, 「천사와 싸우는 야곱」, 『너의 행복한 얼굴 위에』, 청하, 1986.8, 163~4쪽.

인해 '나라는 자아, 또는 자아의 근거라 할 의식의 산물에 지나지 않는다'는 인식론을 정초할 수 있었다는 부분이다. 여기서 자아의 확증성은 코기토의 자명성과는 다른 논리에 토대를 둔다. 이승훈은 이를 후기 칸트 학파의 영향으로 규정한다. 이른바 신칸트학파가 심화시킨 물음 가운데 하나는 의식과 대상의 관계이다. 선험적인 감성론과 선험적인 논리학의 종합, 이른바 선험적 연역을 통해 피안을 경험-독립적으로(a priori) 인식할 수 있다는 것이다. 이것은 대상과 범주의 선후관계 문제를 봉합하는 하나의 논리를 제공한다. 이승훈은 현실과 대상은 모두 '의식의 프리즘'(선험적 감성과 논리)을 투과할 때 존재한다고 부연한다. 바로 두 번째 부분이다. 이 논리 속에서 자아는 자의식과 동일한 의미로 받아들여지고 있다. 선험적 감성을 통한 자의식의 극한 체험은 '기묘한 신비의 세계' 즉 실재의 세계를 형상화할 수 있는 가능성으로 이어진다.

이 시기까지도 이승훈은 '언어의 역능'에 대한 믿음을 철회하지 않는다. "언어의 이러한 능력에 대한 희망, 아니 이러한 능력에 대한 신뢰가 이제까지 나로 하여금 시를 쓰게 한 것 같다. 그것은 단순히 언어의 문제로만 끝날 성질이 아니다. 언어와 사고의 싸움이기도 했다."[33] 하지만 언어와 사고의 싸움은 지난했다. 이승훈은 이러한 작업이 '실패'의 정식으로 귀착되어갔다고 덧붙인다. "다시 말해서 나는 언어의 놀라운 힘이 기묘한 신비의 세계를 환기하고, 그 세계는 비로소 이 세상 어디에도 존재하지 않으나, 그렇다고 이 세상 어디에도 존재하지 않는 것은 아닌 몇 개의 실재를 형상화할 수 있었다. 그러나 거기서 끝나고 말았다. 그러한 작업이 너무 힘에 부쳤기 때문이다.[34] 수수께끼와도 같은 실재, 보이지 않는 세계를 시

33) 이승훈, 「녹는 물고기」, 『너의 행복한 얼굴 위에』, 청하, 1986.8, 158쪽.
34) 위의 책, 158쪽.

화하고자 하는 '언어의 요구'는 회화론에 대한 천착으로 심화되기도 한다.

> 여기서 추상적이라는 말은 두 가지 의미를 나타낸다. 하나는 <녹는 물고기>라는 이미지는 일상세계에는 존재하지 않으며, 따라서 그것은 일상성의 공간을 초월하거나 그러한 공간에서 추상된 것이라는 의미이다. 다른 하나는 이러한 추상성이 그럼에도 불구하고 하나의 구체성, 그러니까 이미지의 세계를 나타낸다는 의미이다. 말하자면 칸딘스키나 몬드리안의 추상성의 세계가 아니라는 점이다. 그것은 구체적 비합리성의 세계라 할 수 있다. 칸딘스키의 추상적 표현주의나 몬드리안의 기하학적 신조형주의가, 그렇게 말해도 되는지 모르겠지만, 하나의 추상적 합리성의 세계였다면, 소위 초현실주의적 이미지들은 구체적 합리성의 세계라고 할 수 있다.[35]

멜 구딩에 따르면, 1910년대에 태동한 추상 미술은 세잔, 칸딘스키, 말레비치로 이어지는 논의에서 전제를 얻는다. 실재로 명명되는 것, 중요한 것은 '비가시적인 것'이라는 전제가 바로 그것이다. 중요한 것은 "사물에 내재된 에너지, 보이지는 않으나 감각세계에 분명히 상존하는 현상들 사이의 보다 고차원적인 연계성, 대상들을 관통해 움직이지만 그것들과는 독립된, 우주에 생명을 불어넣는 추상적인 '정신적' 에너지"[36]이다. 칸딘스키가 회화의 매재인 색채를 오브제 자체로 지위 격상했다면, 색채(color)와 선(line)과 면(shape)을 바탕으로 비재현 개념을 비대상 개념으로 정착시킨 화론을 발표한 이는 카지미르 말레비치였다. 말레비치의 화론은 절대주의(superematism)로 요약된다. '순수=절대', '벤의 절대시'의 바로 그 절대와 상통하는 개념으로 절대주의는 '비대상적인 세계를 그리고 제시하는 것'을 목표로 한다.

35) 같은 책, 159쪽.
36) Gooding, Mel, 『추상미술』, 정무정 역, 열화당, 2003, 15쪽.

말레비치의 주장에 의해 회화는 “오직 상상을 통해서만 접근 가능하고, 오직 미술에 의해서만 가시화할 수 있는 또 다른 차원의 실재를 암시하는 일종의 직관적인 형이상학이 되었다.”37) 『옥스퍼드 20세기 미술사전』에 따르면, 말레비치가 주창한 절대주의는 크게 다섯 가지 명제로 요약된다. 첫째, 비재현의 방법론. 둘째, ‘비대상적 감수성’. 말레비치는 “현실과 유사한 것, 이상화된 이미지는 더 이상 필요 없다. (중략) 모든 것을 투사하는 비대상적 감수성의 정신으로 가득 차 있다.”라고까지 썼다. 셋째, 비목적지향적 예술. 넷째, 순수 예술적 감정은 시간을 초월하는 유일한 가치라는 점에서 유일성. 다섯째, 기본적인 기하학적 형태들로 환원되어 구성되는 회화공간, 그 가운데 가장 순수한 것은 사각형이라는 주장.38) 말레비치는 ‘절대주의로 가는 길에 들어서기 위해서는 형식의 영도 속에서 변모(transfiguration)를 거쳐야 한다’고 부연하기도 했다.39)

이상에서 이승훈이 강조하는 바는 크게 두 가지로 요약된다. 첫째, 초현실주의적인 이미지는 구체적인 비합리성의 세계와 상통한다. 비대상은 추상이 아니라 비재현과 연관된다. 시에서 매개로서의 언어는 자체의 존재 지위를 가지는 것만큼 절대화될 수 있다. 둘째, 언어의 놀라운 능력은 기묘한 신비를 환기하고, 실재감을 불러일으킨다. 바로 그 실재감의 양태는 실존의 리듬, 현기와 상통한다. 시론의 용어로 바꾸자면 리듬의 추상성 속에서 이미지의 구체성을 사유케 하는 것은 바로 언어다. 그러나 이러한 무수한 시도는 잦은 실패로 귀착되는 운명 속에서 부정으로 귀착된다. 결국, “초현실주의는 <존재의 궁지>를 묘사한다.”40)

---

37) 같은 책, 16쪽.
38) Osborne, Harold ed., 앞의 책, 456~7쪽.
39) 이덕형, 『이콘과 아방가르드』, 생각의나무, 2008, 600쪽.
40) 이승훈, 「욕망의 고양」, 같은 책, 173쪽.

1990년대에 이르면, '비대상' 개념은 자아의 심리적 실체성을 포기하고 언어의 한계를 전폭적으로 수긍하는 논리로 전환된다.

> "어떤 대상에 대해서도 말하기를 포기한 시, 나는 그것을 비대상의 시라고 불렀다. 비대상이란 시의 경우 노래하는 대상이 없음을 뜻한다. 시를 쓴다는 것은, 전통적인 시각에서는, 어떤 대상에 대한 자아의 반응을 기록하는 일에 지나지 않는다. 내가 그동안 어떤 대상도 노래하지 않는 시를 쓴 것은, 그런 점에서 대상을 괄호 속에 넣고 난 다음의 세계, 그러니까 자의식 혹은 자아의 심리적 실체만을 노래한 것이라고 할 수 있다. 대상이 아니라 자아가 시의 전경으로 드러난 셈이다. 그런 시를 쓸 수밖에 없었던 이유로는 (중략) 언어의 한계를 지적할 수 있다."[41]

이제 '비대상의 시'는 '어떤 대상에 대해서도 말하기를 포기한 시'로 정의된다. 대상을 배제하거나, 괄호치는 것이 아니라, 대상을 두고 침묵하는 시가 바로 비대상의 시라는 전언이다. 대상의 실재성은 '부재하는 존재의 현감, 현기, 정조'로 드러나는 것이 아니라, 숫제 사상(捨象)되고 그 자리에 노래하는 언어만 남는다. 이승훈은 이제까지의 논리를 반대로 뒤집고 있다. 반대의 논리 과정을 거쳐서 이승훈은 '자의식, 자아의 심리적 실체'를 받아적는 것이 바로 '비대상시'라는 결론에 도달한다. 언어의 한계는 세계의 한계이고, 한계 앞에 봉착한 '벌거벗은 자아'(보링거 식으로 말하자면 '대상'이다)를 노출한다. 언어는 '자아와 세계가 공유하는 가능성으로서의 질서'를 제시 또는 상연할 뿐이다.

---

41) 이승훈, 「자아와 대상의 부정 - 나의 시론 (Ⅰ)」, 『포스트모더니즘 시론』, 세계사, 1991, 260쪽.

> "어떤 대상에 대해서도 말하기를 포기한다는 것은 결국 대상이 아니라 대상과 자아가 공유하는 가능성으로서의 질서를 노래한다는 뜻이다. 이런 생각은 이제까지 내가 주장했다면 주장했다고 할 수도 있는 비대상의 시론이 한 단계 발전된 모습이다. 한 단계 발전되었다는 것은, 1981년 비대상 시론을 쓸 무렵만 해도, 나는 그야말로 비대상, 곧 대상을 괄호친 상태에서의 자의식 혹은 자아의 심리적 실체만을 강조했기 때문이다. 그것을 나는 실존적 현기라고 부른 바 있다. 그러나 그후 이러한 실존적 현기를 극복하는 문제가 내 시의 과제였고, 이 과제가 그런대로 하나의 돌파구를 찾은 것이 1986년에 펴낸 제5시집 『당신의 방』이 아니었던가 싶다. 거기서 내가 생각한 것은 말하기를 포기한 다음에도 시를 쓸 수 있다는 새로운 가능성이었다."[42]

대상에 대해 말하기를 포기한 시는 침묵의 시가 아니다. 이승훈은 방법론적 사유를 놓지 않고 문제의 층위를 전환한다. '대상과 자아가 공유하는 가능성으로서의 질서'를 노래하는 것이 바로 비대상시다. 실존의 전율, 현기가 낳는 새로운 언어라는 다소 모호한 에고 심리학적인 '자아'의 산물이 아니라, 말하기를 포기한 다음에 쓸 수 있는 가능성을 궁구하기 시작한 것이다. 이승훈은 그러한 방법론을 동어반복(tautology)에서 찾는다. 현실이나 대상에 대해서는 침묵을 택한다. 대상이 아니라, 대상과 같은 방식으로 단지 존재하는 언어를 되풀이하는 것이 바로 동어반복이다. 이제, 사물을 대리표상한다고 여겨졌던 바로 그 언어의 형식을 그대로 제시함으로써 '자아와 세계가 공유하는 가능성의 영역, 바로 그 정신적 구조'를 보여주는 것이 바로 비대상시다. 언어의 자의성은 언어의 물질성에 대한 믿음으로 치환된다. 바로 그 믿음에 바탕을 둔 언어놀이, 규칙을 위배하면서 다시 만드

---

42) 같은 책, 261쪽.

는 행위가 바로 비대상시의 격률이다. 시인은 게임의 법칙을 무시하고, 때로는 재창조하면서 창조와 소외를 동시에 감내한다. 창조적 소멸이다.

이러한 논리의 끝에 이르러, 비대상시는 바로 그 놀이의 공간 자체를 지칭하는 표현으로 확장된다. 1990년대에 접어들면서 비대상 개념에 '언어 놀이' 속에서 자아의 창조적 소멸이라는 격률이 더해진 셈이다. 이 시기에 이승훈은 「시도 없고 시적인 것도 없다」(『문학사상』 1996년 11월호)에서 '시적인 것의 논리'와 '시적 부정의 논리'를 구분해서 텍스트의 자율성에 대한 논의를 극한까지 밀어붙인다. 이 시기에 이승훈은 이른바 '복합매체(intermedia)의 미학'에 천착하기도 한다. 요컨대, 시 자체의 기원이나 본질이 없다면 시와 여타 글쓰기 '사이'에서 발생하는 차이가 바로 미학(또는 반미학)적 효과를 산출한다는 논리이다.

5. 남은 문제들

본고의 논의를 정리하면 다음과 같다. 이승훈의 시론에서 '비대상'은;

1. 1970년대 초중반 「말의 새로운 모습으로—비대상시를 중심으로」(1974), 「물질」(1976)에서 논리적인 구조를 띠며 처음 등장한다. 이 시기에 '비대상' 개념은 「처용단장 2부」를 완결한 김춘수가 제기한 '무의미의 논리'를 논리적인 전제로 받아들인 다음 이것을 시작을 위한 인식론적인 회의로 확장한 결과로 드러난다. '보이지 않는 세계'를 향한 비재현적인 열망을 통해 새로운 삶의 양식을 시적인 언어를 통해 선취할 때 드러나는 전율, 현기가 바로 이 시기 시론에서 밝힌 지향점이었다. 요컨대, 예술과 삶이 역설적으로 동화되기 위해 필요한 새로운 언어의 가능성에 대한 회

구를 드러낸 논리를 선보였던 것이다.

2. 1981년 시집 『당신의 초상』 말미에 실렸다가 1983년 시론집 『비대상』에 재수록된 '완결된' 단독 시론 '비대상'이 두 번째 단계이다. 이 시기에 이승훈은 비대상 개념은 이른바 '미적인 재현'의 논리에 대한 부정에서 출발한다는 점을 논리적인 전거로 내세운다. 대상이 존재하지 않고, 존재하더라도 썩 분명치 않으며 '자연세계나 일상세계'는 시 속에 그대로 드러나지 않는다는 의미에서 비대상이라는 용어를 사용한다. 1970년대에 이승훈이 언어의 전율, 역능을 강조했다면 이 시기에는 언어의 규제성을 통해서 보편적인 상징에 가닿는 방편으로서의 언어관을 강조했다. 자율성과 규제성 사이의 지양을 강조한 셈이다.

1970년대 중반에 이승훈이 '비대상' 개념을 제안하고 1981년에 독자 시론으로 완결한 데는 현대시 동인의 와해, 회화론에 대한 관심, 본인의 시론 및 시학의 문제틀 정립, 이상과 김춘수의 영향 등이 동기로 작용한다.

3. 1980년대 중반을 거쳐 1990년대 이후에 이르면 '비대상'을 촉발한 인식론적인 회의는 인식론적 부정을 전제로 한다. 첫 시기의 비대상 개념은 삶과 예술의 역설적인 일치 속에서 촉발되는 전율에서 출발한다면, 두 번째 시기의 비대상 개념은 삶과 예술의 불일치에서 유래하는 자기 증명의 아이러니에서 시작된다. 1990년대 이후에 이르면 '언어, 대상'과 같은 관념은 애초에 '무, 죽음, 부재'의 세계라는 이른바 '관념 제거론'적인 관점으로 초점 이동하기에 이른다. 비재현, 비대상, 비목적성, 아방가르드적 미적 자율성 논리 등등은 이 시기 '비대상' 논의의 핵심이었으며, 2000년대 이후에 이르면 비대상 개념은 그 자체 '( )'로 대체되기에 이른다.

본고의 논의는 이승훈 시론 전체 구도에 있어서 '비대상의 개념사'를 추적하는 방법을 따랐다. 개념에 대한 세밀한 천착을 바탕으로 한 논리 전개를 위해서 '개념의 논리 분석' 방법론을 원용했다. 차후에 해결되어야 할 과제는 크게 두 가지다. 첫째, 2000년대 이후의 '선적인 언어, 대상, 주체관'에 대한 접근에서 드러난 '비대상'의 구도를 보다 정치한 보론을 통해 해석하는 것이다. 시인은 본인의 시학 전체 구도에서 자연스럽게 대상, 존재, 언어의 문제를 봉합했지만, 이 과정에서 세계의 문제를 의미했던 '대상'에 대한 관점이 '자아-주체'의 문제로 다시 정위된 계기에 대한 충분한 해명이 필요하기 때문이다. 둘째, 무엇보다도 이승훈의 시 세계 전반을 그의 '시론'과 분리해서 창조적으로 재해석하는 작업이 뒤따라야 한다. 시와 시인에 대한 해석과 평가는 끊임없이 재기능화(refunction)되면서 시사(詩史)를 귀납하는 다채로운 문양을 자체 역사로 써나가지만, 시론이나 시학은 재기능화되지 않기 때문이다. 시론에 대한 독해는 논리적인 명징성으로 귀결되지만, 시에 대한 해석은 의미론적 애매성을 창조적으로 재생산하는 과정으로 정리되기 때문이다.

이승훈 시 「이승훈 씨를 만나러 간 이승훈 씨」 자세히 읽기*

이은실

1. 서론

한국문학사에서 이승훈 시인은 급진적인 언어 실험 시인으로 규정되고 있다. 그의 시세계 내에서 언어는 현실을 반영하는 매개가 아니라, 그 자체로 존재하는 기호 체계로 기능한다. 이러한 입장은 언어의 구조와 무의식의 층위를 탐색하는 데 초점이 맞춰져 있다. 그는 일련의 시도들을 통해 '시란 무엇인가'에 대한 근원적인 질문을 언어 자체에서 밀고나간 시인으로 자리매김 된다. 이러한 과정에 따라 그의 시는 '언어 중심 실험시'의 정점으로 위치 지어졌으며, 실험적 축적물이 후대 시인들에게 형식적·사유

* 이은실, 「이승훈 시「이승훈 씨를 만나러 간 이승훈 씨」자세히 읽기」, 『국제한인문학연구』 제42호, 국제한인문학회, 2025. 8.

적 전환의 가능성을 열어주고 있다.[1]

문학사에서 나아가 그동안 축적되어 온 주요 연구를 항목화해서 살펴보면 다음과 같다. 첫째 모더니즘적 시 의식과 이미지를 집중적으로 분석한 연구이다.[2] 둘째 이승훈 시의 언어 의식과 창작 방법상의 실험성에 대해 다룬 연구이다.[3] 셋째 이승훈의 시와 시론에 관한 연구이다.[4] 넷째 시인의 자아 탐구와 시세계 변모양상을 다룬 연구이다.[5] 여기서 우리가 주목하고자 하는 층위는 넷째 항목에 해당하는 자아 탐구와 시세계 변모 양상에 해당된다. 이승훈 시세계에 나타난 주체 의식에 대한 연구적 조망의 기점을, 2000년 이후로 잡았을 때 다음과 같은 주요 연구를 확인할 수 있다.

첫째, 장정희[6]는 이승훈의 시에 나타난 거울 모티프와 주체 분열 양상을 분석한 바 있다. 그는 '비동일시의 거울' 모티프를 사용한 시 텍스트에서 언술 구조와 주체 분열 양상을 살펴본다. 인칭의 성격과 주체 분열의 양상은 '너'와 '나'의 대립적 관계를 지양하게 된다. 나아가 '나/너 나/그'로 인칭 변화를 시도하면서 분열 주체와 타자 간에 소통과 대화가 이루어진

---

1) 김윤식·김현, 『한국문학사』, 현대문학, 1996, 702-705쪽. 참고.

2) 장석주,『어둠, 무의식의 지평 속에 투사된 실존, 언어의 마음을 찾아서』, 조형사, 1979.

3) 김승희, 『형이상학적 트리스탄의 떠도는 시니피앙』, 현대시학, 1990; 신범순, 『타자의 풍경, 기표의 주사위』, 현대시, 1991; 김준오, 「메타시와 인칭의 의미론」, 이승훈 시집, 『밝은 방』, 고려원 1995; 윤호병, 「타자회된 너와 객관화된 나」, 이승훈 시집, 『너라는 햇빛』, 세계사, 2000; 송기한, 「이승훈 초기시의 타자적 언어 연구」, 『한민족어문학』, 한민족어문학학회, 48, 2006; 김지선, 「모더니즘 시의 서술기법과 주체 인식 연구: 김춘수·오규원·이승훈을 중심으로」, 한양대 대학원, 박사학위논문, 2009.

4) 박성필,「이승훈 시론의 의미 지향성 연구」,『국어국문학』, 149, 국어국문학회, 2008; 임미숙,「시적 변용을 통한 이승훈의 일상시—시와 시론의 상호작용」, 『인문학연구』, 한국인문학회, 62, 2025.

5) 조동구, 「자아탐구와 시쓰기의 기나긴 여정, 이승훈의 문학탐색」, 푸른사상, 2007.

6) 장정희,「거울 모티프와 주체 분열 양상」,『한국비평문학회』, 비평문학회, 42, 2011, 349~350쪽.

다. 특히 이 논문에서 우리가 주목하고자 하는 지점은 '외출 모티프' 확장 층위에서 '이승훈 씨'라는 기표가 일련의 '목소리'를 지닌 주체로 내세워지고 있다는 사실이다. '비동일시의 거울' 모티프는 모더니즘과 포스트모더니즘이라는 사유 체계가 작동된 결과물이다. 여기서의 거울은 무수한 '타자의 생산'으로서 포스트모더니즘적 거울에 해당한다. 포스트모더니즘이 모더니즘과의 단절이 아니라 극복 테제라는 점을 기반으로 볼 때, 이승훈의 거울 모티프는 다성적 분열 주체들의 환영들을 보여주고 있다는 점을 확인할 수 있다.

둘째, 이기주[7]는 이승훈의 초기시와 중기시가 각각 대상 소멸과 자아 소멸의 두 양상을 보이고 있음을 밝힌다. 또한 그러한 양상이 각기 '담론 몽타주'와 '대응 몽타주'의 두 가지 방식으로 작동함을 분석한다. 이를 통해 시세계의 흐름이 모더니즘에서 포스트모더니즘적인 양상으로 변화하고 있음을 밝히는 데 주목하고 있다. 그는 이승훈을 인식론적 회의를 바탕으로 자아와 대상 간의 관계를 포착함으로써 자기 자신의 내면을 탐구하는 데 주력한 시인으로 규정하고 있다. 덧붙여 특이성의 측면에서는 몽타주 기법을 통해 자연적 세계의 유기성과 인과성을 해체함으로써, 기존의 예술이 가진 문법과 달리 새로운 언어 의식을 드러낸다고 서술한다. 이러한 맥락에서 이승훈 시인이 '대응 몽타주'와 같은 기법을 통해 의미론적인 연결 고리에 대한 의도적 단절을 추구하였다는 점에 주목한다. 나아가 이를 통해 기존의 세계가 지닌 이항대립 체계, 위계질서, 고정관념 해체 등에 전력을 다한 사실을 강조하고 있다.

셋째, 오문석[8]은 현대시의 조건을 부정성에서 찾은 시인으로 이승훈에

7) 이기주, 「이승훈 시에 나타난 몽타주의 변화 양상」, 『한국현대문예비평연구』, 한국문예비평학회, 50, 2016, 67~98쪽.
8) 오문석, 「이승훈의 부정시학」, 『한국언어문화』, 한국언어문화학회, 76, 2021, 37~57쪽.

주목한다. 이른바 이승훈의 부정 시학은 먼저 비대상 시론에서 언어적 부정성으로 부각된다. 다음으로 자아-언어의 관계에 집중된다. 그는 주체의 분열을 은폐하고 동일성을 강요하는 부르주아 주체를 부정한다. 이에 맞서기 위해서 라캉의 주체론을 기반으로 시쓰기 과정에서의 주체의 분열 혹은 소멸을 실천한다. 일련의 흐름을 통해 시적 언어에서도 기표와 기의가 분리되고, 기표 중심의 시 쓰기가 전면화 된다. 끝으로 언어의 부정성이 언어 자신을 향하게 되는 마지막 단계로 접어든다. 결론적으로 주체와 대상이 사라지고 언어가 시를 쓰는 상태를 지향하게 된다는 점에 주목한다. 이처럼 시인의 부정성은 언어에 의한 대상 부정, 언어에 의한 자아 부정, 언어 자체의 부정이라는 단계를 거치게 된다. 이와 같이 부정성에 대한 시적 천착이 그의 시와 시론이 모더니즘과 아방가르드, 포스트모더니즘의 구별을 뛰어넘는 근거가 되었다는 점을 확인할 수 있다.

넷째, 남승원[9]은 이승훈의 첫 시집 『사물 A』(1969)와 첫 시론집 『反人間』(1975)을 대상으로 삼는다. 그는 시작 초기에 이승훈 시인이 보여준 시적 인식과 그것이 작품 안에서 어떻게 형상화되고 있는지를 살펴보고 있다. 먼저 이승훈이 본격적으로 활동했던 60년대에 주목한다. 시인은 당대의 부조리한 사회 현실을 직시하고, 진정한 변화를 가능하게 만드는 것으로서 내면세계를 발견했다는 것이다. 이러한 발견이 시 창작의 계기이자 필연적 조건이었다는 사실을 강조하고 있다. 그리고 현대인이라면 그 속에서 진정한 자아와 마주할 수밖에 없을 것이라고 보았다. 이를 바탕으로 '목 없는 형상'을 현대인의 표상으로 등장시키고 이와 같은 분열된 주체의 모습을 통해 내면세계를 구축하게 되었음을 규명한다. 나아가 이승훈의

---

9) 남승원, 「내면세계의 인식과 기법의 발견—이승훈 시집 『사물A』와 시론집 『反人間』을 중심으로」, 『한국언어문화』, 한국언어문화학회, 80, 2023, 53~74쪽.

초현실주의 운동에 대한 분석을 통해 허무주의에 빠지지 않기 위한 시적 기법의 중요성을 자각했다는 점에 주목한다.

본 논문은 위와 같은 이승훈 시세계의 주체 의식에 관한 기존 연구를 비판적으로 수용하고자 한다. 이와 관련하여 주체 의식이 두드러지게 나타나는 「이승훈 씨 를 만나러 간 이승훈 씨」라는 작품에 대한 자세히 읽기를 시도한다. 이 작품에 대한 자세히 읽기의 필요성은 대략 다음과 같다. 첫째, 이승훈 시세계 내에서 주체와 관련된 위상학적 의미에도 불구하고 단일 텍스트로 분석된 바가 없다. 둘째, 주체에 대한 논의 중 자아 분열이라는 결과론적 정설에 대한 새로운 정신분석적 접근의 방향타를 제공할 필요가 있다. 셋째, 형식적 층위에서 캐릭터, 연극적 대화, 언어 미학 등을 새롭게 규명할 필요가 있다. 넷째, 시인의 산문을 전거로 주체 의식에 대한 형성과 변천 과정을 소급적으로 규명하는 데 의의가 있다.

2. '분신'과 '실패'를 통해 바라본 주체의 (불)가능성

1) 존재론적 회의와 3인칭 시점 지향성

문학사적 측면에서 그 독보적 차원이 승인되고 있듯이 이승훈은 시인이면서 산문가 그리고 시론가이기도 했다.[10] 시적 궤적보다 빠르게 혹은 동시적으로 때로는 사후적으로 제출된 산문과 시론은, 그의 시에 대한 이해의 지평을 보다 확장한다는 차원에서 그 자체로 중요한 텍스트라고 할

10) 앞서 연구사 검토 부분에서 살펴볼 수 있듯이, 이승훈의 시세계는 시론과 시의 상호작용 또는 길항 과정을 통해 다층적으로 구성되었다. 이에 대한 대표적 연구들을 제시하자면 다음과 같다. 박성필, 앞의 논문; 임미숙, 앞의 논문.

수 있다. 텍스트들에 담겨있는 다양한 주제들이 있지만, 압도적 우위를 차지하는 것은 바로 '나'는 누구인가에 대한 질문과 그에 대한 기록들이다. 시인은 이 질문을 통해 시를 출발시켰고 또 과정적으로 통과하려했다. 궁극적으로는 (불)가능성을 급격히 소거하지 않는 방식으로 대답했다. 우리는 아래의 산문에서 그 질문과 마주하게 된다. 또한 정신분석과 관련된 독서 체험과의 관련성을 확인할 수 있다.

> 우수의 극한에서 내가 체험하는 불안이나 악몽은 모두가 실존의 조건일 수 있다. 물론 이런 인식은 내가 하나의 사유 주체임을 전제로 한다. 그러나 이런 질문의 극한에서 내가 차츰 깨닫게 된 것은, '라깡'을 읽으면서 더욱 분명해졌지만, '나'라는 주체에 대한 회의이다. '나'라고 말을 하지만 과연 이 '나'는 어디 있는 것인가?
>
> 최근에 나를 사로잡고 있는 명제는 그런 점에서 '나는 무엇인가?'라는 인식론적 회의가 아니라 '나는 존재하는가?'라는 존재론적 회의이다. 그러나 이런 존재론적 회의가 인식론적 회의를 동기로 한다는 점에서 나는 아직도 카프카에게 많은 빚을 지고 있는 셈이다.
>
> —산문 「어두운 거리에서 생긴 일들
>
> —카프카의 <심판>」 부분[11)]

우리는 인용문에서 시인의 실존적 조건, 사유 주체라는 명료한 인식, 정신분석 접근의 방향성, 주체의 (불)가능성, 존재론적 회의에 대한 천착, 카프카 문학 세계의 영향력 등을 포착하게 된다. 이러한 맥락에서 이승훈 시 세계에 대한 문학사적 의의에 대해 적극적으로 규명한 바 있는 김준오는 시인의 시집 해설에서 다음과 같은 논의를 개진한다. 그는 이승훈 시인이

---

11) 이승훈, 「어두운 거리에서 생긴 일들—카프카의 <심판>」, 『당신도 15분간 유명하다』, 모아드림, 1999, 77쪽. 이하 해당 산문집 인용시 이승훈, 앞의 산문집으로 표기함.

자신을 사유 주체로 전제하지만 극한에서 깨닫게 된 것은 '나'라는 주체에 대한 실존적 확인이 아니라 존재론적 회의였다는 사실에 주목한다. 그러므로 시 「이승훈 씨를 만나러 간 이승훈 씨」에서 바바리를 입은 이승훈 씨와 시인 이승훈 씨의 대면은, 이러한 존재론적 회의라는 철학적 질문에 대한 시적 응답이라고 보는 것이 적절하다.

이를 보다 구체적으로 살펴보면 이승훈 시에서 1인칭을 지향할 때 시는 독백적인 자기표현의 형식을 보인다. 다음으로 2인칭을 지향할 때는 대화적 형식이 되고 3인칭을 지향할 때는 보고 형식이 된다. 그러나 인칭이 자아탐구의 구조적 특징이 되고 있는 시의 경우에는 형식적 차이나 문법적 기능의 차이가 두드러지지 않는다. 보다 중요한 것은 의미론적 차이인데 실제로 그의 2인칭 시와 3인칭 시는 대부분 의미론적으로 대립되는 양상을 보인다. 나아가 시인이 자신을 3인칭화 할 때 3인칭은 이미 관찰이나 성찰의 대상으로서의 주체일 수밖에 없다. 따라서 3인칭 시에서 자아탐구는 근본적으로 화자인 1인칭과 화제인 3인칭의 두 개의 자아로 분열되는 양상의 구조적 특징을 띠게 된다. 「이승훈 씨를 만나러 간 이승훈 씨」에서도 바바리를 걸친 이승훈 씨와 시인 이승훈 씨로 분열되어 나타난다. 이 두 개의 자아는 사회심리학적 용어를 빌린다면 각기 주체아 I와 객체아 m가 된다. 여기서 객체아는 타인들의 태도로 구성되는 사회적 자아, 체험 속에서 구체적으로 나타나는 일상적 자아다. 타성적이고 인습적이며 상황의 요구에 언제나 부응하는 자아다. 그러나 주체아는 이 객체아를 반성하는 자아다. 중요한 것은 이 주체아가 체험 속에 나타나지 않는, 그러니까 아직 실현되지 않는 자아이기 때문에 예측 불가능하고 규정되기 어렵다는 특성을 보인다는 점이다. 이 주체아의 개념은 이승훈 시인이 불확실성, 불확정성의 해체주의의 인식소를 자아탐구에 수용한 그의 시정신과 상응한다.[12)]

이처럼 현대시사에서 이승훈 시인은 모더니즘 경향성에 따라 그의 시의 출발점인 자아탐구를 지탱하는 시적 사유를 담당한다. 그가 결국 '나'는 어디에도 없다고 했을 때 이것은 절망이 아니라 그의 해체주의적 지향성으로 보아야 한다. 해체주의에서 자아탐구는 결코 완결되는 법이 없기 때문이다. 그렇기 때문에 이러한 미해결의 해체주의는 정신분석적 관점을 적용할 경우 끊임없이 '나→너→그'로 미끄러지면서 결코 충족되지 않는 자아탐구의 욕망으로 변주되는 흐름을 보이게 된다. '나'는 타자이며 그 타자는 어느 것도 '나'로서 확정되지 않는다. 이러한 층위의 해체주의에 이승훈 시는 입각해 있는 것이다. 우리가 시 「이승훈 씨 를 만나러 간 이승훈 씨」에서 바바리를 입은 이승훈 씨와 시인 이승훈 씨의 대면에 주목하는 것도 바로 이러한 맥락에 닿아 있다. 존재론적 회의라는 철학적 질문에 대한 시적 응답이 두드러지게 나타나는 대표적인 작품이기 때문이다.

2) '분신'관계로서의 이승훈 씨와 이승훈 씨

구체적인 시의 세목을 살펴보기 전에 동일한 인명이 반복 등장한다는 점을 고려하여 대략적인 시적 정황의 흐름을 정리하면 다음과 같다. 크게 보면 바바리를 걸친 이승훈 씨가 시인 이승훈의 집을 찾아가 서로 만나고 헤어진다는 설정이다. 이러한 설정 아래 시는 전반부-중반부-후반부로 구분될 수 있다. 시의 계절적 배경은 흐린 봄날이다. 시인의 산문에서 확인할 수 있듯이, 시에서의 봄 역시 슬픔과 허무라는 감정과 연결된다. 계절 자체보다는 계절감에 초점을 맞추는 것이 필요하다. 산문의 내용을 잠시 살펴

12) 김준오, 「메타시와 인칭의 의미론」, 이승훈 시집 『밝은 방』, 고려원, 1995, 113~120쪽 참조. 이하 해당 해설 인용시 김준오, 앞의 해설이라고 표기함.

보면 시인은 다음과 같이 적고 있다. “모든 꽃은 허망하게 사라져 버린다. 그러니까 꽃은 나의 경우 존재의 기쁨이 아니라 존재의 허무를 깨닫게 한다. 꽃은 기쁨이 아니라 슬픔을, 삶의 충만이 아니라 허무를 가르쳐준다. 내가 봄을 싫어하는 것은 봄이 이런 슬픔과 허무의 심정을 떠올리기 때문이다.”[13] 우리는 여기서 이러한 감정의 기저에는 존재에 대한 허무, 주체의 총체성에 대한 불가능성의 층위가 자리한다는 것을 확인할 수 있다.[14]

이어서 시를 살펴보자.

> (1) 이승훈 씨는 바바리를 걸치고 흐린 봄날
> 서초동 진흥아파트에 사는 시인 이승훈 씨를
> 찾아간다 가방을 들고 현관에서 벨을 누른다
> 이승훈 씨가 문을 열어준다 그는 작업복을
> 입고 있다 아니 어쩐 일이오? 이승훈 씨가
> 놀라 묻는다지나가는 길에 들렀지요 그래요?
> 전화라도 하시지 않고 아무튼 들어오시오
> (2) 이승훈 씨는 거실을 지나 그의 방으로 이승훈 씨를
> 안내한다 이승훈 씨는 그의 방에서 시를 쓰던
> 중이었다 이승훈 씨가 말한다 당신이 쓰던 시나
> 봅시다 이승훈 씨는 원고지 뒷장에 샤프펜슬로
> 흐리게 갈겨 쓴 시를 보여준다 갈매기, 모래,
> 벽돌이라고 씌어있다 아니 이게 무슨 말이오?
> 이승훈 씨가 황당하다는 듯이 이승훈 씨에게
> 묻는다 갈매기는 강박관념이고 모래는 환상이고
> 벽돌은 꿈이지요 뭐요? 난 그렇다고 생각합니다
> 아닙니다 틀렸어요 갈매기는 모래고 모래는
> 벽돌이고 벽돌이 갈매깁니다 틀림없습니다 그게

13) 이승훈, 「나는 봄이 싫다」, 앞의 산문집, 22~23쪽.
14) 이는 본론 3장의 주요 키워드인 ‘실패’에 관한 논의에서 보충된다.

아닙니다 바다는 갈매기가 아닙니다 그건 모래가
벽돌이 아닌 것과 같습니다 벽돌은 바다가
아니니까요 바바리를 걸친 이승훈 씨와 작업복을 입은
이승훈 씨가 계속 싸운다 (3) 마침내 화가 난
이승훈 씨가 의자에서 벌떡 일어나 소리친다
좋아요 좋아! 문을 쾅 닫고 사라진다

—시 「이승훈 씨를 만나러 간 이승훈 씨」 전문[15)]

먼저 전반부 내용을 살펴보면 바바리를 걸친 이승훈 씨는 아파트에 살고 있는 시인 이승훈 씨를 찾아가게 된다. 현관에서 바바리를 걸친 이승훈 씨를 맞이하는 시인 이승훈 씨는 작업복 차림이었으며 어쩐 일이냐고 놀라 묻는다. 그 질문에 바바리를 걸친 이승훈 씨는 지나가는 길에 들렀다고 대답한다. 시인 이승훈 씨는 방문의 이유를 명확히 파악하고자, 바바리를 걸친 이승훈 씨에게 "그래요?"라고 되묻지만 대답은 생략되어 있다. 시인 이승훈 씨는 방문객 이승훈 씨의 등장에 다소 당황한 듯 보이지만 실내로 그를 안내한다.

여기서 중요한 점은 이승훈이라는 동명의 방문객과 시인의 만남이 예측 불가능성 혹은 우연성에 의해 이루어졌다는 것이다. 기계적 인과성이 아닌 의미에 매개되는 인과성에 대한 논의가 필요한 지점이다.[16)] 특히 시

15) 이승훈, 『밝은 방』, 고려원, 1995, 36~37쪽. 바바리를 걸친 이승훈 씨와 시인 이승훈 씨의 만남-대화-헤어짐의 상황을 세 부분으로 나누고, 그에 대해 숫자 표기하였음을 밝힌다.

16) 필연과 우연에 대한 헤겔적 변증법의 핵심적 통찰은 다음과 같은 논의를 참조할 수 있다. "헤겔은 (그의 전제들과 수미일관되게) 우연성의 필연성—즉 이념이 필연적으로 진정 우연적인 현상들 속에서 어떻게 외화되는지(현실을 얻는지)—을 연역할 뿐만 아니라 또한(이 측면은 종종 많은 주석가들에 의해 소홀히 되고 있는데) 그와 정반대의, 이론적으로 훨씬 더 흥미로운 명제를, 즉 필연성의 우연성이라는 명제를 발전시킨다. 즉 '외적인' 우연적 현상으로부터 '내적인' 필연적 본질로의 진전, 자기

적 상황에서의 필연과 우연은 변증법적으로 사유될 때 의미적 매개의 인과성이 두드러지게 포착될 수 있기 때문이다. 정신분석적 측면에서 모호성을 토대로 한 우연성의 지점은 독특하다. 여기서의 우연은 우리의 삶을 은밀하게 규제하는 더욱 심층적인 운명을 가리키는 것인가, 아니면 운명이라는 개념 자체가 삶의 완전한 우연성에 대처하는 하나의 필사적 전략인 것인가[17]를 질문하게 만든다. 주체와 대상이 처해있는 상황에 대한 해석에 실마리와 과정 그리고 귀결점의 분기를 제공하는 역할을 수행하기 때문이다. 인과관계를 넘어서는 우연성은 일련의 의미에 따라 다양한 해석의 가능성으로 열려있다.

그렇다면 의미에 매개되는 인과성의 맥락 아래 이승훈이라는 동명의 인물들의 만남은 어떻게 성사될 것일까. 시가 끊임없는 자아탐구의 양식이라는 자신의 시학에 근거해서 자신을 2인칭하거나 3인칭화한 것, 특히 이승훈이라는 자신의 이름을 상징화한 것은 1인칭 화자에게 새로운 위치를 부여하는 일련의 화법으로서 주목된다. 이러한 특성은 2인칭과 3인칭의 문법적 인물이 등장하는 시편에서 1인칭 화자의 부당한 간섭이나 변용이 없이 가능한 한 내적 자유의 자립성을 확보하도록 기여한다. 따라서 이

반성을 통한 현상의 자기내화(內化)를 묘사할 때 헤겔은 그것을 통해 어떤 선재하는 내적 본질, 이미 거기 존재하고 있던 것(바로 이것이 본질의 '물화'가 되었을 것이다)의 발견이 아니라 '발견된 것'이 구조화되는(형성되는) '수행적' 과정을 묘사한다. 헤겔 본인이 『논리과학』에서 표현하고 있는대로, 반성 과정에서 잃어버린 또는 숨겨진 근거로의 복귀 자체가 그것이 복귀하고 있는 것을 생산한다. 따라서 자신과 자신의 대립물로서의 우연성의 통일로, 필연적으로 우연성을 자신의 계기로 정립하는 것은 내적 통일성만이 아니다. 그것은 또한 자신과 자신의 대립물, 즉 필연성을 아우르는 통일인 우연성이기도 하다. 즉 필연성으로부터 필연성이 등장하도록 해주는 과정 자체가 우연적 과정인 것이다." 슬라보예 지젝, 조형준 옮김, 『헤겔 레스토랑』, 새물결, 2013, 831~832쪽, 이하 지젝의 저서에 대한 두 번째 이상의 인용은 제목만 표기하기로 함.

17) 슬라보예 지젝, 곽현자 외 옮김, 『진짜 눈물의 공포』, 울력, 2004, 191쪽.

승훈 시에서 인칭의 채용은 흥미로운 설정이나 관계성 이상의 의미론적 의의를 띠고 있다. 이 새로운 화법은 현대의 반성이고 현대시 그 자체의 반성이며 무엇보다 시의 소외를 극복하는 의미심장한 징후다. 여기서 우리는 90년대가 이러한 이승훈 시를 기대하고 있었음을 확인할 수 있다.[18)]

이 지점에서 나아가 주체 분열에 대해서 새로운 해석을 시도해 볼 필요가 있다. 이 시에서 두 인물은 분열된 주체를 즉각적으로 재현하고 있다기보다는 '비전체'로서의 주체성을 체현한다. 여기서 비전체는 전체적인 자기동일성(self-identity)이나 온전한 자기인식으로 구성될 수 없으며, 항상 모순, 결여, 과잉, 외부의 간섭을 통해서만 잠정적으로 구성된다.[19)] 이러한 측면에서 함께 살펴볼 필요가 있는 특기할 형식적 측면은 다음과 같다. 즉 연행 구분에서 문장의 이행걸침 및 의도적 불완전 문장 형태를 제시함으로써 화자의 위치를 모호하게 하고 있다는 사실이다. 그러므로 우리는 시적 주체를 단일 주체로 확정하기보다 분리된 목소리를 통해 두 인물의 시적 행위를 바라보는 편을 택하고자 한다.

잘 알려져 있듯 정신분석적 차원에서 '분신'(double) 개념은 시인의 독서 체험 중 가장 중요한 의의를 차지하고 있는 라캉의 '거울 단계 이론'과 연관 지어 설명 가능하다. 특히 "누군가가 자아를 부여받고 그 자신을 '나'로 공표할 수 있게 된 것은 순전히 거울상 덕분"이라는 문장이 지시하는 바와 같다. 이렇게 볼 때 나의 정체성은 "나의 분신으로부터" 발생한다. 동시에 역설적인 차원에서 주체가 거울을 통해 자신을 인지한다면, 그 대상이 자신이 아님을 알게 된다. 그렇기 때문에 자신이 거울 속에서 스스로를 인지할 때, 불가피하게 발생하게 되는 국면이 바로 분열이다. 이러한 이유로

18) 김준오, 앞의 해설, 128쪽.

19) 슬라보예 지젝, 『헤겔 레스토랑』, 1308~1309쪽.

"나는 나 자신과 하나인 동시에 나 자신을 인지할 수는 없는 것이다."[20] 이러한 내용을 시에 적용해보면 바바리를 입은 이승훈 씨와 시인 이승훈 씨는 하나인 동시에 둘이다. 또한 각각의 인물은 총체적 자신을 인지하는 데 있어 불가능성과 직면할 수밖에 없게 된다. 즉 두 인물은 '비전체'로서의 주체성을 체현할 뿐이다.

그러므로 두 이승훈 씨가 만난다는 설정은 다음과 같은 정신분석적 논리와 부합된다. 즉 "자신의 외부에서, 자신의 분신의 모습을 한 자기 자신과 조우하는 이러한 공포는 주체의 자기-동일성이 갖는 궁극적인 진실이다. 그 안에서 주체는 자신을 하나의 대상으로 만나는 것이다."[21] 한 가지 짚고 넘어가야 할 것은 시의 상황에서 두 인물의 만남은 직접적인 공포를 드러내는 상황까지는 이르지 않는다. 그러나 관계성에서 발생하는 은폐된 불편함과 마땅치 않음은 극단적인 의미에서 공포의 형상과 닿아있음을 부정하기는 어렵다. 이렇듯 '주체의 자기-동일성'은 매우 역설적인 층위에서만 포착된다는 사실이 핵심이다. 정리하자면 바바리를 걸친 이승훈 씨와 시인 이승훈 씨가 서로를 하나의 대상으로 접하게 된다는 점에서 정신분석적 '분신' 관계라고 할 수 있다.

이러한 맥락에서 '분신' 관계는 각기 다른 인물이 "두 사람이 아니라 동일 인물의 두 가지 버전"이 된다. 즉 "이러한 만남은 분신과의 섬뜩한 조우"[22]인 것이다. 이를 시적 상황에 적용해보면 바바리를 걸친 이승훈 씨

---

20) 믈라덴 돌라르, 복도훈 옮김, 「"'나는 네 첫날밤에 너와 함께할 것이다'": 라캉과 섬뜩함」, 『자음과 모음』, 27, 자음과모음, 2015, 301~306쪽.

21) 슬라보예 지젝, 『진짜 눈물의 공포』, 152~153쪽.

22) 이에 대한 보다 자세한 내용은 다음과 같다. 영화 "<레드>는 우리에게 "현대적인 플래시백"의 독특한 예를 보여준다. 판사의 또 다른 과거, 즉 그가 놓쳐버린 기회가 다른 사람(오귀스트)의 현재로 연출되고 있기 때문이다. 오귀스트의 곤경은 30년 전 판사가 겪은 곤경의 정확한 반복이다. 따라서 오귀스트와 판사는 두 사람이 아

와 시인 이승훈 씨는 이승훈 씨라는 동일 인물의 두 가지 버전이라는 구도가 성립된다. 그리고 이 둘의 만남은 "분신과의 섬뜩한 조우"가 된다. 바바리를 걸친 이승훈 씨가 연락도 없이 찾아온 상황에서 시인 이승훈 씨와 갑작스럽게 만나게 되기 때문이다. 이때 '분신'은 '나'와 닮아있으면서도 이질적인, '나' 자체의 근본적인 분열을 체현하는 존재에 가깝다. 나아가 "주체의 숨겨진 혹은 억압된 욕망들을 실현해서" 주체가 감히 해야 했거나 하지 못한 일들을 행한다. 때문에 분신은 주체를 간질이는 "참을 수 없는" 방해자인 동시에, 주체가 "잃어버린 원초적 대상을 보유하고" 있다고 여겨지는 존재이다.[23] 시인 이승훈 씨의 입장에서 바바리를 입은 이승훈 씨는 일상의 질서와 시 쓰기의 리듬을 깨뜨리는 '방해자'이다. 그리고 각각의 인물은 관계적인 측면에서 '잃어버린 원초적 대상을 보유하고" 있다고 여겨지는 존재가 된다. 앞으로 살펴볼 두 이승훈 씨가 보여주는 의사소통의 어려움은 근본적인 의미에서의 단절에서 기인한다.

3) '실패'를 통해 바라본 주체의 (불)가능성

(2) 이승훈 씨는 거실을 지나 그의 방으로 이승훈 씨를
안내한다 이승훈 씨는 그의 방에서 시를 쓰던
중이었다 이승훈 씨가 말한다 당신이 쓰던 시나
봅시다 이승훈 씨는 원고지 뒷장에 샤프펜슬로
흐리게 갈겨 쓴 시를 보여준다 갈매기, 모래,
벽돌이라고 씌어있다 아니 이게 무슨 말이오?

니라 동일 인물의 두 가지 버전이다. 그들이 결코 만나지 않는다는 사실은 놀랄 일이 아니다. 이러한 만남은 분신과의 섬뜩한 조우로서 작용할 것이기 때문이다." 슬라보예 지젝, 『진짜 눈물의 공포』, 149쪽.

23) 믈라덴 돌라르, 앞의 글, 301~306쪽.

이승훈 씨가 황당하다는 듯이 이승훈 씨에게
묻는다 갈매기는 강박관념이고 모래는 환상이고
벽돌은 꿈이지요 뭐요? 난 그렇다고 생각합니다
아닙니다 틀렸어요 갈매기는 모래고 모래는
벽돌이고 벽돌이 갈매깁니다 틀림없습니다 그게
아닙니다 바다는 갈매기가 아닙니다 그건 모래가
벽돌이 아닌 것과 같습니다 벽돌은 바다가
아니니까요 바바리를 걸친 이승훈 씨와 작업복을 입은
이승훈 씨가 계속 싸운다

이어지는 중반부에서는 거실을 지나 시인 이승훈 씨가 자신의 방으로 바바리를 입은 이승훈 씨를 안내한다. 방문객이 찾아오기 전 시인 이승훈 씨는 해질 무렵 시를 쓰고 있었다. 우리는 시인의 산문적 언술에서도 이러한 시간적 배경과 시쓰기 행위에 대한 의미를 확인할 수 있다. 시인은 해질 무렵이라는 경계적 시간대에 대해 다음과 말한다. 그는 "해질 무렵에만 시가 쓰여지는 것은 무슨 이유일까. 해질 무렵은 낮도 아니고 밤도 아닌, 그야말로 낮과 밤의 경계가 해체되는 그런 시간이라고 할 수 있다. 그러나 이런 시간으로는 새벽도 있다. 다같이 낮과 밤이 공존하는 시간이지만 좀 더 찬찬히 생각해 보면 새벽과 황혼이 우리에게 주는 뉘앙스는 다르다. 새벽은 낮의 세계를 지향하고 황혼은 이와는 달리 밤의 세계를 지향한다."고 적고 있다. 그러므로 시인 이승훈 씨에게 해질 무렵은 낮과 밤의 경계가 해체되는 시간이며, 시쓰기의 가능성으로 열린 시간인 것이다. 시인 이승훈 씨의 입장에서, 해질 무렵 갑작스럽게 찾아온 방문객인 바바리를 입은 이승훈 씨가 달갑지 않은 것은 바로 이러한 이유에서이다. 그의 입장에서는 방문이 곧 방해로 인식될 수 있기 때문이다.

시를 조금 더 살펴보면 시를 쓰고 있던 시인 이승훈 씨는 바바리를 걸친 이승훈 씨에게 원고지 뒷장에 쓴 시를 보여준다. 이 역시 산문에서 확인하게 되는 시인의 형상과 중첩되는 부분이다. 그는 "하루 종일 방에서 견딜 날 저녁 이상한 허기가 나를 찾아오는 해질 무렵 책상 옆에 있는 간이 침대에 등을 벽에 기대고 비스듬히 누워 시를 쓴다. 책상 위에 있는 전기 스탠드를 켜고, 그 흐릿하지만 따뜻한 불빛 아래서 가늘게 심을 깎은 연필로 백지에 시를 쓴다. 최근에는 연필 심을 깎기가 귀찮아 가느다란 샤프 펜슬로 쓴다."[24]고 적고 있다. 어렵지 않게 추측할 수 있듯이, 여기서의 허기는 주체의 의식 속에서 기인하는 존재론적 결핍이나 상실에 가깝다. 나아가 별도의 산문에서 그는 "우리가 정신적으로 안정되지 않는 삶, 곧 불안을 체험하는 것은 다시 생각해보면 어쩌면 인간의 조건인 것 같다. 그런 점에서 불안과의 싸움은 일생 동안 지속될 것이다. 나는 그렇게 생각한다. 내가 시를 써 온 것도 다른 측면에서 생각해 보면 불안이 동기를 이루지 않았나 싶다."[25]고 말하고 있다. 이처럼 원인을 알 수 없는 불안을 시적 동기로 삼고 있다.

전개되는 상황을 더 구체적으로 살펴보자. 바바리를 걸친 이승훈 씨는 시인 이승훈 씨의 시에서 갈매기, 모래, 벽돌이라는 단어를 발견하게 된다. 이에 따라 바바리를 걸친 이승훈 씨는 황당하다는 듯이 일련의 단어들이 갖는 의미를 시인 이승훈 씨에게 질문한다. 시인 이승훈 씨는 '갈매기는 강박관념이고 모래는 환상이고 벽돌은 꿈'이라고 대답한다. 바바리를 걸친 이승훈 씨는 그 상관관계를 도무지 이해할 수 없다는 듯이 다시 묻는다. 그러자 시인 이승훈 씨는 자신은 그렇게 생각한다는 입장을 다시 한 번 강조한다. 이는 질문에 대한 설명이 아니라 지난 언술의 동어반복에 가

24) 이승훈, 「해질 무렵의 시쓰기와 혼자 술마시기」, 앞의 산문집, 33~34쪽.
25) 이승훈, 「하늘에게 주는 편지」, 앞의 산문집, 205쪽.

깝다. 이에 바바리를 걸친 이승훈 씨는 그 대답을 부정한다. 대답이 틀렸다고 말하며 '갈매기는 모래고 모래는 벽돌이고 벽돌이 갈매기'라고 정정한다. 바바리를 입은 이승훈 씨는 정정한 내용에 대해 틀림이 없다고 확신한다. 이에 시인 이승훈 씨는 그게 아니라고 재차 부정한다. 다시 한 번 '바다는 갈매기가 아니며 그건 모래가 벽돌'이 아닌 것과 같다고 말한다. '벽돌은 바다'가 아니기 때문이라며 부연하지만 둘의 불화는 고조된다. 정리해보면 이러한 대화는 구문의 측면에서 형식을 갖추고 있을 뿐 의미의 차원에서는 독백에 가깝다.

주지하듯 이승훈 시인의 시세계는 도저한 언어 탐구의 과정으로 축적되어 있다. 이를 정신분석적 관점에 적용해보면 인간이 자신의 언어로 사유하는 것을 피할 수 없음에 주목하게 된다. 이 언어가 인간의 넘어설 수 없는 실체이기 때문이다. 사유하는 행위는 어떤 주체가 사유하는 언어에 맞춰 사유하는 것을 의미한다. 다른 선택은 제한되어 있는데 어떤 사람의 자연 언어로부터 '비합리적' 우연성들을 정화시켜, 개념적 규정들을 충실히게 반영할 새로운 인공 언어를 구성힐 가능성을 배제하는 것은 이 때문이다. 그렇다면 언어에 맞서 사유하는 것에 대한 토대를 어느 지점에서 발견할 수 있을지가 관건이 된다. 이는 형식적 체계가 무너진 곳, 가장 비정합적이고, 우연적이고 특이한 곳에서 그 가능성의 실마리를 찾을 수 있다. 여기서 언어의 '비합리적인 것', 즉 이중화된 비합리성 또는 우연성에 의존하고 있다면 말이다. 이러한 상황은 정신분석에서의 꿈의 논리와 흡사한데, 거기서 실재는 꿈 내부의 꿈으로 가장한 채 자신을 알린다.[26)]

이러한 철학적 사유를 다시 시에 적용해보면 시인 이승훈 씨가 시에서 '갈매기는 강박관념이고 모래는 환상이고 벽돌은 꿈'이라고 쓴 것은 형식

---

26) 슬라보예 지젝, 『헤겔 레스토랑』, 837~838쪽.

적 체계의 붕괴, 언어의 비정합성, 우연성에 대한 의존을 현시한다. 이를 토대로 추가적으로 질문해야 하는 상황은 여기서 갈매기가 왜 강박관념이라고 지칭되고 있는지에 대한 측면이다. 특히 사실의 차원에서 성립되는 것이 아닌 자신은 그렇다고 생각한다는 구절이 주체의 의식적 측면을 담고 있기 때문에 중요하다. 잘 알려져 있듯 '강박'은 이승훈 전체 시세계에서 매우 중요한 위치를 점유한다. 강박증은 강박장애를 지닌 주체의 '증상'으로, 사회화의 과정에서 초자아가 내면을 지배하며 억압하는 주체의 욕망이, 결국 주체 자신에게로 향하는 공격성과 자기 파괴 충동으로 표출되며, 주체가 그 굴레에서 벗어나지 못하는 상태를 일컫는 것이다. 이와 관련하여 우리는 이승훈 시의 강박증적 주체에 관한 연구에서 그 중요성을 확인할 수 있다. 특히 초기에서는 언어를 향한 탐구가 강박적으로 형상화되며, 그 욕망의 충족되지 않음으로 인해 존재론적 불안이 드러난다. 이후 중기를 거치며 그 언어적 욕망이 점차 변화하며, 후기에는 시인이 평생 천착해온 언어적 자유에 점점 접근해 간다. 이러한 시적 발전은 결국 언어와 존재 사이의 긴장을 극복하고자 하는 주체의 내적 투쟁과 그 해방으로 읽힌다.[27] 시에서 나타나는 시인 이승훈 씨의 '강박' 역시 해당 맥락을 적용하여 이해할 수 있다.

다음으로 시인 이승훈 씨가 '모래는 환상'이라고 말한 부분을 살펴보자. 환상 역시 이승훈 전체 시세계에서 매우 중요한 위치를 점유하고 있는 키워드이다. 환상은 이전 패러다임에서는 비언어적인 것, 거세되지 않은 이미지들의 출몰 현상이었다. 환상은 상상계적 주이상스로 인해 욕망이 정체되는 공간이었으나 이제 환상 역시 언어에 의해서만 지탱되는 것으로

---

27) 이승훈 시의 강박증적 주체에 관한 대표적 연구는 다음과 같다. 윤가은, 「이승훈 시 연구」, 한양대학교 대학원, 석사학위논문, 2021, 54~55쪽.

간주된다. '시나리오 없는 환상극'은 없기 때문[28]이다. 그것은 충동을 통해 발화되는 기표 아래에서 발생하는 기의의 연기와 같은 위상을 갖는다. 시인은 이와 관련하여 다음과 같이 적고 있다.

> 신경증적 환상은 거세에 대한 방어이고 도착적 환상은 거세에 대한 부인이다. 문제는 이런 방어와 부인이 자아 해방이 아니라 자아 부인의 수준에 있다는 점이다. 내가 프로이트를 다시 읽는 이유는 현대시의 방향을 자아 방어가 아니라 자아 해방에서 찾으려는 목표 때문이고 이때 자아 해방은 자아가 자아라는 허구에서, 자아라는 감옥에서, 자아라는 언어에서 벗어나는 것이고, 동시에 욕망을 억압하는 현실, 언어질서, 상징계에서 자아가 벗어나는 것이고 라캉식으로 말하면 상상계와 상징계에서 벗어나는 것, 요컨대 자아 해방은 억압된 욕망, 본능, 무의식의 해방을 노린다.
>
> 환상은 꿈처럼 자아와 무의식의 타협 형성이고 따라서 환상에 의해 욕망은 유지되고 욕망에 의해 주체도 계속 유지된다. 그러나 욕망은 충족되지 않고 이게 욕망의 운명이고 주체의 운명이다. 살아가기 위해 환상이 필요하지만 환상은 욕망의 스크린이고 욕망의 방어와 욕망의 부인 수준에 있고 따라서 욕망의 완벽한 실현이 아니니다.
>
> —산문 「환상 가로지르기」 부분 [29]

위의 산문에서의 핵심 내용을 시적 상황에 적용할 경우 우리는 다음과 같은 논리적 구조를 확인할 수 있다. 정신분석적 측면에서 이는 '형식적 매트릭스'와에 가깝다. 이는 '분신' 관계의 만남과 뒤이어 살펴볼 둘의 불화를 위해 필연적으로 "지불해야만 하는 환상적 대가를 무대화"[30]하고 있

---

28) 백상현, 『라캉의 인간학 세미나 7강해』, 위고, 2017, 386쪽.

29) 이승훈, 「환상 가로지르기」, 『시와세계』 16, 겨울호, 2006, 72쪽.

30) 이에 대한 보다 자세한 내용은 다음과 같다. "영화 <롤라>런의 톤(광적이고 아드레날린으로 가득 찬 속도, 삶의 힘찬 에너지, 행복한 결말)은 <블라인드 챈스>와

는 것으로 해석될 수 있다. 즉 바바리를 걸친 이승훈 씨와 시인 이승훈 씨의 갑작스러운 만남과 불화는 주체의 근본적 결여를 드러내기 위한 하나의 장치로서 '형식적 매트릭스'가 된다. 여기서 중요한 점은 이러한 측면을 자연스럽게 구조화하기 위해 중반부의 마지막을 부분을 제외하고, 바바리를 걸친 이승훈 씨와 시인 이승훈 씨를 의도적으로 구분하거나 명시하고 있지 않다는 점이다. 끝으로 '벽돌은 꿈'이라는 부분 역시 이와 같은 맥락으로 이해될 수 있다.

계속해서 바바리를 걸친 이승훈 씨는 시인 이승훈 씨의 대답이 정합하지 않다고 판단하고 있다. 그 판단에 따라 바바리를 걸친 이승훈 씨는 '갈매기는 모래고 모래는 벽돌이고 벽돌이 갈매기'라고 말한다. 그리고는 자신의 규정이 틀림없다고 확신한다. 이어서 시인 이승훈 씨 역시 바바리를 입은 이승훈 씨의 대답을 부정한다. 그게 아니라고 말하며 '바다는 갈매기'가 아니라고 말한다. 그것은 '모래가 벽돌이 아닌 것'과 같다는 설명이다. '벽돌은 바다'가 아니니까 '바다는 갈매기'가 될 수 없고 '모래 역시 벽돌'이 아니게 된다는 뜻이다. 여기서 대화체 구조는 시적 긴장감을 유발하며 형식적으로는 리듬감을 생성하게 된다.

과정적으로 볼 때 둘의 '불화'는 시적 언어의 상이한 규정 안에서 점화되고 있다. 우리가 여기서 "실존 자체 안에서 잘못 말하기"[31]라는 행위를 떠올리게 되는 것은 자연스럽다. 서로가 다른 규정을 제시하고 부정하는 말싸움을 볼 때 우리는 각각의 발화가 이승훈 씨라는 '실존 자체 안에서

정반대이지만 형식적 매트릭스는 동일하다. 두 영화 모두, 세 번째 이야기만이 "실제" 이야기이고 다른 두 가지는 주체가 "실제" 결과를 위해 지불해야만 하는 환상적 대가를 무대화하고 있는 것으로 해석될 수 있는 것이다." 슬라보예 지젝, 『진짜 눈물의 공포』, 146쪽.

31) 알랭 바디우, 장태순 옮김, 『비미학』, 이학사, 2010, 186쪽.

잘못 말해지는 상황'을 목도하게 된다. 이 문제로 인해 바바리를 걸친 이승훈 씨와 시인 이승훈 씨는 계속 싸우게 된다. 이러한 '불화'는 우연적인 것이 아니며 운명이라는 모티프로 우리를 데려간다. 정신분석적 관점에서 "편지는 항상 목적지에 도착한다"는 명제는 '운명과의 만남'이 의미하는 것, 즉 "우리는 모두 죽을 것이다"라는 말과 같다. 공통의 전이론적 감수성은 우리가 '편지는 항상 그 목적지에 도착한다'라는 명제에 달라붙는 그 불길한 저음을 탐지할 수 있게 한다. 아무도 피할 수 없는, 빠르건 늦건 우리에게 도달하는 유일한 편지, 즉 우리들 각자를 자신의 결코 틀릴 수 없는 수신인으로서 가지는 편지, 그것은 죽음이다. 우리는 어떤 한 편지가 우리를 찾아 여전히 방황하고 있는 한에서만 산다고 말할 수 있다.32)

그러므로 두 인물의 '불화'는 의미의 맥락에서 예정된 인과관계에 따른 결과이다. 그렇기 때문에 "편지는 항상 목적지에 도착한다"라는 명제는 해당 맥락에서 예외 없이 적중한다. 누구에게도 예외일 수 없고, 적기와 그렇지 않은 시기가 명확히 구분되지 않은, 불가피한 자기 자신이 자기 자신에게 보내고 받는 유일한 편지인 것이다. 즉 우리들 각자를 자신의 결코 틀릴 수 없는 수신인으로서 받게 되는 편지, 그것은 죽음이다, 이는 공백과 연결된다. '분신' 관계로서의 바바리를 입은 이승훈 씨와 시인 이승훈 씨는 서로에게 쓴 편지를 주고받는 중인 것이다.

그렇다면 여기서 기표에 대한 근본적인 물음이 가능해진다. 왜 '갈매기는 강박관념이고 모래는 환상이고 벽돌은 꿈'이 되는 것인가에 대한 물음 말이다. 일련의 기표들은 정신분석적 의미에서의 '자유연상'을 떠올리게 한다. 우리는 언제나 너무 일찍 아니면 너무 늦게 도착한다. 이는 정신분석의 이른바 '자유연상'에서도 마찬가지이다. 한편으로 그것은 도달하기가

---

32) 슬라보예 지젝, 주은우 옮김, 『당신의 징후를 즐겨라』, 한나래, 1997, 66~67쪽.

불가능하다. 우리는 실제로 자발적으로 그것에 빠져들 수가 없다. 우리는 항상 조작하고 어떤 의도를 갖고 있다. 그러나 다른 한편으로 우리는 그것에서 벗어날 수가 없다. 분석 도중에 말하는 것은 무엇이든 이미 '자유연상'의 위상을 가진 것이다.[33] 정리해보면 '갈매기는 강박관념이고 모래는 환상이고 벽돌은 꿈'이 되는 것은 이러한 의미에서의 '자유연상'이라고 할 수 있다. 여기서 우리는 '자유연상'이 질서와 무질서의 변주에 따른 시적 언술과 의미적 상동성을 갖고 있다는 점을 다시 한 번 확인할 수 있게 된다.

4) '부재'의 양식으로 존재하는 '분신' 관계

(3) 마침내 화가 난
이승훈 씨가 의자에서 벌떡 일어나 소리친다
좋아요 좋아! 문을 쾅 닫고 사라진다

후반부는 상대적으로 길이가 짧은데 계속되는 싸움에 마침내 화가 난 '이승훈 씨가 의자에서 벌떡 일어나 좋아요 좋아!'를 소리치며 문을 쾅 닫고 사라진다. 라캉을 통해 유추해볼 수 있듯이 실재에는 어떠한 부재도 없으며, 대상은 오직 어떤 것이 자신의 (상징적) 자리에서 사라져버리는 상징적 공간에서만 '부재의 양식'으로 현존할 수 있다.[34] 결국 시의 마지막 부분에서 바바리를 걸친 이승훈 씨는 시인 이승훈 씨의 태도에 화가 나서 의자에서 일어나 소리친다. 여기서 "좋아요 좋아!"는 '반어'이다. 의견 불일치를 강조하는 맥락에서의 문장이기 때문이다. 그렇기 때문에 그는 문을 쾅 닫고 사라지는 역할을 위임하게 된다. 여기서의 '반어'란 시창작의

33) 슬라보예 지젝, 이수련 옮김, 『이데올로기의 숭고한 대상』, 새물결, 2013, 274~275쪽.
34) 슬라보예 지젝, 조형준 옮김, 『 라캉까페』, 새물결, 2013, 1351쪽.

기법에 국한된다기보다는, 일종의 철학적 개입 방식이며 특히 이데올로기 비판, 주체의 실패, 욕망의 구조 등을 폭로하는 데 중요한 기능을 수행한다. '반어'를 사용하는 것은 주체의 총체성과 관련되며 이는 실패를 위한 주요한 시적 장치에 해당한다.

우리는 이 지점에서 주체의 분열과 언표의 실패의 측면에서 주체가 언어를 통해 자기 자신을 표현하려 할 때, 오히려 그 언어적 시도가 분열을 드러낸다는 점을 확인할 수 있다. 즉, 주체는 자신의 발화를 통해 완전한 자기 동일성을 이루려 하지만, 그 발화는 항상 어긋나며 불가피하게 '실패'하게 된다. 이러한 설명은 정신분석적 특유의 반어적 서술을 통해 보다 구체적으로 설명될 수 있다. 설명하자면 이데올로기의 자기 전복성, 즉 이데올로기가 자신을 유지하기 위해 사용하는 메커니즘이 결국 자신을 붕괴시키는 과정이 적실하게 드러날 수 있다. 이를테면 여기서의 이데올로기는 현실을 구성하면서도 그 현실이 환상에 기반하고 있음을 드러내며, 이러한 모순이 반어적 표현을 통해 강조된다는 점이 확인된다. 이와 관련하여 시인은 아래 산문에서 다음과 같이 말한다.

> 어디에도 기댈 수 없는 내가 매달린 문제는 따라서 '나'를 증명하려는 노력이었다. 그러나 이런 노력이 계속 좌절되면서 결국 남은 것은 '나'를 증명하는 일이 불가능하다는 절망감이었다. 이런 절망 속에서도 계속 시를 쓴다는 것은 그렇다면 무슨 의미가 있을까?

> 최근에 나를 사로잡고 있는 문제가 그렇다. 시쓰기는 '나'를 찾아가는 외로운 여행이었다. 그러나 이 여행이 허망하다는 생각을 하면서도 나는 계속 시를 쓰고 있다. 옛날의 시쓰기가 자아 탐구라는 나름대로 그럴 듯한 명분을 전제하고 있었다면 최근의 시쓰기는 그런 명분을 전제로 하지 않는다고 할 수 있다. 그런 점에서 최근의 시쓰

기를 살아가는 한 가지 방식에 지나지 않는다.

—산문 「나는 왜 문학을 하는가」 부분[35)]

우리는 시인의 산문적 서술과 같이 그의 시적 여정이 불가해한 '나'를 증명하려는 노력과 불가능성으로 집약된다는 점을 확인할 수 있다. 나아가 스스로에게 질문하고 있는 바와 같이, 존재 증명과 관련된 절망 속에서 지속적으로 이루어진 시쓰기라는 행위의 의미를 소급적으로 추론하게 된다. '나'를 찾아가는 존재론적 고독에 따른 시적 여행은 어떠한 대상도 대리수행할 수 없다는 특성을 갖는다. 그리고 허망하지 않아서 지속적으로 수행하는 것이 아니라, 그럼에도 불구하고 이어가는 가는 도정이 된다. 상황이 이러할 때 우리는 스스로를 메타적으로 인지하고 있으며, 쓰는 주체와 그에 해당하는 주체를 바라보는 스스로의 시선이 동시에 존재한다는 점을 알 수 있게 된다. 이러한 '분리'가 시 안에서 바바리를 입은 이승훈 씨와 시인 이승훈 씨라는 인물로 그려지고 있는 것이다. 시인이 산문에서 말하고 있는 것처럼 과거의 시쓰기가 자아 탐구라는 명분에 따른 목표에 초점을 맞추고 있다면, 해당 시기의 시쓰기는 삶의 한 가지 방식에 해당된다. 여기서 명분과 방식은 추상과 구상의 층위이기도 하다.

우리가 이러한 시적 정황을 정신분석 관점에서 살펴볼 때 TV영화 중 하나인 <내가 더 이상 거기에 없을 때>는 제목 자체가 시사적이다. 이것은 환상 응시의 가장 명백한 공식을, 즉 그림에서 자신을 지워 없앤 채로 자신의 부재 시에 출현하는 전원 풍경을 관찰하는 육체에 대해 주목한다. 이는 육체 없는 유령 같은 순수한 응시로서 남아 있는 주체에 관한 가장 명백한 공식을 제공[36)]한다. 그러므로 결과적으로 '분신'의 원형이 거울 단

35) 이승훈, 「나는 왜 문학을 하는가」, 앞의 산문집, 76쪽.

36) 슬라보예 지젝, 『진짜 눈물의 공포』, 157~158쪽.

계에서 비롯된다고 언급할 수 있다. '분신'의 원형은 "주체의 동일성이 외부에 체현된 것으로서 거울 단계에서 주체가 거울을 통해 보는 자기 자신의 상상적 이미지"라고 설명될 수 있으며, 이때의 '분신'은 단순한 반영이 아니라 주체 내부의 잉여(lack), 즉 대상 a와 긴밀히 연결된 존재로서 자리한다. 여기서 '분신'은 단지 이상화된 자아의 반영이 아니라, 주체보다 '더 주체인(divided subject)' 존재로 등장하며 해당 순간은 다양한 예술적 텍스트로 구현된다.[37] 그러한 의미에서 바바리를 입은 이승훈 씨와 시인 이승훈 씨는 '불화'를 통해 주체보다 '더 주체인' 존재로 서로를 대면하게 된다.

이를 유비적으로 설명해보자면 자본주의의 생산력을 충분히 전개하지 못하는 불가능성의 조건으로서 이런 내재적 장애물/반대가 동시에 가능성의 조건도 된다는 점을 참고해 볼 수 있다. 만일 우리가 장애물, 즉 자본주의의 내재적 모순을 없애버리면 우리는 드디어 그 방해물에 의해 전달된 생산성에 대한 욕동을 완전히 풀어놓지 못하게 되지만, 우리는 정확히 자본주의에 의해 생성되면서 동시에 방해되는 듯이 보이는 이러한 생산성을 잃어버리게 된다. 만일 우리가 장애물을 치워버리면 그 장애물에 의해 방해된 바로 그 가능성도 없어져 버린다.[38] 그러므로 시적 상황에서 바바리를 걸친 이승훈 씨와 시인 이승훈 씨의 의견 불일치는 자아 탐구의 (불)가능성의 조건이 된다. 장애물은 어떠한 가능성을 전제로 한 조건인 동시에 불가능성 그 자체로 귀결될 수 있는 가능성을 내장하고 있기 때문이다.

이승훈 시세계 내에서 이러한 주체의 (불)가능성은 초월적으로 비약하지 않으면서도 동시에 향유하는 측면을 드러낸다. 그것은 주체의 심층 속에 감춰져 있지는 않더라도 주체의 내부에 있는 것을 즐기는 방식이다. 하

37) 자크 라캉, 맹정현 외 옮김, 『정신분석의 네 가지 근본 개념』, 새물결, 2008, 175~176쪽.
38) 자크 라캉, 위의 책, 213~214쪽.

나의 증상이라고 말할 수 있는 것은 주체의 향락에 대한 낭만주의 이후의 특수성에 대한 매우 특별한 번역이 된다. 또한 각각의 담론이 향유의 도구라는 것을 강조하는 일이 되기도 한다. 다시 말해서 "인간은 스스로에게 말을 건네는 바로 그 사람"이 되는 것이다. 가능하다면 가장 명백한 방식으로 그 결과를 분리해내기 위해 우리의 어리석음과 우리의 모든 규제철폐를 검토하는 것, 그 외의 다른 도덕적 양심은 존재하지 않는다.[39] 결과적으로 바바리를 입은 이승훈 씨와 시인 이승훈 씨는 "스스로에게 말을 건네는 바로 그 사람"이 된다.

3. 결론: '이승훈 씨' 연작시의 지평에 대한 예비

앞선 논의를 정리해 보면 다음과 같다. 서론에서 우리는 한국문학사에서 이승훈 시인이 급진적인 언어 실험 시인으로 규정되고 있음에 주목하였다. 그의 시세계 내에서 언어는 현실을 반영하는 매개가 아니라, 그 자체로 존재하는 기호 체계로 기능한다. 이러한 입장은 언어의 구조와 무의식의 층위를 탐색하는 데 초점이 맞춰져 있다. 그는 일련의 시도들을 통해 '시란 무엇인가'에 대한 근원적인 질문을 언어 자체에 던진 존재론적 시인으로 자리매김 된다. 그는 '언어적 실험시'의 정점으로 평가되고 있으며, 이러한 그의 도저한 실험은 후대 시인들에게 형식적·사유적 전환의 가능성을 열어주고 있다는 점에서 현재성의 의의를 획득하고 있다.

이승훈 시세계의 주체 의식에 관한 기존 연구를 비판적으로 수용하면서, 본 논문에서는 주체 의식이 두드러지게 나타나는 「이승훈 씨를 만나

39) 슬라보예 지젝, 김종주 옮김, 『자끄 라깡과 정신분석의 이면』, 인간사랑, 2017, 416~417쪽.

러 간 이승훈 씨」라는 작품을 자세히 읽어보고자 하였다. 이 작품에 대한 자세히 읽기의 필요성은 대략 다음과 같다. 첫째 해당 작품은 이승훈 시세계 내에서 주체와 관련된 위상학적 의미에도 불구하고 단일 텍스트로 자세하게 분석된 바가 없다. 둘째 주체에 대한 논의 중 자아 분열이라는 결과론적 정설에 대한 새로운 정신분석적 접근의 방향타를 제공할 필요가 있다. 셋째 형식적 층위에서 캐릭터, 연극적 대화, 언어 미학 등을 새롭게 규명할 필요가 있다. 넷째 시인의 산문을 전거로 주체 의식에 대한 형성과 변천 과정을 소급적으로 규명하는 데 의의가 있다.

2장에서는 분신과 실패를 통해 바라본 주체의 (불)가능성을 탐색하였다. 이는 존재론적 회의와 3인칭 시점 지향성, '분신' 관계로서의 바바리를 입은 이승훈 씨와 시인 이승훈 씨 나아가 '실패'를 통한 주체의 (불)가능성, '부재'의 양식으로 존재하는 '분신' 관계라는 층위로 다시 세분화된다. 현대시사에서 이승훈 시인은 모더니즘 경향성에 따라 인식론적 회의 즉, 그의 시의 출발점인 자아탐구를 지탱하는 시적 사유를 담당한다. 그가 결국 '나'는 어디에도 없다고 했을 때 이것은 절망이 아니라 그의 인식론적 회의의 해체주의로 보아야 한다. 해체주의에서 자아탐구는 결코 완결되는 법이 없기 때문이다. 나아가 분신 관계인 바바리를 걸친 이승훈 씨와 시인 이승훈 씨는 '나'와 닮아있으면서도 이질적인, '나' 자체의 근본적인 분열을 체현한다. 여기서 '분신'은 주체의 숨겨진 혹은 억압된 욕망들을 실현하면서 주체가 감히 해야 했거나 하지 못한 일들을 행한다. 때문에 '분신'은 주체를 불편하게 하며 자극하는 것과 동시에 "참을 수 없는" 방해자이면서, 주체가 "잃어버린 원초적 대상을 보유하고" 있다고 여겨지는 존재이다. 그러므로 두 이승훈 씨의 의사소통의 어려움은 근본적인 의미에서의 단절에서 기인한다.

라캉을 통해 추론할 수 있듯이 실재에는 어떠한 부재도 없으며, 사물들은 오직 어떤 것이 자신의 (상징적) 자리에서 사라져버리는 상징적 공간에서만 '부재의 양식'으로 현존할 수 있다. 결국 시의 마지막 부분에서 바바리를 걸친 이승훈 씨는 시인 이승훈 씨의 태도에 화가 나서 의자에서 일어나 소리친다. 여기서 "좋아요 좋아!"는 반어이다. 의견 불일치를 강조하는 맥락에서의 문장이기 때문이다. 그로 인해 그리고 그는 문을 쾅 닫고 사라진다. 여기서의 반어란 기법이 아니라 철학적 개입 방식이며, 특히 이데올로기 비판, 주체의 실패, 욕망의 구조 등을 폭로하는 데 중요한 기능을 수행한다. 반어를 사용하는 것은 주체의 총체성과 관련되며 이는 실패를 위한 시적 장치에 해당한다.

후속 과제는 연구사에서 정치하게 다뤄진 바가 없는 '이승훈 씨' 연작시의 지평을 구축하고자하는 작업과 연관된다. 대상 텍스트 목록은 다음과 같다. 「서울에서의 이승훈 씨」, 「담배를 피우는 이승훈 씨」, 「술 마시는 이승훈 씨」, 「이승훈 씨의 초상」, 「할 말이 없는 이승훈 씨」이다. 이는 그가 평생을 다해 일궈온 자아탐구의 정점이자, 과정적 층위에서의 질문이 시적으로 구현된 중요한 텍스트들이라고 할 수 있다. 그러므로 우리는 이 시편들을 '이승훈 씨' 연작시라 명명하고 그 내부에서 포착되는 자아탐구의 가능성과 그 반대의 층위에 존재하는 충돌, 균열 등에 집중하여 이를 정치하게 분석할 필요가 있는 것이다.

이승훈 시에 나타난 주체와 타자의 재구성 연구*

—'동물-되기'의 상상력을 넘어 '동물 타자'로—

정애진

1. 들어가며

1962년 『현대문학』을 통해 시단에 등장한 이승훈은 2010년대 이후로도 왕성한 작품 활동을 해오며 20여 권에 가까운 시집과 다수의 평론집을 남겼다. 범박하게 이야기하자면 약 40여 년 동안 쉬지 않고 작품 창작과 연구 활동을 해온 셈이 된다. 실제로 그의 작품과 저서는 현대시사에 적지 않은 영향을 미쳤으며, 이를 통해 이승훈은 한국의 모더니즘 시사에서 빼놓을 수 없는 인물로 자리매김했다. 특히 그의 초기 시에서 나타나는 언어의 실험성, 자아의 해체, 기표와 기의의 혼동 등의 특징은 '비대상'이라는 이승훈의 독자적인 시론과 더해지면서 다양한 연구를 파생시켜 왔다.[1] 이

---

* 정애진, 「이승훈 시에 나타난 주체와 타자의 재구성 연구—'동물-되기'의 상상력을 넘어 '동물 타자'로—」, 『국제언어문학』 61호, 국제언어문학회, 2025. 8.

승훈의 시는 대체로 '없음'의 시학으로 일컬어지곤 한다. '대상의 부재', '주체의 부재', '의미의 부재', '언어 질서의 부재'는 그의 시를 단적으로 설명한다. 그간의 연구에서 이 '비어 있음'의 시학은 분열된 주체와 내면세계, 자아의 강박, 불안의식 등으로 해명되어왔다.[2] 이외에도 이승훈 시의 핵심 개념인 '주체'와 '타자'의 형상에 주목한 논의를 살필 수 있다. 먼저 송기한은 '비대상시'라는 이승훈 시의 특성을 '자아 탐색'과 연결하여 '자아와 무의식의 대립과 병존, 타자적 언어의 현상, 언어와 자아의 관계 성찰' 등의 문제를 규명하고자 했다. 이 연구는 의식과 무의식이 충돌하고 공존하는 구조, 타자의 언어가 주체를 흔드는 방식 등을 치밀하게 분석했다는 점에서 그 의미를 찾을 수 있으나, 연구 대상을 초기 시로 한정하고 있어 이승훈 시 전반의 시학적 전환을 총체적으로 살피지 못했다는 한계를 갖는다. 김혜진은 이승훈 시에 등장하는 '닭' 과 여러 사물들을 중심으로 '주체의 앎'과 '타자의 지식' 사이에 발생하는 균열을 포착함으로써 이승훈 시를 새롭게 독해할 수 있는 가능성을 제시했다.[3] 이외 신나리는 자크 데리다와 줄리아 크리스테바의 이론을 적용하여 '절대적 타자'의 등장

1) '비대상' 개념과 관련해서는 대표적으로 신동옥의 논문을 거론할 수 있다. 그는 이승훈의 시학 전체를 관통하는 "비대상"의 개념사를 추적하면서 비대상 시론의 변화 과정을 통해 이승훈 시론의 동시성과 연속성을 파악하고자 했다. 이 일련의 작업을 통해 비대상 개념이 고정된 것이 아니라 시기에 따라 변주되고 재정의 될 수 있음을 증명했다는 점에서 그 성과가 크다고 할 수 있다. 신동옥, 「이승훈 '비대상' 시론 연구」, 『한국시학연구』 제65집, 한국시학회, 2021.02, 10쪽.

2) 심은섭, 「이승훈의 시 의식에 관한 연구」, 가톨릭관동대학교 대학원 석사학위논문, 2009, 권준형,「이승훈 시의 언어 양상 연구」, 한양대학교 대학원 석사학위논문, 2018, 남승원, 「내면세계의 인식과 기법의 발견-이승훈 시집 『사물A』와 시론집 『反人間』을 중심으로-」『한국언어문화』 제80호, 한국언어문화학회, 2023.04, 전병준 「이승훈 초기 시에 나타난 불안과 언어의 의미」, 『한국언어문화』, 한국언어문화학회, 제80호, 2023.04

3) 김혜진, 「이승훈 시에 나타난 '앎'의 주체」, 『한국언어문학회』 제80집, 한국언어문화, 2023.04.

으로 존재론적 변화를 겪은 주체가 '환대', '모성적 코라'를 통해 탈근대적 주체의 양상을 띠게 되는 과정을 파헤치고자 했다. 이 또한 이승훈 시의 해석적 가능성을 확대한다는 점에서 의의가 있으나, '타자' 개념을 '절대적 타자'에 고정시킴으로써 논의의 확장을 이루어내지 못한다는 점에서 아쉬움이 있다.[4)]

살펴보았듯, 기존의 연구는 타자의 범위를 주로 '자아와 합일되지 못하는 나' 혹은 '너'에만 한정해왔을 뿐, 그의 시에서 꾸준히 언급되는 '동물(비인간)'의 의미에 대한 폭넓은 조망으로까지는 나아가지 못했다. 이승훈의 초기 시에서 시적 주체는 언어적 해체와 자기 분열을 통해 진정한 자아를 탐색하고자 하는 욕망을 드러내면서 자아의 경계 바깥에 있는 '너'를 끊임없이 호출한다. 그러나 이름 붙일 수 없는 '너'는 무엇으로 특정될 수 있는 구체적 대상이 아니라 자기 내부에서 촉발되는 타자성의 발현에 가깝다. 이처럼 자아와 타자의 경계가 흐려지는 순간 시적 주체는 '동물-되기'의 상상력을 바탕으로 그 어떤 모습으로도 고정되지 않고, 무한한 생성의 가능성을 가진 존재로 탈바꿈하게 된다. 반면 후기 시에 이르러서는 '너', '그' '당신' 등의 호칭어가 줄어들면서 완전한 '나'도, '너'도 아니었던 타자의 형상이 구체화되기 시작한다. 이 같은 변화의 중심에는 환대의 대상으로서의 '동물'이 존재한다. 이승훈은 고전 철학의 인간중심주의적 논의에서 벗어나 동물을 '있는 그대로 존중하고 이해해야 할 대상'으로서 새롭게 사유한다.

『이승훈 시전집』에 실린 서문은 시인의 시적 동력, 시 쓰기의 목적과 의도 등을 추측해볼 수 있게 한다.[5)] 간단히 요약하자면, 그에게 있어 시 쓰기

---

4) 신나리, 「이승훈 시에 나타난 탈근대적 주체 연구」, 이화여자대학교 대학원 석사학위논문, 2019.

5) "그동안 나는 시를 쓴 게 아니라 나를 찾아 헤맸고, 그것은 초기의 자아찾기, 중기의 자아소멸, 후기의 자아불이로 요약된다." 이승훈, 『이승훈 시전집』, 황금알, 2012.

는 자아 탐색의 과정 그 자체였으며, "나를 찾아 헤매"는 과정은 "자아찾기", "자아소멸", 최종적으로는 "자아불이"로 귀결될 수 있다. 이승훈의 초기 시에서는 정체불명의 '너'가 자주 출현하는데, '너'와 '나'의 경계가 모호해지는 혼돈의 장은 '본래의 나'를 찾고자 하는 욕망을 끊임없이 추동한다. 이러한 욕망은 동물-되기의 상상력 속에서 발현되며,시적 주체는 인간과 동물이라는 존재론적 차이를 넘어서기 위해 경계의 틈, 곧 '사이에 존재하기'를 시도한다. 나아가 자신의 인간적 속성을 버리고 타자의 영역으로 흘러 들어가는 일련의 과정을 통해 "기존의 동물성과 인간성은 무화(無化)되고 각각은 새롭게 재규정된다."[6] 반면 후기 시에서 동물은 더 이상 환상의 도피처나 무의식의 은유로서만 다루어지지 않는다. 동물은 또 하나의 능동적 존재로서 주체가 조건 없이 응답해야 할 타자, 즉 환대의 윤리를 구성하는 핵심 요소로 기능한다. '절대적 환대'의 시도를 통해 시인은 주체와 타자의 경계를 허물며, 둘이면서도 하나인 관계, 곧 '불이(不二)'의 세계를 그려낸다. 여기서 '불이(不二)'는 타자를 동일화하는 융합의 의미가 아니라 각각의 차이를 유지한 상태로 이루어지는 궁극적 연대의 형식이다.

지금까지 서술한 내용을 바탕으로 본 논문에서는 이승훈 시에 나타나는 동물 이미지를 단순한 비유적 장치로서가 아니라 주체와 능동적으로 관계하는 '타자적 존재로서의 동물'이라는 관점에서 재독해하는 작업을 수행하고자 한다. 들뢰즈의 동물-되기와 데리다의 동물 타자 개념을 통해 이승훈 시의 주체 해체와 탈경계적 감각을 분석하는 동시에, 동물을 윤리적 관계의 주체로 사유하려는 시적 움직임을 효과적으로 해명할 수 있으리라고 기대한다.

---

6) 김동규, 「동물시학 연구: 하이데거 철학을 중심으로」, 『현대유럽철학연구』 제49집, 한국현대유럽철학회, 2018.04, 21쪽.

2. 동물-되기를 통한 비인간-되기의 욕망

이승훈의 시에 등장하는 비정형화된 '타자'의 형상은 그의 시세계를 전체적으로 조망하는 데 가장 필수적이며 핵심적인 개념이다. 그중에서도 가장 빈번히 호명되는 대상은 바로 '너'일 것이다. 시인은 다섯 번째 시집 『당신의 방』자서(自書)에서, 자신의 시작(詩作) 행위의 동력이 '나'와 '너'의 관계 탐색에 대한 관심에 있었음을 명확히 밝히고 있다.[7] 즉 그는 스스로를 "병든 주체"로 인식하고, 그런 '나'를 끊임없이 부정하고, 부정의 행위 속에서 내부적 타자인 '너'를 포함하여 모든 생명체, 이름 붙은 사물들과 관계 맺기를 통해 시 쓰기를 완성해온 것이다. 때문에 이승훈 시를 전체적으로 조망하고, 그의 시세계를 진지하게 탐구하기 위해서는 '나'와 '너'의 관계성을 보다 심도 깊게 관찰하는 일이 선행되어야 할 것이다.

> 내가 삽을 들면/너는 달려온다/너는 없지만/너는 어디에나 있고/너는 방에 누워 있고/너는 울고 있고/너는 거울을 보고 있고/ (중략) /너는 희망 속에 텀벙댄다/네가 텀벙대면/나는 삽을 던지고/나는 너를 껴안고/숨을 쉬는 게 아니라/숨을 죽이고/나는 너를 삼킨다/과연 너는 누구인가?
>
> ―「너는 누구인가」 전문

위 시는 언뜻 봐도 난해한 느낌을 준다. 가령 "너는 없지만 너는 어디에나 있"다는 언술은 논리적 모순을 내포한다. '너는 없다'와 '너는 있다' 중 하나의 명제

7) "지독한 자의식에서 출발한 나의 詩作 행위가 이상하게도 최근에는 나와 너, 그러니까 주체와 객체의 동일성 증명이라는 문제로 쏠리는 것 같다. (중략) 이 책에서 나는 그것을 병든 주체에 대한 인식, 병든 주체에 대한 부정, 이 부정을 통하여 만나게 되는 객체의 의미, 주체와 객체의 대립을 극복하는 일로 정리하고 싶었다." 이승훈, 『당신의 방』, 문학과지성사, 1986.

만 가능하다면, 시적 주체인 '나'는 '너'가 이미 '어디에도 없음'을 알고 있거나, '어디에도 있음'을 알고 있는 상태가 될 것이다. 그렇다면 "과연 너는 누구인가"라고 묻는 '나'는 과연 누구라고 보아야 하는가. '나'와 '너'는 "삽"이라는 특정 매개체를 중심으로 관계하며, "삽을 들"거나 "삽을 던지"는 행위는 '달려오는 너', '텀벙대는 너'의 모습과 긴밀히 연결된다. 또 "너를 삼키는" 행위에 이르러서는 '나'와 '너'의 경계가 점차 모호해지고, 타자의 일상이 주체의 내부로 깊게 침투한다. 이렇게 '나'와 '너'는 하나의 세계 속에 동시에 존재하며, 서로의 일상에 균열을 내게 된다.

> 길을 가다가 /문득 살펴보면/이 팔도/이 머리도/무수한 너로 덮인다/그렇다/내가/걷는 게 아니다/무수한 네가 걷는다/거리를 걸어가는 너/시장을 보러가는 너/운전을 하는 너/친구들 속에서 더욱/외로워지는 너/해질 무렵 유리창에/물고기를 그리는 너/편지를 쓰는 너/기다리는 너/돌아눕는 너/그런 네가/나를 이룬다/나를 이루고/나를 부수고/다시 이루는/끊임없이 돌아가는/무수한 너!
>
> —「무수한 너」 전문

시적 주체인 '나'는 길을 걷는 도중, 도처에 혼재되어 있는 '너'의 흔적을 발견하게 된다. '너'의 흔적은 거리에도, 시장에도, 유리창에도 있고, 운전을 하는 동안에도, 편지를 쓰는 동안에도 쉽사리 지워지지 않는다. '너'는 "무수한"이라는 형용사로 표현되는데, 이로써 '나'와 '너'는 경계 짓기를 거부하고 같은 세계 속에서 동일한 생활양식을 공유하며 살아가는 존재로 자리하게 된다. 다양한 일상의 모습에서 불쑥 나타나는 '너'는 분명히 정의될 수 없는 정체성을 지니며, "무수한 너"로 인해 '나'의 일상의 공간과 감각은 부서지고 전복되기에 이른다. 지극히 별다를 것 없는 하루가 '반복'의 형태 속에서 생성되듯, '나'와 '너'의 관계는 공유되는 시공간 안에서 끊임없이 순환하게 된다.

> 결국 나는 너이다/네가 있기 때문이다/네가 죽어가기 때문이다/(중략) /나는 네 속에 박힌 돌이기 때문에 나는 너의 입/천당 같은 꽃잎/아니 나는 너의 배꼽/나는 너의 발
>
> —「결국 나는 너이다」 부분

"결국 나는 너이다"라는 선언은 '너'의 속성을 핵심적으로 보여주고 있다. 이승훈의 시에서 '너'는 그 누구도 될 수 없으며, 그 누구도 될 수 있는, 한 마디로 '불가해한 존재'로서 위치한다. '너'라는 대상은 하나의 개별적 존재라기보다 예기치 못한 상황에서 변신을 꾀하는 '열린' 존재이다. 때문에 그 의미 또한 특정될 수 없는 것이다. '너'는 하나의 속성으로 환원될 수 없는 존재이다. '너'뿐만 아니라 '나' 또한 그렇다. '나'와 고정되거나 구분되지 않고 다양성의 자리에서 무한하게 변형되는 '너' 혹은 '나'의 모습은 명확하게 설명될 수 없다. 더 구체적으로 표현하자면, 이승훈 시의 시적 자아는 유일한 실체가 아니라 이질적인 속성을 공유하며 역동적으로 변신을 꾀하는 생명체의 모습을 하고 있다고 표현해야 할 것이다. 이 같은 특이성은 뱀, 개, 개미, 새, 물고기, 닭 등 다양한 동물의 형상을 통해 변주되고, 비로소 구체화된다. 밤마다 자신을 물어뜯는 물고기 맞서 싸우며 물고기의 목을 조르거나(「물고기와의 싸움」), "가느다란 배암이 되"거나(「어휘」), "작은 고양이 속에 웅크리고 있는" 내가 있다거나(「절망의 기교다」), 오징어가 내 목을 조르고, "캄캄한 골목으로 헤엄쳐 달아"난다거나(「절망의 기교다」) 하는 비현실적인 상상력은 그의 시에서 빈번히 출몰한다.

"되기(becoming)"는 고정된 본질이나 정체성을 넘어서 끊임없이 변화하고 생성하는 과정을 의미한다.[8] 들뢰즈에 따르면 개별적 존재는 하나의

동일성만을 지닌 '닫힌 체계'가 아니라, 마치 무리를 지어 살아가는 동물처럼 무한한 수의 이질적인 항들을 내포하며, 이 항들의 연결 관계를 통해 끊임없이 변신할 수 있는 '열린 체계'로 설명된다. 각각의 동일성을 지닌 개체들은 통일된 정체성을 거부하며 열린 정체성을 지닌 생성적인 존재로 의미화 될 수 있다. 물론 '동물-되기'란 고전 설화나 신화에서처럼 인간이 실제 동물의 모습으로 변화하는 것, 즉 '동물이 아닌 인간이 동물이 되는 것'을 뜻하지 않는다. 그것은 오히려 "인간과 동물의 경계가 무너지고 양자가 비식별 영역으로 들어가면서 인간이 강렬하게 스스로를 동물로 느끼는 것"[9]을 의미한다고 보아야 할 것이다.

> 밤마다 욕망의 지렁이가 울고/내가 뛰어간다/뛰고 시간이 무너지고 푸른/한 마디 말이여, 스산하게 물드는/너와의 싸움도 이젠 끝장이다// (중략) /밤마다 징그러운 달이 비친다//내가 껴안은/퍼어런 어둠 속에 빛나는/욕망이 꿈틀대는 나를 밟고/벌판으론 더 많은 바람들이/대야를 안고 몰려간다//아아 기어이 돌아온 것인가/서울의 가을이 차겁게 흐르는/내 이마, 깊고 푸른 팔뚝으로/고향의 커다란 가슴을 껴안으면/욕망의 지렁이가 울고/쏟아지는 시간의 달이 비친다
>
> —「춘천1」 부분

> 소리치는 노오란 해가 번쩍이며 지나가고/벌판에선 내가 편지를

8) "동물-되기는 꿈이 아니며 환상도 아니다. 되기는 완전히 실재적이다. (중략) 실제적인 것은 생성 그 자체, 생성의 블록이지 생성하는 자(celuiqui devient)가 이행해 가는, 고정된 것으로 상정된 몇 개의 항이 아니다. 되기는 되어진 동물에 해당하는 항이 없더라도 동물 되기로 규정될 수 있고 또 그렇게 규정되어야 한다. 인간의 동물-되기는 인간이 변해서 되는 동물이 실재하지 않더라도 실제적이다." 질 들뢰즈, 펠릭스 가타리, 김재인 옮김,『천 개의 고원』, 새물결, 2001, 452쪽.

9) 정항균,『동물 되기』, 세상출판사, 2020, 132~134쪽.

쓴다/크낙한 배암이 울고 있다/비명을 지르며 달리는 고향/무수한 얼굴이 펄럭이고/밤마다 자갈들이 나를 갈긴다

—「춘천2」 부분

예로부터 뱀은 하늘과 땅, 죽음의 세계를 이어주는 중개자로 원초적인 본능과 생명력의 상징으로 여겨져 온 한편, 심리학적으로는 무의식의 비정상적인 혼란이나 파괴적 잠재력에 대한 반동을 표현한 것으로 간주되기도 한다. 더욱이 나무를 감고 있는 뱀의 형상은 관습적으로 아담과 이브의 원죄를 상징하는 매개물로 일컬어지며 도덕적 타락과 악의 근원으로서 의미화 되어 왔다. '뱀'은 영적인 에너지와 활력을 보여주는 동시에 소멸과 죽음의 이미지를 내포하고 있는 것이다.[10] 이 같은 이중성은 어느 쪽으로도 환원될 수 없는 '나'와 '너'의 속성과도 자연스레 이어진다.

위 시의 시작 공간은 시인의 고향인 '춘천'을 향하고 있다. '春天'이라는 아름다운 지명은 산과 마을을 돌아 굽이굽이 흘러가는 소양강을 떠올리게 한다. 그러나 시인은 얼음이 녹은 뒤 생명이 태동하는 강의 잔잔한 물결을 '징그럽게 꿈틀대는 뱀의 몸뚱이'로 형상화한다. 위 시의 시적 주체인 '나'는 "욕망의 지렁이", "크낙한 배암"으로 지칭되며, '징그럽게 꿈틀대는 욕망'은 그런 '나'를 부끄럽고 괴롭게 만든다. 그러나 이를 천하고 하찮은 존재인 뱀과 '나'를 같은 위치에 둠으로써 꾀할 수 있는 자기반성, 자기혐오 정도로 간단히 해석해서는 안 될 것이다. "지렁이" 혹은 "뱀"의 '꿈틀거림'은 단순히 생명체가 근원적으로 갖고 있는 본능과 본성을 보여주는 데서 그치지 않는다. 동물적 '꿈틀거림'의 이미지는 시적 주체의 몸속에서 꿈틀대는 욕망으로 전이되며, 나아가 언어적 표현만으로 저지될 수 없는

10) 이승훈, 『문학으로 읽는 문화상징사전』, 푸른사상, 2009, 232~233쪽.

비인간적 영역의 생동성을 드러내 보여준다. '나'를 괴롭히는 욕망은 현실의 '나'와 현실에서는 존재할 수 없는 또 다른 '나' 혹은 '너' 사이에서 쉴 새 없이 진동하며 새로운 욕망을 탄생시킨다. 즉, 꿈틀거리는 뱀의 형상과 주체할 수 없는 욕망의 실체를 결부시키는 행위는 내 안의 "무수한 얼굴"을 회피하려는 태도가 아니라 오히려 욕망의 대상인 '나'와 '너'를 바로 보고자 하는 의지를 담고 있다고 해야 할 것이다.

> 가느다란 개들이 달리며 「당신은 우리 형님 같구료」「당신은 우리 형님 같구료」 속삭인다. 어느 집이 가장 흐린가 알아보기 위하여, 개들이 달리는 밤에 나는 숨어 「그래」「그래」「그렇다」 대꾸한다. 어느 사무실 앞이다.
>
> —「달리는 개」 전문

과거부터 지금까지 한국 사회에서 통용되는 욕설에는 동물 이름을 차용한 것들이 상당수 존재했다.[11] 예컨대 '닭의 대가리', '뱀 같은 놈', '개돼지' 등의 표현은 상대를 모욕하는 매우 강력한 수준의 욕설로 여겨진다. 동물을 빗댄 욕설은 일반적으로 '인간은 타 동물에 비해 우월하다'는 태도에 기초한다. 특히 '개'와 관련한 비유들, 이를 테면 '개 같은', '개판', '개만도 못한' 등의 표현은 다른 동물 관련 욕설보다 월등히 많이 사용되는데, 이는 우리 사회에 만연하게 정립되어 있는 개의 생태적 속성, 즉 '개는 매우 야만적이며 비천하고, 분별이 없으며 열등하다'는 생각에서 기인한 것이다. 그러나 이승훈은 동물-되기를 통해 오로지 인간의 사유 체계에 입각

---

11) "한국어의 경우, 개/돼지/소/쇠(牛) 같은 접두어, "놈, 년, 새끼, 자식" 같은 접미어가 붙어 매어가 만들어진다." 특히 개와 관련된 욕설은 "개의 부정적 면을 들어 사람들을 매도하는 것이다."박갑수, 「한·중 동물 관련 욕설 문화」『語文學報』 제32권, 강원대학교 국어교육과, 2012, 26~27쪽.

해 인간과 동물을 엄격히 구분하고, 동물을 인간보다 열등한 존재로 간주하는 사회적 시선을 뒤집는다.

시적 주체는 흐린 날(아마도 비가 오는 날) 어느 사무실 앞에 서 있다. 그는 비 내리는 풍경 속에서 "가느다란 개들"을 보고, 그것들과 대화(소통)하며 개들의 시선과 목소리를 거부감 없이 받아들이기에 이른다. 이 '받아들임'의 행위는 무질서하게 내리는 빗줄기의 형상을 음식을 먹지 못해 비쩍 말라버린 개의 형상으로 변모시킨다. 중요한 것은 이 같은 '동물-되기'의 상상력을 통해 시적 주체인 '나'의 "다양한 욕망, 즉 생성에의 욕망(개인적인 욕망뿐만이 아니라)을 억압해 온 가부장적인 법질서"가 전복된다는 사실이다.[12] "당신은 형님 같구료"라는 개들의 속삭임은 단순한 의인화나 흉내 내기를 넘어서 종(인간인 것)과 종(인간이 아닌 것) 사이의 경계를 허무는 일종의 '교감'으로 기능한다. 다시 말해 '개'와 내가 통합된 하나의 존재로서 '되기'이 흐름에 들이서는 순간은 새로운 존재 방식의 가능성이 열리는 순간이다.

> 너를 만난 날은/날개 달린 날이다/현실이 사라지고/나른 현실이/태어난 날/그러니까 그날은/초현실의 날이다 훨훨/새가 날아오던 날
>
> —「너를 만난 날」 부분

> 막차를 타고 어머니, 갈매기 나라에 갑니다. (중략) 내 머리가 갈매기 나라에 닿습니다. 이제 내 머리, 인간을 떠나 갈매기와 함께 있으니, 갈매기는 끼룩거리며 바다의 상처를 알려줍니다. 눈물 한 방울이 썩어 마침내 바다가 됩니다 바다, 밤마다 생의 프랑크톤 프랑크톤이 내 머리로 들어와 존재가 됩니다.
>
> —「갈매기 나라」 전문

---

12) 정항균, 앞의 책, 328쪽.

'-되기'를 통한 새로운 존재 방식으로의 전환 욕구는 "날개" 이미지를 통해 확산된다. 그러나 "날개"는 인간 존재가 가진 초월성에 대한 염원을 형상화하는 데서 그치지 않는다. 그것은 타자와의 접속을 위한 초현실, 비인간적 상태로의 진입을 가능케 하는 조건으로서 의미화 된다. '날개가 돋는 순간'은 종과 종 사이의 간극을 뛰어넘는 생물학적 변화를 보여주는 것이 아니라 인간의 존재 조건이 뒤바뀌는 시점이다.

"갈매기 나라"는 비인간 존재들의 세계를 표상한다. "막차"는 '종료', '막다른 지점'을 의미하며, "막차"를 타고 "갈매기 나라"에 도착하는 행위는 곧 '나'를 옭아매던 규율과 법에서 벗어나게 됨을 뜻한다. 시적 주체의 "머리가 갈매기 나라에 닿"는 순간은 존재의 전환과 감각의 전이가 동시에 이루어지는 순간으로, 인간의 존재 조건인 이성, 즉 인간성을 탈각해 가는 과정을 보여준다. 이때 "갈매기"는 시적 주체를 '동물-되기'의 상상력으로 이끄는 통로이자 타자의 언어를 전달하는 중개자가 되는데, "갈매기"가 알려주는 "바다의 상처"를 통해 '나'는 인간의 언어로는 도달할 수 없는 타자의 언어에 감응하고, 나아가서는 이질적인 존재의 심연에 도달할 수 있게 된다.

> 물고기가 되기도 하고 통곡이 되기도 한다 아니다 닭은 몰려오는 비행기 저렇게 굶주리는 비행기 하얀 닭은 하얀 물고기 하얀 통곡 온통 고독하다 비행기가 몰려온다 굶주림이 몰려온다 나는 방으로 들어가 이불을 뒤집어 쓴다 그러면 방안에 가득차는 하얀 닭들이 밤새도록 푸드득 거리고 나도 덩달아 푸드득 거린다
>
> —「닭」 전문

이 시의 시적 대상은 '닭'이다. 이 '닭'이 실제로 눈앞에 존재하느냐, 그

저 머릿속에서 상상으로만 존재하느냐를 따지는 일은 그리 중요하지 않다. 주목할 만한 부분은 시적 대상인 "닭"의 모습이 시적 주체인 '나'의 시선에 따라 다양하게 '변주'된다는 점이다. '나'는 능동적인 자세로 눈앞의, 혹은 머릿속에서 상상된 "닭"과 마주한다. "닭"은 "물고기", "하얀 통곡", "비행기" 등으로 자신의 모습을 자유자재로 뒤바꾼다. 닭은 날개 달린 다른 동물들과 달리 날개가 있어도 날지 못한다는 점에서 특이성을 갖는다. 닭에게 있어 날개는 오히려 날 수 있다는 의지를 부여하면서도 결코 날 수 없는 결정적 이유가 된다. 결국 '날개'는 욕망의 실현가능성을 가장한 허상에 불과할 뿐인 것이다. 이 불가능성 앞에서 "닭"은 밤새 "푸드득 거"리며 저항하는데, 공중에 닿지 못하는 불완전한 몸짓은 시적 주체의 감응과 '-되기'의 욕망을 이끌어내는 주요한 계기가 된다. "닭"은 무리를 이루며 살아가지만 그 내부를 잠식하고 있는 것은 공동체적 온기가 아닌 '생존을 갈구하는 절박한 소란'이다. 시적 주체 또한 타자와 함께하는 생활 속에서 감지되는 고독을 모를 리 없다. 결과적으로 "고독"이라는 존재적 상태는 "닭"과 '나'의 감정적 전이를 위한 틈을 만들고, '날갯짓'이라는 공통된 몸짓을 통해 언어 없는 접속이 실현된다.

3. '나'와 '너(동물)'의 관계를 여는 환대의 시학

예로부터 인간은 세계 내 다양한 생명체 중 가장 우위에 선 존재로 인식되어 왔다. 서구 철학에서는 전통적으로 '이성'과 '언어'를 근간으로 하여 인간을 타 생명체와 분명하게 구분 짓고자 했다.[13] 데카르트는 동물에게

13) 아리스토텔레스는 "모든 동물 중에 유독 사람만이 언어의 능력을 갖추고 있"음을

는 언어가 없으므로 고차원적인 사고와 언어적 응답이 불가능하다고 보았다. 때문에 동물은 언어를 바탕으로 사유하고 마침내 응답에 이르는, 이 최소한의 존재적 조건을 충족하지 못하고 그저 감각에만 입각해 마치 "자동 장치(automatons)"처럼 기계적으로 반응만 할 수 있는 존재로 여겨졌다. 또한 인간과 달리 영혼이 없기 때문에 신을 사랑하려는 의지나 물질적인 대상에 대한 욕망이나 환상을 갖지 못하는 존재로 받아들여졌다. 결국 동물은 인간만이 갖는 특성, 이를테면 언어를 바탕으로 한 이성, 도덕적 성찰, 죽음 의식 등을 결여한 대상으로 전락할 수밖에 없었다. 이처럼 동물을 철저히 배제함으로써 인간을 동물보다 우월한 대상으로 인식하는 철학적 계보는 칸트, 하이데거, 라캉, 레비나스로까지 이어져 왔다. 전통철학에서부터 현대 철학에 이르는 이론적 토대 속에서, 동물의 세계는 오랜 시간 동안 인간의 세계와 비교해 완전하지 못한 것, '가난'하고 '결핍'된 것으로서 규정되어온 것이다.[14)]

반면 데리다는 그동안 자연스럽게 용인되어 온 인간중심주의적 철학을 비판하면서 결핍은 곧 "가능성과 생성의 조건"이며, 그동안 이어져온 철학의 역사는 곧 "동물 타자에 대한 억압의 계보학"이라는 점을 강조한다.[15)] 주지하다시피 기존의 철학은 동물을 '말할 수 없고, 생각할 수 없으

강조하고, 동물에게는 단지 "고통이나 쾌락을 느끼고 그것을 서로에게 표현할 수 있는 능력"만 있을 뿐 결코 올바른 것과 올바르지 않은 것을 말할 수 없다고 보았다. 즉, 이성과 언어를 바탕으로 "사람만이 선과 악, 정의와 불의"를 인식할 수 있으며, 때문에 오직 인간만이 가족이나 국가를 형성할 수 있다는 것이다. 아리스토텔레스, 손명현 옮김, 『니코마코스 윤리학 정치학 시학』, 동서문화사, 2007, 262~263쪽.

14) 하이데거는 그의 저서 『형이상학의 근본개념들』에서 '돌은 세계가 없다', '동물은 세계가 부족하다', '인간은 세계를 형성한다'는 테제로 동물의 '결핍'을 강조했다, 이에 데리다는 "인간중심적인 휴머니즘 비판을 하이데거가 철저히 수행하지 못했다"는 이유로 그를 비판했다. 김동규, 「후기 하이데거 철학의 동물론: 아감벤, 데리다 비판의 맹점」, 『철학탐구』 제52집, 중앙대학교 중앙철학연구소, 2018.11, 189쪽.

15) 임은제, 『데리다의 동물 타자』, 그린비, 2022, 21쪽.

며, 응답 또한 할 수 없는' 타자이자 인간 외부에 머무는 소외된 대상으로 위치시켰다. 데리다는 인간과 동물의 관계를 이분법적으로 구분 짓는 기존의 철학적 발상에서 벗어나 동물을 단일한 범주로 묶어 단순화하는 사유의 틀을 해체한다. 그는 서로 다른 동물의 습성, 생태, 지능 수준 등을 무시한 채 그저 '동물'이라는 하나의 이름으로 환원해버리고 마는 기존의 사고방식을 거부한다. 그에게 있어 동물은 결핍된 존재가 아니라, 인간 중심의 철학이 외면하고 묵살해온 온 타자이다. 그런 점에서 동물 타자는 오히려 인간에게 성찰의 기회를 열어주는 존재가 된다. 데리다는 그의 저서 『L'animal que donc je suis』에서 나체 상태의 자신을 바라보고 있는 고양이의 시선에 주목한다. 그는 고양이와 자신이 서로를 응시하고 있다는 사실에 갑자기 수치심을 느끼게 된다. 이 같은 경험은 동물이 응답의 대상이 될 수 있음을 암시함과 동시에, 인간에게 질문을 던질 수 있는 존재인을 깨닫게 한다.[16] 이로써 동물은 더 이상 객체화된 존재가 아니라, 인간을 향해 도래하는 타자로 대상화될 수 있다.

이 지점에서 데리다의 '환대(hospitalité)' 개념을 동물 타자로 확상시켜 이해할 수 있는 가능성이 생긴다. 데리다가 이야기하는 환대란 공동체의 질서와 동일성, 법과 경계를 흔드는 타자의 도래에 자신을 열어두는 윤리적 요구이며, 타자를 그 어떤 조건으로도 규정하지 않고, 조건 없이, '누구든지'를 맞이하려는 태도이다. 만약 동물이 환대의 대상이 된다면, 인간은 인간에게 적용되는 규범과 언어, 윤리의 틀을 보편화하지 않고, 동물이 지닌 존재 방식과 고유한 삶의 형태를 있는 그대로 존중해야 한다. 이렇듯 동물을 향한 환대는 인간 존재의 의미를 다시금 돌아보게 만들며, 더 나아가서는 타자와

16) 자크 데리다, 최성희, 문성원 옮김, 「동물, 그러니까 나인 동물」, 『문화과학』 76호, 문화과학사, 2013.12.

의 관계에서 비롯되는 윤리의 시작점으로 기능하게 되는 것이다.

> 시체들은 잠이 들었는지/이젠 조용하오// (중략) //이젠 잠이 깨었는지/저렇게 소란스럽소//갑자기 땀이 나고 오한이 나고/불이 켜지오 시체들은//잠자지 않고 킬킬 거리오/여기 말고 더 좋은 곳이 있다고//저 시체들은 언제나/변하지 않는 내 삶이오
>
> —「변하지 않는 삶」 전문

> 하지만 나는 살아 있는 시체다. (중략) 가슴이 없는 놈들하곤 다르니까 무엇보다 인간의 자욱이 지르는 소리니까 시여, 살아 있는 시체의 시여, 너나 살아라.
>
> —「살아 있는 시체」 부분

"시체"란 죽은 사람의 몸, 즉 생명이 완전히 소진되어 육체만 남은 상태를 일컫는다. 이 시에서 시적 주체는 한때 인간이었던 존재, 그러나 이제는 껍데기만 남아 그 무엇도 할 수 '없는' 존재들을 나름의 방식으로 인식하고 있다. 웃을 수 없고, 움직일 수 없고, 소통할 수 없는 시체들은 사회적 상징체계 내에서 철저히 배제된 자들이다. 다시 말해 타인에게 관계의 대상으로 받아들여질 수 없으며, 어떤 방법으로도 응답 받을 수 없는 존재들은 '환대'의 가능성을 지니지 못한 자들로 정의될 수 있다. 그런데 고요하던 "시체"들이 불현듯 킬킬대며 소란을 피우는 순간, 이 정적과 침묵의 장면에 공포스러운 균열이 가해지기 시작한다. 언어를 갖지 못한 존재들이 언어를 통해 '나'의 세계로 비집고 들어오는 장면은 시적 주체에게 "땀"과 "오한"이라는 신체적 반응을 야기하기에 이른다. 이 불가해한 상황 속에서 시적 주체는 시체들의 모습이 "언제나 변하지 않는 내 삶"과 같다는 사실을 발견한다.

시적 주체는 스스로를 '살아 있는 시체'로 명명하기에 이른다. 죽어 있

는 대상이면서 여전히 '살아 있다'는 외침은 불안정한 주체의 모습을 대변한다. 살아 있지만 완전히 살아 있지 않으며, 그렇다고 죽어 있다고 이야기될 수도 없는 '나'는 사회 질서와 법, 공동체적 관습의 영향에서 비껴난 존재이다. 산 자로서 생명 활동을 이어가면서도 사회적으로 죽은 자인 '나'의 언어는 결코 타인에게 도달할 수 없다. 결국 "살아 있는 시체의 시", 즉 '나'는 죽고, 언어(시)만이 남아 기약 없는 응답을 기다릴 뿐이다.

> 5월 햇살 속에/우수가 있어라/마당을 기어가는/한 마리 까만/개미가 있어라//5월 햇살 속에 뚝뚝 떨어지는/그리움이 있어라/시린 가슴이 있어라/추운 남자가 있어라//5월 햇살 속에/자라는 어제가 있어라/청회색 그리움이 있어라/어깨의 비를 털고/문을 들어서던/네가 있어라//아아 5월 햇살 속에/죄 많은 남자가 있어라/뚝뚝 떨어지는/그리움이 있어라/마당을 기어가는 한 마리 까만/개미의 우수가 있어라
>
> ―「5월 햇살 속에」 전문

"5월의 햇살"은 누구에게나 공평하게 내리쬔다. 그러나 "죄 많은 남자"에게만큼은 이 찬란한 계절의 형상이 그저 시린 감각으로 느껴질 뿐이다. 그를 춥게 만드는 것은 "청회색 그리움"이며, "어깨의 비를 털고 문을 들어서던 네" 모습이다. 여기서 '너'는 이전에는 있었지만 지금은 없는 않는 과거의 '나', 즉 현재의 '나'와 완벽히 단절된 존재이다. 때문에 과거의 기억 속에서 파생된 내면의 추위와 고독, 죄의식의 감정은 그 누구에게도 들리지 않는 독백이 되어 흐를 뿐이다. "5월의 햇살"과 "시린 가슴"은 '따뜻하다'와 '차다'라는 감각적 충돌을 야기한다. 이 같은 불일치는 단순한 부조화를 넘어서 어떤 "죄"로 인해 타인으로부터 외면 받고, 사회적인 온기를 기대할 수 없는 데서 오는 시적 주체의 무력감과 실존적 불안감을 더욱

선명하게 드러낸다. 따뜻한 계절을 다른 이들처럼 따뜻하게 느낄 수 없다는 사실은 따뜻한 시공간에 소속되지 못한다는 단절감과 존재 위기를 불러온다. 이 같은 상황 속에서 시적 주체는 "이름도, 성도, 가족도, 사회적 위상도 없어서 이방인(외국인)으로 취급되지 못하"17)는 존재처럼 공동체 사회 안에 안정적으로 편입되지 못하고 그 바깥을 외롭게 서성인다. 이때 "마당을 기어가는 한 마리 까만 개미"는 시적 주체와 함께 "그리움"과 "우수"의 감정을 나눌 수 있는 유일한 대상이 된다. "죄 많은 남자"가 홀로 느끼는 고독은 미약한 개미 한 마리가 처한 상황과 실존적 고통에 대한 공감으로 이어진다. 곧이어 시적 주체의 관심과 시선은 개미에 대한 일반적 통념(그 같은 미물은 말할 수 없고, 감정 또한 느낄 수 없다는)을 깨부수고, 개미를 인간과 교감하고 소통할 수 있는 초월적 존재로 탈바꿈하기에 이른다. 개미를 "내 친구"라고 부른다거나(「내 친구 개미」), 세상 것보다 "의자, 작은 방, 개미, 염소"에 관심을 둔다거나(「오토바이」) 하는 시적 주체의 모습은 실존적 외로움의 투영이나 탈속을 통한 도피 행위와는 결을 달리 한다. 그것은 오히려 자신처럼 세상에서 환대받지 못하는 존재에게 건네는 친근함의 제스처, 다시 말해 서로 다른 존재가 이해의 불능에도 불구하고 서로를 외면할 수 없음을 인식하는 데서 오는 환대의 요청으로 해석할 수 있다. 이로써 타자의 고통과 침묵 앞에 선 주체는 타자의 고통에 응답할 책임을 자각하게 된다.

> 개미들에겐 역사가 없다 개미들의 역사는 개미학자들의 역사일 뿐
> 이다 그러니까 인간의 역사다 개미들에겐 시간도 없다 개미들에겐
> 하루도 여름엔 한 시간 겨울엔 이백 사십 시간이다 이건 개미박사가

---

17) 자크 데리다, 남수인 옮김, 『환대에 대하여』, 동문선, 2004, 70쪽.

연구한 결과이다 개미들에겐 불안도 없으리라 이건 내가 연구한 결과이다 아마 틀렸을지 모른다 개미들에겐 항구나 정거장이 없다 이것도 내가 연구한 결과이다 개미들에겐 몸 자체가 항구이며 정거장일 것이다 개미들은 자신 속에서 떠나고 자신 속에서 돌아온다 자신 속에 머물며 자신 속에 떠난다 개미들에겐 출발이 도착이다 시방 나는 움직이는 까아만 항구들을 본다 빛나는 투명한 정거장들을 본다

—「개미들에 대한 단상」 부분

"개미들에겐 역사가 없다"는 시의 첫 구절은 인간의 독단적인 판단과 선택적 사고 속에서 오랜 시간 탄압받아온 동물의 역사를 단적으로 보여준다. "개미들의 역사"에서 주체인 '개미'는 전적으로 배제되어 왔다. 인간의 생활양식이 절대적 기준이 되는 세계에서 개미는 말을 할 수 없으며, 그렇기 때문에 개미의 말 대신 "개미학자들"의 말이 곧 진리가 된다. 개미가 부재한 개미의 세계는 오로지 타자인 인간에 의해 축조되고, 마치 불변의 법칙인 것처럼 지속된다. 시적 주체인 '나'는 "개미박사가 연구한 결과"와 "내가 연구한 결과"를 구분지음으로써 인간이 동물에게 저지르고 있는 폭력성에 능동적으로 저항하고자 한다. 인간의 기준으로 볼 때, 개미에게는 시간이라는 개념이 허락되지 않는다. "개미 박사"는 개미의 하루를 "여름엔 한 시간 겨울엔 이백 사십 시간이"라고 단정 짓는다. 그러나 이 같은 연구는 곤충의 생태학적 이론에 입각한 일면적인 논리에 불과하다.[18] 개미의 입장이 아니라 철저히 인간의 입장에서 성급하게 결론지어진 것이

18) 실제로 개미와 같은 변온동물은 주변 환경, 특히 온도에 매우 민감하게 반응한다. 상대적으로 온도가 높은 여름철에는 활동성이 극대화되고, 그 어느 때보다 빠르게 움직이며 다양한 활동을 한다. 반면 온도가 많이 내려가는 겨울철에는 활동을 거의 멈추고 개미굴 안에서 동면에 들어간다. 결국 인간의 입장에서 사유할 때, 개미의 시간은 바쁜 여름에는 빠르게 지나고, 겨울잠 자는 겨울에는 느리게 지나가게 되는 것이다.

기에 참과 거짓을 논할 수조차 없다. 가장 큰 모순은 개미의 세계에 대해 이야기하면서도 개미에 대한 그 어떤 고려조차 하지 않고 있다는 사실 그 자체이다. 반면 시적 주체는 전적으로 개미의 입장에서 그들의 생태를 사유하고, 그들의 감정을 헤아리고자 시도한다. "불안", "항구", "정거장"은 인간에게만 적용되는 개념이지만, '나'의 조건 없는 사고 속에서 개미는 감정의 주인이자 가능성의 존재로 변화한다. 개미에 대한 '나'의 이해는 객관적 사실에 기초한 개미 연구와는 다른 차원으로 이해되어야 한다. '나'의 인식은 인간의 시선이 아닌 개미의 시선에서, 개미의 삶을 주관적으로 상상하고 해석한 결과이기 때문이다. 또한 "아마 틀렸을지 모른다"는 고백은 자기 해석의 불완전성과 한계를 객관적으로 인식하고 있다는 점에서 환대의 실마리를 갖게 된다. 이러한 제스처는 기존 질서에 속하지 않는 존재에게 말을 건네는 행위이며, 낯설고 이해하기 어려운 타자에게 마음을 여는 절대적 환대의 시도라고 할 수 있다.[19)]

나같은 시인은 나같은 교수는 나같은 아버지는 너희들이 좋다

---

19) 데리다는 조건적 환대와 절대적 환대(무조건적 환대)를 분명히 구분하여 설명한다. 조건적 환대는 법, 제도, 사회 규범 등 일정한 조건을 갖춘 자들에게만 부여되는 환대이다. 이름과 성을 가진 이방인들은 주인의 언어를 이해할 것을 강요당하며, 주인의 권한에 복종한다는 전제하에 환대의 자격을 받을 수 있다. 반면 절대적 환대는 어떤 조건도 없이 순수하게 타자를 포용하고 이해하는 무조건적인 형태의 환대이다. 특히 타자의 존재 자체를 존중하고 법이나 언어, 문화 규범 등을 넘어 있는 그대로의 타자를 초대한다는 점에서 조건적 환대와 구별된다. "절대적 환대는 내가 나의―집을 개방하고, 이방인(성을 가진, 이방인이라는 사회적 위상 등을 가진 이방인)에게만이 아니라 이름 없는 미지의 절대적 타자에게도 줄 것을, 그리고 그에게 장소를 줄 것을, 그를 오게 내버려둘 것을, 도래하게 두고 내가 그에게 제공하는 장소 내에 장소를 가지게 둘 것을, 그러면서도 그에게 상호성(계약에 들어오기)을 요구하지 말고 그의 이름조차도 묻지 말 것을 필수적으로 내세운다." 자크 데리다, 남수인 옮김, 위의 책, 70~71쪽.

> (중략) 너희들이 이 나라를 다스리는 날이 오리라 너희들이 청와대에 가고 너희들이 교수가 되고 너희들이 시장이 되고 너희들이 책을 내고 신문을 내고 너희들이 경찰이 되어 교통을 정리하는!
>
> —「개미시」 부분

"시인"이자 "교수", 그리고 "아버지"라는 기표는 '나'를 구성하는 또 다른 사회적 이름이다. 말할 권리를 독점하거나 타자를 규정할 수 있는 힘을 가진 각각의 이름들은 "개미"와의 자유로운 연결을 불가능하게 하는 요소가 되기도 한다. 이러한 존재적 단절을 뛰어넘기 위해, 시적 주체는 더 낮은 위치에서, 아래부터의 시선으로 "개미"를 응시하고자 한다. 인간중심의 질서를 전복시키려는 시적 주체의 욕망은 "개미"가 사회의 주인이자 중심이 되는 상상력을 통해 실현된다. 오늘도 땅 위를, 아스팔트를, 보도블록을 기어가는 "너희들"은 기존의 질서에 속하지 못하고 주변화된 대상들이다. 그러나 시적 주체가 인간의 자리를 "개미"에게 넘겨줌으로써 그들에게는 비로소 말할 권리, 결정할 권리, 행동할 권리가 주어지게 된다. 세계 내 질서에서 환대받지 못한 자들에게 자신의 자리를 내어주는 이 같은 행위는 자기 동일성을 해체하고, 그 자리에 타자를 위치시킨다는 점에서 급진적 윤리가 발현되는 하나의 방식으로 볼 수 있다.

> 너의 노트엔 너의 백지엔 너의 원고엔/너의 책엔 너의 시집엔 너의 논문엔/너의 평론엔 불안이 없다 그림자도 없다//너의 시엔 바람소리도 없다 너의 노트엔/증오도 없고 상처로 얼룩진 밤들도 없다/스산한 저녁이면 부지런히 집으로/돌아가는 개미여 네가 속삭이는 말을/나는 들을 수 없다 무식한 무식한 무식한/인간인 나를, 치사한 인간인 나를, 아는 게/없는 선생인 나를 좀 도와다오.
>
> —「개미에게」 전문

'없다' 혹은 '부족하다'의 개념은 필연적으로 소외된 자, 외면당하는 자의 특성과 연결된다. 주지하다시피 동물은 인간에 비해 '결핍'되어 있다는 이유로 주체로서 설 자리를 박탈당해 왔다. 그런 점에서 이 시를 어떻게 읽을 것인가 하는 문제는 "없다"의 의미를 어떻게 규정하느냐에 달려 있을 것이다. 시적 주체는 "너"로 지칭되는 "개미"에게는 없는 것들을 나열하기 시작한다. "불안", "그림자", "바람소리", "증오", "상처로 얼룩진 밤"은, 반대로 말해 인간에게만 유효한 것들이다. 중요한 사실은 이 '없음'이 오히려 존재로서의 가능성을 활짝 열어젖힌다는 것이다. "개미"는 결핍되어 있기에, '나'가 가진 것을 갖고 있지 않기에 도움을 청할 수 있는 유일한 존재가 된다. 사회 질서와 의무, 법, 권력, 그리고 언어 속에 갇혀 있는 시적 주체는 모든 고통의 이유를 초탈한 개미를 동경한다. '나'는 "무식한", "치사한", "아는 게 없는 선생" 등의 수식어를 붙여 스스로를 격하시킨다. 이 같은 자기 부정 속에서 '나'의 주체성은 해체되는 듯 보인다. "도와다오"라는 '나'의 간절한 요청에도 개미는 침묵할 뿐이다. 본질적으로는 '나'가 개미의 언어를 이해하지 못하는 탓이다. 이 순간 '나'와 타자인 '개미' 사이에는 절대적 환대의 불가능성이 분명히 감지된다. 그럼에도 '나'는 "개미"라는 소통 불가능한 존재를 성급하게 이해하려 하지 않는다. 그저 "개미"와 '나' 사이를 가르는 침묵 속에 머물고자 할 뿐이다. 타자의 고유성을 침범하지 않는 이러한 거리 두기는 동물 타자에 대한 윤리가 시작되는 최소한의 조건이다.

4. 나가며

지금까지 본 논문에서는 이승훈 시에서 '너'로 표상되는 존재들, 구체적으로는 '타자로서의 동물'이 시적 주체와 어떤 방식으로 조우하고, 그 관계성이 어떻게 '동물-되기'와 환대의 윤리로 이어지는 밝히고자 했다. 한마디로 정의할 수 없는 '너'의 형상은 인간중심적 타자에서 벗어나 동물과 같은 비인간 존재로 확장된다. 다양한 동물 형상 속에 구현된 타자는 단일한 대상이 아니라, 끊임없이 변화하며 주체를 교란시키고, 그 교란을 통해 새로운 감각과 관계의 가능성을 열어 보이는 대상이다.

이러한 동물-되기의 시적 상상력은 후기 시에 이르러 이질적 존재들의 삶을 응시하고, 그들과의 접촉을 통해 익숙한 삶의 질서를 전복시키고자 하는 욕망으로 이어진다. 이 욕망의 중심에는 동물을 이웃, 즉 응답 가능한 타자로 바라보고자 하는 윤리적 태도가 있다. 이해 불가능한 타자에게 말을 거는 시도로서의 환대는 이승훈 시에서 비인간 존재에 대한 주의 깊은 시선으로 구현되며, 이를 통해 생명 공동체에 대한 근본적인 재사유가 요청된다.

> "연꽃 옆에 물고기 있고/물고기 옆에 게도 있고 거북이도 있고/거북이가 한 세상이다 거북이 /옆에 개구리도 있다 바람 자면/바람이 그대로 거북이 바람이/그대로 물고기 저 물고기 하늘/을 나는 물고기 연꽃과 연꽃/사이에 한 세상이 있네"
>
> —「연꽃 옆에」 전문

이승훈의 시에서 동물-되기와 동물 타자는 인간중심적 사고에서 벗어나 '타자'와의 평면적 관계를 모색하게 하며, 시적 주체는 '이해 불가능성' 그 자체에 응답할 준비를 갖춘 존재로 변화한다. "연꽃과 연꽃 사이"에 있는 "한 세상"은 경계를 넘나들며 자유롭게 공존하는 타자들의 세계, 곧 시인이 최종적으로 도달하고자 한 '불이(不二)'의 세계를 표상한다. 이승훈의 시는 인간과 동물의 사이의 위계를 허무는 데서 그치지 않고 존재를 다시 사유하고, 세계를 다시 바라보는 감각의 전환을 이끌어낸다. "연꽃 옆에 물고기 있고, 물고기 옆에 게도 있고, 거북이도 있고. 거북이가 한 세상"인 것처럼 존재는 다층적이며, 그들 사이에는 경계가 허물어진 세상이 있다. 이승훈은 그 침묵을 감각하고, 그 침묵 앞에 귀 기울이는 일, 이것이야말로 시인이 우리에게 제안하는 타자 윤리의 가장 섬세한 실천일 것이다.

제2부 단평

이승훈 초기시에 나타나는 노란색의 의미

김도현

한국 근대 시문학사에서 이승훈 시인은 단연 독자적인 모더니스트이다. 그는 지성을 겸비한 근대적 미학성으로 전위적이고 실험적인 시를 쓴 시인이며, 동시에 다양한 시론집을 출간하면서 본인만의 시론을 집대성한 이론가이기도 하다. 모더니스트로서의 이승훈의 삶이란, 시인과 미학자로서의 정체성이 궤를 같이 하며 이루어진 사유의 여정이었다. 이승훈의 시세계는 크게 세 가지로 구분할 수 있는데, 그것은 바로 자아 탐구의 시기, 자아소멸과 해체의 시기, 자타불이와 선(禪)의 시기이다. 그러나 이승훈 시인은 이미 1990년대 초반에 이미 비대상 시기를 '모더니즘' 시기로 분류하고 있다.[1] 여느 시인이 그렇듯이, 한 시인의 시작점을 탐구하는 일은 그의 시적 본질을 파악할 수 있는 단초가 된다. 이승훈 시인의 시적 본질을 파악하기 위해서는 그가 깊이 영향을 받은 요소를 바탕으로 분석을

1) 신동옥, 「이승훈 시의 매체 미학」, 『한국언어문화』 제80집, 한국언어문화학회, 2023, 76쪽.

해야 하는데, 그것은 바로 회화이다. 본고는 이승훈 시인의 초기시에 나타난 회화적 특성을 분석함으로써 이승훈 시인의 초기 시세계의 한 면을 들여다보고자 하는 일련의 시도이다.

모더니스트로서의 이승훈 시인이 지닌 미적 근대성은 1960년대 시인들 중에서도 전위적이고 실험적이라고 평가받는다. 미적 근대성이란 반(反)부르주아적 태도를 띠면서 부르주아의 가치 척도를 혐오하고, 무정부주의, 묵시록에서 자기 은폐에 이르는 극도로 다변화된 수단을 통해 부정정신을 표현하는 미적 개념을 포함한다.[2] 이러한 미적 근대성이란 바로 사회적 개념으로서의 근대성과 미적 개념으로서의 근대성이 분화된 이후에 이 두 가지의 근대성 사이에서 화해 불가능한 균열이 생기게 되었을 때, 부르주아 근대성에 대한 철저한 거부 및 소멸 지향적 열정으로 특징지어진다.[3] 4·19 혁명, 5·16 군사정변 등으로 대표되는 1960년대는 사회적으로, 정치적으로 격동의 시대였으며, 급격한 산업화의 전조가 드러나는 시기였다. 혼란스러운 시대상과 더불어 이승훈 시인이 유년 시절부터 겪어 온 개인의 불안, 초조, 혼란 등은 시인의 시세계를 이루는 중요한 요소가 된다. 이는 곧 문학을 통한 모더니스트로서의 면모가 점차 드러난다는 뜻이기도 하다.

이렇듯 모더니스트로서의 이승훈 시인의 시세계의 단면을 포착하기 위해서는 이전과는 다른 방식의 독법이 필요하다. 기존에 이루어진 다양한 이승훈 시인의 시 작품 분석에서는 그의 대표적 시론인 '비대상'을 경유하여 탐구하는 시도가 대부분이었다. 이는 곧, 시인의 작품 해석에 대한 방법론적 한계를 뜻하기도 한다. 본고에서는 이승훈 시인의 전기적 바탕을

---

2) 유성호, 「전후 모더니즘시의 정점과 확장 과정의 한 범례－이승훈의 초기시를 중심으로－」, 『한국언어문화』 제80집, 한국언어문화학회, 2023, 7쪽.

3) 위의 글, 8쪽.

기반으로 삼아, 그의 시세계와 회화적 특성의 이해관계를 기반으로 작품을 들여다보고자 한다. 그러기 위해서 첫 시집인 『사물 A』에 나타난 색채를 중심으로 몇 편의 시편을 탐색해 보고자 한다. 첫 시집 『사물 A』에서는 다양한 색채어가 여러 대상을 지시하면서 나타나고 있는데, 그중에서도 중심적으로 들여다볼 색채는 바로 노란색이다.

이승훈 시인은 일찍이 회화에 깊은 영향을 받았다는 것을 여러 지면에서 밝힌 적이 있다. 그중에서도 가장 깊은 영향을 받은 화가들은 20세기 초의 표현주의 화가들인 뭉크, 고흐 등이다.[4] 더 나아가 시인은 「고흐의 예술과 광기」라는 특집을 연재하면서, 고흐의 일생과 예술 세계를 집중적으로 조명한 바가 있다. 그는 이 글에서 고흐의 예술과 광기의 상관관계에 주목하면서, 한평생 고흐가 시달린 염세주의, 죄의식, 무기력, 강박증, 조광증, 불안, 우울 등이 그의 전반적인 작품 세계를 형성했다고 진단한다.[5] 고흐의 그림에서 나타나는 해바라기-노란색-태양-광기의 이해관계를 통해 고흐의 그림에 나타난 노란색이 광기를 상징한다는 것을 면밀하게 분석한다.[6] 이처럼 이승훈 시인은 고흐에게 적지 않은 영향을 받았다는 것을 유추할 수 있다. 또한 이승훈 시인과 고흐가 공유하고 있는 깊은 우울, 불안, 초조 등의 비관적인 정서들은 동일한 색채들의 상징으로 작용할 수 있다는 것을 파악할 수 있다. 이승훈 시인이 바라보는 세계 또한 '불안', '공포', '초조'와 같은 핍진적 내면을 통해 인식하는 불가해한 세계이다. 이는 곧 불규칙한 언어의 충돌로 발화가 되는데, 이러한 그의 시세계는 다양한 색채로 표현되는 회화적 특성과 직접적으로 맞물려 있다. 이승훈 시인도 고흐가 주로 사용했던 노란색의 색채를 비슷한 정서 및 심상으로 시에

4) 이승훈 외, 「대담/ 자아 찾기의 긴 여정」, 『이승훈의 문학탐색』, 푸른사상, 2007, 58쪽.
5) 이승훈, 「고흐의 예술과 광기 (1)」, 『시와세계』 제45호, 시와세계, 2014, 128~129쪽.
6) 이승훈, 「고흐의 예술과 광기 (3)」, 『시와세계』 제45호, 시와세계, 2014, 206쪽.

사용했다는 것을 살펴볼 수 있다. 첫 시집 「사물 A」에서 색채어 노란색이 직접적으로 나타나는 시편은 「봄날」, 「비명」, 「세레피아」, 「광대」로 총 네 편이다. 몇 편의 시편을 통해 노란색이 어떠한 방식으로 나타나는지 살펴보고, 그로 인해 초기 시세계의 단면을 파악해 보고자 한다.

노란색은 일반적으로 모든 색 중에서 가장 행복감을 잘 나타내는 색이다. 노랑의 적극적인 이미지 결합과 인상에서 보면 노랑은 힘을 돋우고 당당하며 생명을 주는 태양의 이미지를 암시하는 색이다.[7)] 그 이외에도 밝은 미래, 희망, 지혜를 대표하기도 하며, 활동성과 쾌활함을 나타내기도 한다.[8)] 그러나 노랑이 너무 강할 때는 자기중심적이며, 칸딘스키가 기술했듯이 '미친 웃음'을 연상시키는 느낌을 준다.[9)] 즉, 노란색이 강렬한 색채를 띠게 되면 광적인 요소를 포함한다는 것인데, 칸딘스키는 노란색을 발작적인 광포, 맹목적인 착란증, 광조 상태를 나타낸다고 말한다.[10)] 이렇듯 일반적인 색채는 그에 대응하는 보편적인 의미를 지니고 있지만, 색채의 농도 및 명암에 따라서는 상반된 의미로 변하기도 한다는 것을 알 수 있다. 이승훈 시인의 초기시는 초현실주의 그림을 연상시킬 만큼 난해한데, 이는 곧 시인의 강한 정념을 토대로 염세적인 정서가 가감 없이 분출된다는 것을 의미한다. 더 나아가, 다양한 언어들을 통해 발현되는 색채들은 그의 역동적인 내면을 기반으로 농도 및 명암 또한 짙다는 것을 유추해 볼 수 있다.

---

7) 프랭크 H. 만케, 최승희 외 옮김, 『색채 환경 그리고 인간의 반응』, 국제, 1998, 62~63쪽.
8) 위의 글.
9) 위의 글.
10) 칸딘스키, 권영필 옮김, 『예술에서의 정신적인 것에 대하여』, 열화당, 2000, 89쪽.

노오란 꽃들의 절규다

아내의 맨발이 보이고
따스한 흰 달걀이 깨어진다
아기 손이 흙을 토하며 지나간다
피투성이가 된 닭들이 몰려간다

오오 몰려가는 피의
햇볕에 산하가 타고
내 이마의 깊은 주름이 타고
강원도의 인내가 탄다

풍경속에 머리만 남은 꿈
소리칠 수도 없는
나의 두팔도 희게 허공에 떠 있다
시방 한없이 풀물이 드는 울타리 너머
거치른 나라에 봄이 또 온다
벌판이 노오란 꽃들을 토한다

—「봄날」 전문

위의 시의 제목은 '봄날'이다. '봄날'은 새로운 시작, 활기, 생명력, 생동감 등의 상징성을 내포하고 있는 계절이자 시어이지만, 시적 주체가 바라보는 '봄날'은 음울하고 부정적이다. 시는 "노오란 꽃들의 절규"로 시작이 된다. 특정 꽃으로 명명이 되지 않는 추상적 지시어로써의 꽃은 단지 만발하는 노란색일 뿐이다. 이러한 노란색이 지칭하고 있는 대상의 감각은 바로 청각적 이미지인 "절규"이다. 즉, 시적 주체가 바라보는 봄날의 시작은 노란색의 절규인 것인데, 이는 시적 주체의 혼란스러운 정서를 고스란히 반영한다. 그 뒤로 2연에서는 "아내의 맨발", "깨지는 흰 달걀",

"흙을 토하는 아기 손" 등 난해하고 그로테스크한 이미지가 충돌되고, 연쇄적으로 이어지면서 공포적인 시적 분위기를 조성한다. 3연의 "햇볕" 또한 기본적으로 노란색을 품고 있지만, "피투성이가 된 닭"들로 인해 진한 붉은색으로 세계를 물들게 한다. 결국, 봄날의 "풍경"에는 '관념'으로 상징되는 "머리"만 고스란히 남게 된다. 무감각해진 상태로 소리를 칠 수 없고, 두 팔 또한 허공에 무기력하게 떠 있을 뿐이다. 푸르게 풀물이 드는 봄날은 시적 주체가 존재하는 공간이 아닌 "울타리 너머"에 도달할 뿐이며, 시적 주체가 놓인 공간의 벌판에서는 다시 "노오란 꽃들"이 만발하는 광경이 펼쳐진다.

노란 꽃의 절규로 시작되어 노란 꽃의 만발로 끝이 나는 '봄날'은 일그러진 착란과 혼돈의 세계로 가시화된다. 이는 곧 현실과 환상 사이, 실재와 비실재의 사이에서 겪는 시적 주체의 극심한 혼란을 나타낸다. 노란 배경의 봄날은 시적 주체의 인식 체계마저 흔들며 세계를 올바른 방식으로 인식할 수 없는 비극적인 상태에까지 이르게 한다. 즉, 시적 주체에게 노란색이란 일반적인 황색의 빛깔의 색채가 아닌, 강렬한 노란색으로 광기의 형태로 발현되고 있다는 것을 알 수 있다. 이승훈 시인의 초기시에서 주로 나타나는 주된 정서는 단연 우울, 불안, 초조이지만 그러한 염세적인 정서의 기반을 이루고 있는 것은 바로 광기이다. 일반적으로 광기는 이성의 사유 바깥에 있는 것이다. 비이성은 '당연히 생각되지도 않는 것'으로 치부되어 당위적으로 사라지게 되는데, 광기는 이성의 진리 찾기 궤도에 존재하지 않는 것, 그 외부의 비이성적인 것이다. 즉, 광기는 사유의 형태가 아니라 사유의 불가능함을 말한다.[11] 시적 주체가 바라보고자 하

11) 황수현, 「비극적 경험으로서의 광기와 그 기능-미셸 푸코의 광기 분석과 플라톤의 에로스를 중심으로-」, 『생명연구』 제42권, 서강대학교 생명문화연구소, 2016, 65~66쪽.

는 세계 또한 이성과 사유의 영역이 아니며, 이는 곧 다양한 사물과 색채가 왜곡된 형태로 나타나고 있다.

샌달을 신은 아이들이 지나간다
아이들이 지나간다 노오란 저녁해가
물 드는 바다
이층집 창 가에서 내려다 보면

마른 풍경이 지나가고
기막힌 굶주림이 지나간다
문이 열리고 벌레가 들어간다
푸른 눈의 내가

야광을 흘리면서 기어가는
늘어진 팔의 희디흰 천착이여
깊이 부는 허약한 바람속에
아이들이 지나간다
이층집 창 가에서 내려다 보면

실오라기 끝의 황혼
끝의 새벽도 진리의 퍼어런 바다도
보인다 등을 돌린 나무와 나무의
만남속에 비치는 부끄러운 정신도

하늘 나라도 너무나 커다랗게
열리는 나의 귓가에 침략이 물들고
침략이 휩쓴다 노오랗게 타는
물이 흐른다 이윽고 알몸의

내가 만나는 너와 내 속의 허위와
허위 속의 내가 삼키는 암흑
샌달을 신은 아이들이 지나가고
명료한 슬픔이 거칠게 거칠게 지나간다

—「세레피아」 전문

위 시의 제목인 '세레피아'는 당대의 생산, 판매되던 중추 신경 안정제류의 약품 이름을 뜻한다. 위 시의 시적 주체는 황혼의 시간에 바다가 보이는 이층집 창가에서 형태가 불분명한 대상들을 바라보고 있다. 이 시에서 노란색의 이미지는 두 번 나타난다. 1연에서 저물녘 가라앉는 태양과, 5연에서 흔들리는 바다의 색깔로 나타난다. 즉, 시적 주체가 바라보고 있는 저녁의 풍경은 온통 노랗게 흔들리며, 그러한 배경은 시적 주체의 불분명한 의식의 형태를 나타낸다는 것이다. 제목을 통해 시적 주체는 '세레피아' 약을 복용한 이후에 정신적, 신체적으로 긴장이 다소 완화된 상태에 처해있다는 것을 유추할 수 있다. 그러한 시적 주체의 시선에는 관계가 규정되지 않은 존재들이 연쇄적으로 지나가기만 한다. "지나간다"라는 서술어를 반복함으로써 시적 주체의 시선은 고정되어 있지만 그에게 의식과 정신은 불분명하고, 흐릿하다는 것을 파악할 수 있다. 남승원의 연구에 따르면, 위의 시는 시적 주체의 위치와 시선 등의 구조가 선명한데, 이러한 구조들은 서로 연관된 의미망을 형성하지 못한다고 서술한다.[12] 즉, 시적 주체의 시선은 이미 현실의 의미 체계를 벗어난 곳을 향하고 있다는 뜻이다. 그로 인해, 이러한 선명한 구조를 통해서 드러나는 것은 시적 주체의 감정 및 정서뿐이라는 것이다.[13] 신경이 완화된 상태에서 바라보는 노란

12) 남승원,「내면세계의 인식과 기법의 발견-이승훈 시집 『사물 A』와 시론집 「反人間」을 중심으로-」, 『한국언어문화』 제80집, 한국언어문화학회, 2023, 65p
13) 위의 글.

색채의 풍경은 극심한 착란과 혼란을 불러일으키지는 않는다. 그러나 시적 주체의 정신과 의식 속에서 모든 대상이 명멸하면서 현실과 꿈의 경계에 놓인 듯한 착각을 불러일으킨다. 시적 주체가 바라보는 노란색의 풍경은 여전히 그가 광기의 상태에서 벗어나 있지 못하다는 것을 보여준다.

이 외에도 "노오란 꽃들이/암흑의 잠을 뚫고/마침내 출렁대는 시간의/내벽에 푸른 시를 박는다"(「비명」) "달이 아우성을 지르며/노오란 의식속을 비쳐나갈 때"(「광대」)와 같이 "암흑의 잠"을 뚫을 만큼 강렬한 색채어로 나타나거나, 원형적 대상인 달이 "아우성"을 지르며 시적 주체의 의식과 맞물리는 장면이 나타난다. 시적 주체는 세계의 내·외부적인 현상으로 강렬한 노란색을 마주하며 정신 이상으로 다양한 심상 및 이미지가 명멸한다. 그로 인해 현실과 환상, 실재와 비실재의 경계에서 혼란을 겪는 시적 주체의 상태를 잠깐이나마 살펴보았다. '광기'라는 범주의 존재 자체는 그것의 대립물인 '이성'과 함께 역사적으로 규정된 것이다. 즉 권력관계에 의해 규정된 것이다. 근대적 의미에서 광기는 직접 우리가 관찰할 수 있는 현상이 아니라 그것의 분신인 근대적 의미의 이성과 함께 특정한 역사적 순간에 출현한 담론적 구성물이다.[14] 광기라는 것은 단순히 '미친' 상태를 넘어서 다양한 정신적 이상과 현상을 동반한다. 이는 당대의 시대와 개인의 내밀한 정신사적 여정의 밀접한 관계로 도출되어야 하는 면밀한 정신분석적 요소이다. 이승훈 시인이 강한 영향을 받은 회화적 요소에는 노란색채 이외에도 다양한 색으로 시적 주체의 정서 및 특성을 파악할 수 있을 것이다. 이번 단평을 기반으로 삼아 이승훈 시인의 초기 시세계를 회화적 특성과 맞물려 고찰하는 것은 후속 연구의 과제로 남겨두고자 한다.

---

14) 슬라보예 지젝, 조형준 옮김, 『헤겔 레스토랑』, 새물결, 2013, 593쪽.

사랑의 유착과 감각의 결정체

이승훈 중기 시에 나타난 크리스탈 이미지의 미학

양진호

1. 시작하며

이승훈은 심미적 언어를 현실 세계의 구체적인 문제들과 연결시키는 데 있어서 독보적인 성취를 보여준 시인이다. 그의 시적 이미지는 미학적 세계 내의 순수한 기표로 드러나는 게 아니라, 8·90년대 한국 사회를 살아간 보편적인 시민의 내면에 남은 상처로서 드러나고 있다. 그는 현대 사회의 억압적 구조와 그것이 주체에 미치는 영향을 비판적으로 형상화하는 데 중점을 두고 시적 세계를 구축해 나갔다. 특히, 그의 시는 언어와 주체, 세계 간의 관계를 탐구하며, 언어 자체가 억압의 도구이자 주체의 인식 방식을 자동화하는 매개체로 작용한다고 보았다. 이승훈의 시는 이러한 언어의 본질을 드러내면서 주체의 억압된 자의식과 분열된 내면을 탐구하는 작업을 수행한다. 그의 시에서는 반복적 서술과 병치된 은유를 통해 세계와의 갈등을 드러내고, 합리적 세계에 대한 불안과 공포를 극대화한다. 또한 이승훈의 시적 구조는 탈장르적 성격을 띠며, 기존 서정시의 형식을 파괴하여 다층적인 세계를 형상화하려는 시도로 평가된다. 그는 시적 언술을 통해 인식론적 한계와 자아의 내면적 분열을 탐구하며, 이를 통해 독자에게 기존의 관습적 언어와 사고방식을 넘어선 성찰을 요구한다. 한편 그의 시는 근대 사회의 억압적 구조를 드러내는 데 그치지 않고, 주체와 세계 간의 관계를 재구성하는 탈근대적이고 철학적인 실험으로서 중요한 미학적 의의를 갖는다. 이는 단순히 개인의 내적 갈등을 표현하는 것을 넘어, 언어와 세계의 본질을 새롭게 사유하게 하는 데 기여하는 독창적인 시도로 볼 수 있다.

이승훈의 초기 시와 관련한 주요 연구로는 신동옥[1)]과 전병준[2)]의 논문을 언급할 수 있다. 이승훈의 초기 시를 "비대상" 개념의 형성과 발전 과정을 중심으로 설명한 논문에서 신동옥은 이승훈의 초기 시가 전통적인 대상 중심의 시 쓰기에서 벗어나 내면의 탐구와 새로운 언어적 공간을 모색하려는 시도로 특징지어진다고 설명한다. 시인은 기존의 재현적이고 묘사적인 시 세계를 탈피하기 위해 "비대상"이라는 개념을 제안했고, 이를 통해 언어, 자아, 대상 간의 관계를 재정립하고자 했다고 그는 설명한다. 아울러, 이러한 "비대상"은 궁극적으로 시를 단순한 묘사나 재현에서 벗어나 존재와 언어의 본질을 탐구하는 도구로 자리 잡게 한다고 논자는 덧붙인다. 그것은 이승훈이 초기 시에서 이러한 개념을 실험하면서 언어가 대상의 세계를 소멸시키고 새로운 시적 공간을 창조할 수 있다는 확신을

1) 신동옥, 「이승훈 '비대상' 시론 연구」, 『한국시학연구』 제65호, 한국시학회, 2021, 9~42쪽.
2) 전병준, 「이승훈 초기 시학의 형성 과정과 의미 체계」, 『한국근대문학연구』 제50호, 한국근대문학회, 2024, 157~179쪽.

보여주었고, 이는 단순히 예술적 기교나 철학적 사고의 문제가 아니라 그의 시적 여정과 실존적 탐구의 핵심이라고 볼 수 있기 때문이다. 전병준은 이승훈의 초기 시를 "절망의 언어"로 규정하면서, 이를 단순한 감정의 표출이 아니라 세계와 주체에 대한 한국 사회의 시민으로의 인식이라고 보았다. 그는 이승훈의 시학이 단순히 서구 문학 이론을 수용하는 데 그치지 않고, 자신의 실존적 필요를 바탕으로 이를 창의적으로 재해석했다는 점에서 큰 의의를 가진다고 평가한다. 논자는 이승훈이 자신의 세대가 이전 세대와의 단절을 강조하면서도 그들의 성과를 반성적으로 수용하며 새로운 미학적 지평을 열고자 노력했고, 시인이 초기 시학에서 보여준 모더니즘 미학에 대한 탐구는 끊임없이 자기 초월을 추구하며 시와 언어를 통해 삶의 의미를 탐구하는 과정으로 볼 수 있다고 언급했다.

이러한 이승훈의 시세계가 이미지의 겹쳐짐이나 섞임을 통해 완숙기의 과정으로 나아간다고 분석한 것은 김지선[3]이다. 논자는 이승훈의 중기 시가 "형식적 실험과 탈장르적 접근을 통해 언어, 주체, 세계와의 관계를 근본적으로 재탐구하며, 이를 시적 기법으로 형상화하는 독특한 면모를 보여"준다고 분석하고 있다. 논자는 이승훈의 중기 시에 해당하는 작품 속에서 나타나는 주체가 파편화되고 분열된 존재로 묘사된다고 보았으며, 이는 근대 사회에서 주체가 경험하는 불안과 공포, 그리고 세계와의 불화를 반영한다고 언급한다. 이때 주체는 더 이상 고정된 실체로 그려지지 않으며, 대신 파편화된 자아로서, 세계와 끊임없이 대립하고, 억압받으며, 스스로를 탐구하는 과정 속에 존재하게 된다. 논자는 이러한 주체의 모습이 이승훈 시의 언어의 구조를 통해 더욱 강화되는데, 이를 통해 시인이 전통

3) 김지선, 『한국 모더니즘 시의 서술기법과 주체인식 연구: 김춘수, 오규원, 이승훈 시를 중심으로』, 한양대학교 박사학위 논문, 2009.

적인 서사 구조를 거부하고 언술 과정 자체를 노출시키며, 주체의 내적 분열과 갈등을 드러낸다고 설명한다.

그런데 여기서 중요한 것은 이승훈 초기 시에서 나타난 주체와 세계, 주체와 타자의 대립이 중기 시에서는 분명한 구도로 드러나지는 않는다는 점일 것이다. 초기 시에서 주체와 대립적인 이미지로 나타난 요소들은 중기 시에서 주체의 내면에 녹아들어 피아 구분을 할 수 없는 이미지들로 나타난다. 이때 주체는 자신의 내면에서 그것들을 분리하려는 시도를 하기보다는 피아가 섞여 하나의 이미지로 존재하는 여러 양상을 심도 있게 관찰하고 그것을 있는 그대로 묘사하려고 노력하고 있다. 그러한 관찰의 과정이 실패로 돌아가는 순간까지 작품 속에 구체적으로 담아내면서, 시인은 주체와 세계의 간극을 '식별 불가능성'을 중심으로 완성도 높게 그려내고 있다. 이러한 식별 불가능성에 대한 연구는 대립이 아닌 '섞임'이라는 관점을 통해 파악해야 할 것이며, 이승훈 중기 시의 연구자들은 주체와 세계가 서로 분리될 수 없는 상황 그 자체에서 시인이 전개해 나간 자기 인식의 과정에 주목해 그의 시세계를 분석해 나가야 할 것이다.

2. '크리스탈 이미지'와 이승훈 시의 식별 불가능성

이 글에서는 이승훈 중기 시에 해당하는 『밤이면 삐노가 그립다』(1993), 『밝은 방』(1995)에서 '식별 불가능성'으로서 재현된 이미지들이 현실에 대한 시인의 구체적인 인식과 어떻게 연결되는지에 대해 분석한다. 이를 위해 이승훈 중기 시의 이미지들을 들뢰즈의 『시네마 II: 시간-이미지』에서 언급된 주요 개념인 '크리스탈 이미지' 개념을 통해 세부적으로 설명하려고 한다.

들뢰즈는 영화가 현실의 이미지를 보여주는 것에 그치지 않고, 현실과 상상, 현재와 과거, 실제와 잠재적 세계를 하나로 묶는 독특한 이미지의 체계를 형성한다고 보았다.[4] 이 체계는 영화가 관객에게 단순한 시각적 경험이 아닌, 전체적인 세계를 제시하도록 만든다. 이러한 이미지는 현실태적 이미지와 잠재태적 이미지로 나뉜다. 현실태적 이미지는 구체적이고 실제적인 현재의 내용을 포함하는 반면, 잠재태적 이미지는 과거의 기억, 상상, 꿈과 같은 잠재적 상태를 반영한다. 그리고 이 두 이미지는 서로 밀접하게 연결되고 상호작용한다. 들뢰즈는 이를 베르그송의 철학적 개념을 빌려 설명하며, 현실 이미지는 자신과 나란히 존재하는 잠재적 이미지를 통해 반사되거나 투영된다고 설명한다. 그리고 여기서 가장 중요한 것은, 이 둘 사이에는 '유착'이라는 개념이 작용하며, 이 때문에 현실 이미지와 잠재 이미지는 완전히 분리될 수 없는 관계라고 들뢰즈는 설명한다.

현실태적 이미지와 잠재태적 이미지가 하나의 회로를 형성한다고 본 들뢰즈는 이 회로가 플래시백, 꿈, 상상과 같은 방식으로 재현될 수도 있지만 근본적으로는 '크리스탈 이미지'를 통해 구현된다고 설명한다. 크리스탈 이미지는 영화에서 현실적 이미지와 잠재적 이미지가 서로 교환 가능하고 동시에 존재하는 독특한 상태를 의미한다. 이 이미지들은 때로는 투명하고 가시적이지만, 때로는 불투명하고 어두운 상태로 변화한다. 현재의 이미지와 과거의 이미지가 동시에 드러나며 서로 독립적으로 존재하지만, 동시에 상호작용하는 형태로 드러나는 이 크리스탈 이미지를 통해 관객은 단순히 영화의 사건을 따라가는 것을 넘어서, 시간의 본질과 인간 내면의 복잡성을 성찰하게 된다. 서로 다른 시간의 사건들이 중첩된 이미지를 통해 드러나는 과정에서, 시간의 비가역성과 인간 존재의 복잡성

---

4) 질 들뢰즈, 이정하 역, 『시네마 II : 시간-이미지』, 시각과언어, 2002, 143~146쪽.

이 우리의 단선적인 현실 인식 체계를 교란하기 때문이다.

이승훈 중기 시에 해당하는 『밤이면 삐노가 그립다』, 『밝은 방』에서도 이러한 크리스탈 이미지의 특성을 지닌 시적 이미지들이 자주 등장한다. 시인은 '너'와 차 혹은 술을 마시는 순간, '너'에게 작은 선물을 준 순간 등을 '길'에서 회고하며 '너'를 "한 송이 장미"로, '나'를 "한 조각 얼음"으로 이미지화하여 이 시간의 중첩을 시적으로 전면화하기도 하고(「이 길 위에서」), "힘없는 감상주의" "무력한 섹스와 불안" "황홀 속에 병든 문학" "바람"의 "속"에 있는 "천국"을 이미지화할 때 그 "천국"이라는 단어를 배열한 연의 앞 절반 부분을 비워 두기도 하며(「여기 천국이 있구나」), 수많은 현실의 기표들을 나열한 뒤에 그 끝에 "잿빛 삶"과 같은 것을 배치하고 그것을 이 기표들의 중심축으로 제시하는(「이곳에서의 삶」) 방식으로 시적 이미지들을 '크리스탈 이미지'화 하는 장면들을 보여준다. 이러한 장면 속에서 이미지들은 시간의 연속성(들뢰즈의 방식으로 설명하자면 '운동-이미지'의 연쇄) 속에서 분리되고, 기존의 연속성 속에서 의미화될 수 없는 새로운 방식으로 존재의 아우라를 드러내며, 주체가 이미지들에 이끌려 창안해 낸 새로운 의미 연쇄의 방식으로 세계를 다시 구축하고 그 작은 세계를 다시 현실에 끼워 넣으려고 시도한다. 즉, 시인은 자신이 창조한 이미지와 그것들로 구성된 세계를 현실과 대립하는 유토피아로 남겨두지 않고, 그것과 현실을 이어냄을 통해 '보편성' 의미를 새롭게 구축해 나가려 한다는 것이다.

이는 이승훈 시의 전반적인 구도를 '대립', 즉 세계와 주체의 대결 구도로 보는 연구에서의 관점들이 발견하지 못한 이승훈 시세계의 핵심이라고 할 수 있다. 기존의 연구자들은 이승훈의 중기 시에 대해 "기존의 논리적 서사와 인과성을 배제하고, 비연속적이며 비선형적인 이미지를 통해 암시적인 정서를 창출"한다고 하면서도 그 양상을 주로 '이미지의 충돌'이나 '세계에 대한 불신'의 양상으로 설명[5]하곤 했다. 그러나 중기 시에서의 주체와 세계의 구도를 대립과 충돌로 본다면 세계에 대한 시인의 인식의 복잡성이나 주체의식의 모호성 같은 것을 놓치게 될 수 있다. 자본화된 세계의 주체와 실존적 인식을 기반한 주체의 뒤섞임, 민주주의의 완성과 그것의 불가능성을 동시에 하나의 인식 속에 배치하는 시적 주체의 내면 같은 것들을 구체적으로 설명하기 위해서는 이승훈의 중기 시 세계를 '크리스털 이미지'로, 즉 현실과 상상, 현재와 과거, 실제와 잠재적 세계를 하나로 묶는 독특한 이미지의 체계로 분석할 필요가 있다. 그러므로 본고는 『밤이면 삐노가 그립다』, 『밝은 방』,에서 드러나는 이미지들을 들뢰즈의 크리스탈 이미지 개념으로 분석하면서 그 이미지가 가지고 있는 '식별 불가능성'의 의미에 대해 집중적으로 탐구해 보려고 한다.

3. '굶주림'과 주체성의 문제—『밤이면 삐노가 그립다』

『밤이면 삐노가 그립다』는 이승훈의 시 세계가 본격적으로 전환되는 지점에 위치한 시집으로, 여기서 시인은 이전의 서사적 안정성과 단일한 시선으로부터 이탈하여, 이미지들의 충돌과 불일치 속에서 주체와 세계의 관계를 다시 쓰기 시작한다. 이 시집의 중심에는 이름 붙일 수 없는 굶주림이 놓여 있으며, 그것은 생리적인 결핍이기보다 시적 주체가 감각하는 세계 전체에 스며든 공허의 기운으로 작용한다. 이승훈은 바로 그 굶주

5) 이기주, 「이승훈 시에 나타난 몽타주의 변화 양상」, 『한국문예비평연구』 제50호, 한국현대문예비평학회, 2016, 67~98쪽.

림을 '사랑'이라는 이름의 감각으로 포착하고, 그것을 매개로 언어와 존재, 이미지와 시간의 배열 방식을 완전히 바꾼다. 이 과정에서 시적 화자는 더 이상 확정된 '나'로 존재하지 않고, 오히려 끊임없이 어긋나는 장면들 사이를 미끄러지며, 식별 불가능한 상태로 발화의 자리를 점유한다. 현실과 환상이, 기억과 현재가, 자아와 타자가 겹쳐지며 반사되는 이 시편들을 '크리스탈 이미지'의 구조 속에서 살펴볼 수도 있을 것이다.

> 여기서는 모두가 수수께끼다/머루빛으로 물든/너의 눈도 수수께끼/파아란 하늘도 수수께끼/눈부신 외로움도 수수께끼/여기서는 모두가 수수께끼다/조용히 타오르는 가슴도/내가 마시는 술도/내 곁에 앉아 있는/너의 고운 이마도/너의 낮은 목소리도/모두가 수수께끼다/언제나 물기에 젖은/너의 눈도 수수께끼/너의 손도 수수께끼/너의 입술도 수수께끼/여기서는 모두가 수수께끼다/저녁 연기가 오르는/마을의 굴뚝도/너의 가슴에서/문득 태어나는/작은 기차도/너의 몸도/너의 갈색 머리도/모두가 수수께끼다/허나 포기할 수 없는 수수께끼/인생이라는 수수께끼/지상에선 모두가 수수께끼다
>
> —「여기에서는 모두가 수수께끼다」 전문
> (『밤이면 삐노가 그립다』 13~14쪽)

「여기에서는 모두가 수수께끼다」에서 시인은 대상을 파악하려는 시도를 일찌감치 포기한 듯 보인다. "너의 눈도 수수께끼", "너의 손도 수수께끼", "너의 몸도 수수께끼"라는 반복은, 시선이 닿는 모든 것들이 의미화될 수 없는 상태에 머무름을 암시한다. 이 시에서 대상은 더 이상 인식의 대상으로 존재하지 않는다. 시인이 언급하는 '수수께끼'는 누군가에 의해 해석되기를 기다리는 미스터리가 아니라, 그 자체로 하나의 구조이다. 세계는 분명한 윤곽을 가진 실체가 아니라 계속해서 밀려오는 이미지의 파

편들로 이루어진다. 이 파편들은 서로를 설명하지 않으며, 의미는 생성되지 않고 겹쳐질 뿐이다. 이러한 구성 방식은 현실태와 잠재태가 구분되지 않고 하나의 장면 안에서 유착되는 크리스탈 이미지의 형태를 취한다. 시인은 언어를 통해 대상을 명확히 규정하기보다는, 말로 포착되지 않는 미세한 어긋남과 번짐의 상태를 반복적으로 재현하고 있다. '수수께끼'는 해명되지 않고, '나는 그저 그립다'는 말만이 남는다.

> 이/광기 속에/욕망 속에/진창 같은 우수 속에/S가 있네/시방 그가 쓰는/시 속에/방황 속에/알콜 속에/S가 있네/한 알의 흰 약이 있네/마시면 깨어날 수 없는/하아얀 잠이 있네/기진맥진한 삶 속에/고갈된 리비도 속에/불타는 아우성 속에/S가 있네/S의 눈빛이 있네/따신 목소리가 있네/기다리는 사람은/방황하는 사람/시를 쓰는 사람/우수 속에서/우수의 술을 마시네/저무는 봄날 속에/미치광이 황혼 속에/S가 있네/현기증 나는 천국과/마구 부서지던 해와/삶과 죽음이 있네/에스컬레이터가 있네
>
> —「미치광이 황혼」 전문
> (『밤이면 삐노가 그립다』 28~29쪽)

이러한 어긋남은 「미치광이 황혼」에서 더욱 심화된다. 시인은 이름조차 완전히 밝히지 않은 인물인 "S"를 호출하면서 시를 시작한다. "시방 그가 쓰는/시 속에/방황 속에/알콜 속에/S가 있네"라는 진술은 하나의 위치나 성격을 부여하기보다, S를 여러 상태와 장소, 감각의 기운 속에 흩어 놓는다. S는 누구인가, 혹은 무엇인가. 그는 어떤 인물도 되고, 시인의 또 다른 자아도 되며, 과거의 잔상도 된다. 그러나 이 시에서 중요한 것은 그가 누구인가가 아니라, 그가 어디에 퍼져 있는가이다. 백색 약과 알콜, 황혼, 광기, 천국과 해의 이미지들이 병렬로 이어지고 겹쳐지면서, 시는 하나의

선형적 흐름 속에서 전개되는 게 아니라 시간과 공간이 무너진 장면들로 확장된다. 여기서 시인은 무언가를 서술하거나 고백하는 위치에 서지 않는다. 그는 말의 주체가 되기를 주저하고 이미지의 연쇄 속에서 말려드는 감각의 지점에 머문다. 시 속에서 세계는 붕괴되고, 그 붕괴 자체가 하나의 질감이 된다. 이미지들은 서로를 반사하면서 하나의 결정체처럼 응결되고, 시적 주체는 그 속에서 흔들린다.

> 오늘도 그를 휩쓰는 건/불의 폭풍이고/얼음의 폭풍인 사랑/날카로운 바람이고/날카로운 샘인 사랑/끝없이 고통받는 사람들이/낳는 사랑/감상이 아니라/비탄이 낳는 사랑/불안이 낳는 사랑/사형집행인인 사랑/그를 노예로 만드는 사랑/오늘도 그를 휩쓰는 건/착해질 수 없는 사랑/채찍인 사랑/쇠사슬인 사랑/승리가 아니라 패배인 사랑/패배로 울려퍼지는 사랑/테러인 사랑/영원한 프롤레타리아인 사랑/가죽 채찍으로 울리는 사랑/안녕이라고 말할 수 없는 사랑/욕심쟁이 사랑/칼을 들이대는 사랑/온통 그를 털어가는/강도인 사랑/벌집인 사랑/바이러스인 사랑/굶주리는 사랑/오늘도 굶주리는 사랑/총살당하는 사랑/반란인 사랑/죽고 싶은 사랑/현명해질 수 없는 사랑/현명한 자들은 사랑하지 않는다/그들은 즐긴다/오늘도 그를 휩쓰는 건/황량한 저녁이 낳는 사랑/차거운 우수와 무덤이 낳는 사랑/지지리 못난 고독과/형벌이 낳는 사랑/허기가 낳는 사랑/영원한 프롤레타리아/오오 이곳에서의 사랑
>
> —「이곳에서의 사랑」 전문
> (『밤이면 삐노가 그립다』 43~45쪽)

이승훈은 「이곳에서의 사랑」에서 그 흔들림을 '사랑'이라는 감각을 통해 가시화한다. 그러나 이 사랑은 흔히 말하는 감정적 응축이나 관계의 안정성이 아니다. 그는 "사형집행인인 사랑", "총살당하는 사랑", "죽고 싶은

사랑", "테러인 사랑"이라 쓴다. 사랑은 고통과 연결되고, 절망과 닿아 있으며, 무엇보다 배고픔과 함께 있다. 시인은 "허기가 낳는 사랑"이라 쓴다. 사랑은 무언가를 원하는 상태에서 비롯되며, 충족되지 않는 상태로 존재한다. 이때 사랑은 의미를 부여하거나 안정된 관계를 형성하는 감정이 아니라, 세계와 주체의 충돌에서 발생하는 이름 없는 떨림이 된다. 시적 주체는 이 사랑을 설명하거나 미화하려 하지 않는다. 그는 그것 속에서 살고, 그것에 감염되며, 그것의 잔해를 따라간다. 이 사랑은 고통스럽고 불투명하며, 그것 자체로 구조가 된다. 그리고 이 구조 안에서 주체는 다시 쓰인다. 그는 사랑의 원인이 아니라 그 구조 속을 떠도는 이름 없는 기호가 된다.

『밤이면 삐노가 그립다』는 이처럼 '감각-운동 도식'적인 현실의 맥락에서 쉽게 발견할 수 없는 감각들을 시적 이미지로 구체화고, 그것들의 연쇄 과정에서 시적 주체를 다시 구성한다. 그것은 해체라기보다 끝없는 배열과 흩어짐의 운동이며, 그 안에서 세계는 고정되지 않고 반사된다. 이렇게 시인은 의미의 중심을 비우고, 그 비어 있음 자체를 감각의 질감으로 조직한다. 그리고 그 조직된 흔들림 속에서 시적 언어는 새로운 밀도를 획득한다.

4. '유착'으로서의 사랑과 실천—『밝은 방』

『밝은 방』은 시적 주체와 세계가 분리되지 않은 상태에서 그 혼성의 감각을 더욱 세밀하게 탐색하려는 시집이다. 여기서 시인은 대상과 자아, 기억과 상상, 현실과 환상을 분리하지 않고, 그 경계가 사라진 자리에서 감각 혹은 정동에 가까운 것을 통해 무언가를 말하려고 한다. 시는 더 이상 발화 주체의 목소리를 중심으로 전개되지 않으며, '나'라는 명확한 위치도 허용하지 않는다. 이승훈의 언어는 이 시기에 이르러 말해질 수 있는 것과 말해질 수 없는 것의 경계를 반복적으로 넘나들고, 이미지들은 병렬되고 압축되며, 그 안에서 시적 공간은 하나의 고정된 시점으로는 포착될 수 없는 방식으로 구성된다. 이러한 언술 방식은 크리스탈 이미지의 구조, 곧 현실의 장면과 그 그림자를 동시에 드러내는 장면 구성과 맞닿아 있다.

> 봄날 저녁 식당에서 파전을 먹던 당신이 생각난다/시골의 황혼이 생각난다 아라발도 생각난다 쥐아화르/씰다 환도 리스 빠삐리 마리 그 도스토예프스키 따스라/거북이 타조 모두가 사랑스런 친구들이 다 또 생각나는/게 없을까? 그래 그에 대해 생각하자! 한국에 사는/시인 이승훈 씨에 대해 생각하자! 그는 카페인 중독자/박카스 커피 담배를 즐기지요 만일 그가 예술모독자라면/그건 그가 예술을 사랑하기 때문이고 만일 그가/미국인이라면 그는 한국인이 아닐 것입니다 우롱당하는/시대에 우롱당하는 시가 있다면 그건 투쟁이지요/한국인의 한 사람으로서 그는 한국이 낯설다고 말한다/그건 그의 자유다 그러니까 그는 고독하다 말하자면/고독이 존재한다 고독이 고독이 아직도 고독이?/난 지금 무슨 말을 하려는 건가? 봄날 저녁 시골에서/파전을 먹던 당신과 당신을 바라보던 나와 시인 이승훈/씨와 아라발과 씰다 환도 리스 모두들 어디 있는가?
>
> —「당신에 대한 생각」 전문(『밝은 방』 52쪽)

「당신에 대한 생각」은 '봄날 저녁 파전을 먹던' 식사의 장면을 회상하며 시작되지만 인물의 이름과 장소, 문장의 흐름이 흐릿해지면서 시는 일종의 자율적 연상의 연쇄 작용에 가깝게 전개된다. 아라발, 씰다 환도 리스, 도스토예프스키, 예술모독자, 한국인, 시인 이승훈까지, 시인이 호출하는 이름들은 특정한 정체성을 환기하지 않는다. 그들은 어디에 있는가. 시인은 스스로 묻는다. 이때 '당신'이라는 존재는 과거의 연인이자 시를 쓰는 동료이며, 세계의 그림자이고 시인의 내면에 떠도는 언어의 단면이 된다. 이 시의 '당신'은 구체적인 인물로 의미화되지 않으며, 자아와 세계 사이에서 발생하는 감각적 떨림의 흔적이자 분리될 수 없는 잔여로 작용한다. 파전과 황혼, 아라발과 시인의 이름이 동일한 평면 위에 놓이면서 시는 단선적 내러티브를 벗어나고, 시간은 하나의 연속이 아니라 병렬적인 흔들림으로 전환된다. 주체는 그 흔들림 속에서 '무엇을 말하려는 건가'를 묻는 상태에 놓인다.

> 그는 다시 빙산을 꿈꾼다 그가 꿈꾸는 빙산엔 해가 나고/두 마리 펭귄이 논다 한 마리는 아름다운 당신 다른/한 마리는 외로운 당신의 애인이다 앙리 미쇼는/빙산엔 벌레가 없다고 노래했지만 그렇다 빙산엔 벌레가/없으리라 그가 꿈꾸는 빙산엔 벌레가 없다 더러운 욕설도/없다 음모도 없다 시계는 있는지 없는지 모른다 아마/없으리라 최근에 그가 꿈꾸는 빙산엔 꽃도 없다 하얀 얼음 조각들이 그대로 꽃일 것이다 그는 다시 빙산을 꿈꾼다 사는 게 애치로울 때 그는 빙산을 생각하고 빙산은 음탕하지 않다 질펀하지도 않다 빙산엔 낙타 따윈 없다 이 밤에도 그가 꿈꾸는 빙산엔 두 마리 펭귄이 따신 햇살 속에서 서로의 날개를 핥아 주리라 빙산엔/치욕도 없다 분노도 없다 무엇보다 독기가 (나는 이/글에서 무엇보다 독기가 없다는 사실을 강조하고 싶다)/그러니까 독기가 없다 물론 도끼도 (도끼는 사람을 패기 위해 있는 것) 없다 그가 꿈꾸는 빙산엔 선량한 선량한/미칠 정도로 선량한 아름다운 당신만 살리라
>
> —「다시 빙산을 꿈꾸며」 전문(『밝은 방』 53쪽)

「다시 빙산을 꿈꾸며」에서 시인은 현실의 불투명함과 감각의 불균질성을 '빙산'이라는 이미지로 형상화한다. 빙산은 벌레도 욕설도 도끼도 없는

'무엇보다 독기가 없는' 공간이며, 두 마리 펭귄이 서로를 핥아주는 곳이다. 그러나 이 빙산은 단지 순수한 장소이기보다, 현실의 고통을 잠시 떠나 멀리 바라보고자 하는 마음의 질감에서 만들어진 상상적 구조물로 형상화되고 있다. 시인은 "사는 게 애처로울 때 그는 빙산을 생각하고"라고 말하면서, 이 빙산이 도피를 위한 공간이나 이상향이 아님을 보여준다. 그것은 시인이 현실과 충돌하며 만든 얼음의 결정이며, 빛과 어둠을 동시에 품고 있다. 빙산의 이미지에는 과거의 감각, 현재의 흔들림, 그리고 시인이 바라는 것이 동시에 스며들며, 이승훈은 그 조각들을 분리하지 않는다. 대신 그는 그것들을 병치하고 겹치고 반사시키며 하나의 구조물로 조립한다. 이것은 현실태와 잠재태의 이미지가 투명하게 반사되는 '크리스탈 이미지'의 상태에 가깝다. 시인은 '당신'의 이미지를 이 빙산 속에 붙잡아 두며, 언어로는 닿을 수 없는 감각의 표면을 더듬는다.

> 광기와 이성을 너머 그는 살아 남았다 살아 남는 게/중요하다 추위와 햇살을 너머 바람과 꽃잎을 너머 시퍼런/상처와 손수건을 너머 오늘 펼쳐지는 들판을 보라 그는/살아 남았다 고통으로 일그러진 밤과 증오로 물결치던/새벽을 너머 죽음으로 인도하던 삶을 너머 공포를 너머/공포의 산을 너머 인간과 짐승을 너머 트럭에 실려가던/불안을 너머 마침내 「당신」을 만났다 당신의 이름은/무수히 많다 당신의 이름은 미소이며 따뜻한 가슴이며/개운한 한낮이며 장미며 선생이다 이제 그는 당신의/학생 여린 당신이 그를 인도한다 서러운 서러운 아스팔트에 기인 머리칼 날리며 서 있는 당신, 당신 속에 당신/속에 그는 타오른다 광기와 이성은 하나다
>
> —「광기와 이성을 너머」 전문(『밝은 방』 98쪽)

「광기와 이성을 너머」는 그 모든 파편의 감각들이 교차하는 시편이다.

시는 “광기와 이성을 너머 그는 살아남았다”고 시작하며, 수많은 이름 없는 공간과 상황들을 나열한다. 고통으로 일그러진 밤, 증오로 물결치던 새벽, 공포의 산, 죽음으로 이끄는 삶, 그 모든 것을 지나 시인은 마침내 ‘당신’을 만났다고 말한다. 그러나 이 ‘당신’ 역시 하나의 실체로는 도달되지 않는다. ‘미소’, ‘따뜻한 가슴’, ‘장미’, ‘선생’ 같은 단어들이 겹쳐지며 구성된 이 이미지는, 시인이 그리는 대상이라기보다 그가 통과한 시간과 언어, 감각들의 반사된 형상에 가깝다. 이 ‘당신’은 주체가 도달한 지점이 아니라 주체가 통과한 이미지들의 종합이며, 그 자신조차 이 안에서 타오른다고 말한다. 시인은 ‘광기와 이성은 하나다’라는 말로 ‘너머’에 대한 상상의 연쇄 작용에 매듭을 만든다. 이 문장은 하나의 결론이 아니라, 분리할 수 없는 두 감각의 혼재된 상태에 대한 잠정적인 선언에 가까울 것이다. 시인은 둘 사이에 경계선을 긋지 않고, 그 혼재의 밀도 속에서 언어를 이어 붙이며 이미지의 조각들을 흐트러뜨린다.

『밝은 방』은 이처럼 주체와 세계의 구분이 무화된 자리에 이미지들을 배치하고, 그 이미지들의 충돌과 반사를 통해 감각의 리듬을 생성해내는 시집이다. 시인은 이곳에서 세계를 설명하거나 규정하려 하지 않는다. 그는 단지 그 조각들 사이를 떠돌며, 그 떠돎의 감촉을 언어의 구조로 남긴다.

5. 마치며

이승훈의 중기 시는 감각의 조각들로 이루어진 세계 위에 언어를 다시 배치하는 시적 탐색의 과정이다. 그 시편들은 분열된 자아와 모호한 현실, 감지되지 않는 욕망이 교차하는 장면을 그리되, 어느 한 위치에도 머물지 않으며 계속해서 반사되고 미끄러진다. 시인은 확정된 의미나 감정에 도달하려 하지 않으며, 오히려 식별 불가능한 상태들 속에 머물면서 언어의 질감을 탐색한다. 세계는 분명하지 않고, 주체는 고정되지 않으며, 이미지들은 서로의 그림자 속에 겹쳐진다.

『밤이면 삐노가 그립다』는 이러한 불안정한 구조를 통해 시적 자아가 감각하는 현실의 단면들을 구성한다. 너의 눈과 손, 작은 기차, 흰 하늘, 파편화된 장면들은 각각 고유한 촉각과 명암을 지니지만, 그 전체는 단일한 서사를 통해 '감각-운동'적으로 구조화되지 않는다. 시인은 이들 이미지를 하나의 질서로 통합하지 않고 그 사이에 놓인 간극이나 곁눈질하는 시선, 반복되는 어긋남을 통해 시의 역동성을 형성한다. 사랑이라는 말은 명명되지 못한 상태로 시 전체를 관통하며, 그것은 결핍의 감각이자 비어 있는 구조 그 자체로 작동한다.

『밝은 방』에서 이미지 간의 반사는 더욱 투명해지고, 시적 언술은 발화의 주체를 더욱 지운다. '당신'은 구체적인 인물이 아니라 반복적으로 불리는 기호이며, 기억은 과거와 현재, 현실과 환상이 나란히 배열되는 문장의 속도 속에서 흔들린다. 아라발, 파전, 황혼, 시인 자신의 이름이 나열되는 「당신에 대한 생각」은 고정된 시간의 단위가 아니라, 감각과 인식이 동시에 반사되는 장면으로 구축된다. 「다시 빙산을 꿈꾸며」에서 제시된 빙산 역시 하나의 의미나 장소로 환원되지 않는다. 그것은 욕설도 벌레도 없는 순결의 상상물이지만, 동시에 시인이 '사는 게 애처로울 때' 떠올리는, 현실을 통과한 흔적의 결정체가 된다. 얼음의 빛, 펭귄의 몸짓, 균열된 사랑의 조각이 한데 어우러지는 이 이미지는 크리스탈 이미지의 투명한 복합성을 환기한다.

이승훈은 『나는 사랑한다』에서 사랑이라는 단어를 계속해서 반복하지만, 그 반복은 감정의 천명이 아니라 발화 자체의 울림과 리듬을 구성하는 언어적 구조 그 자체가 된다. 시인은 사랑이 더 이상 정서를 지시하지 않음을 알고 있으며, 그 단어가 만들어내는 여백과 반향 속에 머문다. '나는 사랑한다'는 문장은 지시보다 더디고 확신보다 느슨하며, 무언가가 말해지는 그 순간을 구성하는 형식으로 남는다. 이 시편들 속에서 독자들은 하나의 정체성이나 의미가 아니라, 분명히 말해질 수 없는 것들이 언어의 뒤편에 머무는 방식을 본다.

이승훈의 중기 시는 현실의 밀도와 언어의 한계를 직시하면서, 그러한 감각-운동 도식의 세계 바깥으로 밀려난 감각들을 다시 세계 안으로 끌어들여 이미지의 궤적을 기록한다. 조각난 이미지들의 병치이자 반복과 흐릿함의 방식으로 세계를 구성하려는 시적 움직임은 '식별 불가능성'의 본질을 훼손하지 않으면서도 그것으로 현실을 바라보는 관점들을 확장하려는 시인의 의도와 맞닿아 있다. 이승훈의 시는 말해질 수 없는 것들을 포기하지 않으며, 그것을 '사랑'이라는 가장 오래된 단어를 통해 다시 말해보려 한다. 이러한 이승훈의 시세계에서 의미는 확정되지 않고, 언어는 투명하지 않으며, 세계는 이전과는 다른 방식으로 흔들리기 시작한다.

저자 약력

유성호

한양대학교 국문과 교수

권경아

가톨릭관동대학교 국어교육과 교수

권준형

서울사이버대학교 웹문예창작학과 겸임교수

김재홍

가톨릭대학교 문화영성대학원 초빙교수

김혜진

한양대학교 창의융합교육원 강사

신동옥

목포대학교 국어국문·문예창작학부 교수

이은실

한양대학교 국어국문학과 겸임교수

정애진

한양대학교 창의융합교육원 강사

김도현

한양대학교 박사과정

양진호

명지전문대학교 문예창작과 강사

이승훈 시 읽기

초판 1쇄 인쇄일 | 2025년 12월 22일
초판 1쇄 발행일 | 2025년 12월 31일

지은이 | 유성호 외
펴낸이 | 한선희
편집/디자인 | 정구형 이보은 박재원 안솔비
마케팅 | 정찬용 정진이
영업관리 | 한선희 정구형
책임편집 | 근지은
펴낸곳 | 국학자료원 새미(주)
등록일 2005 03 15 제25100 - 2005 - 000008호
경기도 고양시 덕양구 권율대로656 클래시아더퍼스트 1519호
Tel 02-442-4623 Fax 6499-3082
www.kookhak.co.kr
kookhak2010@hanmail.net

ISBN | 979-11-6797-286-6 *93810
가격 | 18,000원